U0686395

GUIZHOU SHENG NONGCUN TUDI
JIUFEN TIAOJIE ZHONGCAI
DIANXING ANLI PINGXI

贵州省
农村土地纠纷调解仲裁
典型案例评析

顾 国　雷基智◎主编

中国农业出版社
农村读物出版社
北 京

编　委　会

顾　　　　问：方　涛

编 委 会 主 任：王永新

编委会副主任：雷睿勇　吴宗建　邱　杏
　　　　　　　　曹越尧　郑元红　王万松

主　　　编：顾　国　雷基智

副 主 编：马仕刚　龙　鹏　赵泽民

编　　　委：（以姓氏拼音为序）

安亚飞　陈永前　程　鹏　褚崇胜

付登平　甘嗣忠　高　强　韩　莉

何　波　何开录　黎桂先　李开兵

李永红　李宗玲　刘泽彬　吕娟娟

罗　艳　罗云国　潘顺本　邱家俊

汪　静　王　菊　吴晓红　向志伟

肖昌智　熊　彬　杨　艾　杨长波

杨　驰　喻盛莲　翟　娟　张定华

张君鸿　张　莉　赵庆祥

　　随着农村土地承包经营权确权登记颁证工作的不断完善及农村产业革命的纵深推进，农村土地承包纠纷越来越多，表现出涉及面广、形式多样、利益关系复杂等特点。因此，化解农村土地承包经营纠纷，是当前贯彻落实党的农村基本政策、维护农村和谐稳定、促进农村改革发展的迫切要求，也是各级农业农村部门特别是农村经营管理部门的重要职责，是一项不得不抓、必须抓好的基础性重要工作。

　　为进一步贯彻落实最新颁布实施的《中华人民共和国农村土地承包法》（2018年12月29日第十三届全国人民代表大会常务委员会第七次会议通过），以及《中华人民共和国农村土地承包经营纠纷调解仲裁法》《农村土地承包经营纠纷仲裁规则》《农村土地承包仲裁委员会示范章程》等法律法规及政策要求，指导推动各地建立健全"乡村调解、县市仲裁、司法保障"的农村土地承包经营纠纷调处体系，贵州省农业农村厅高度重视，加强法律法规宣传，强化仲裁员能力培训，规范仲裁工作流程，推动农村土地纠纷调解仲裁法律法规的深入贯彻实施，有力地化解了大量农村土地承包经营纠纷，取得了显著成效。

　　本书总结贵州近年来化解农村土地承包纠纷的经验做法，对各类农村土地承包纠纷进行了认真梳理，收集汇总了全省各地农村土地承包经营纠纷案例，对如何有效化解各类农村土地矛盾纠纷、保护农民群众合法权益、维护农村社会和谐稳定进行了深入研究，并针对每个典型案例进行了分析点评。通过这些典型案例的展示及评析，能为广大读者及系统内部农村土地承包经营纠纷调解仲裁工作提供有益参考，提高农村土地承包纠纷调解仲裁员的能力及水平。

同时，本书还收集整理了有关涉及农村土地承包纠纷的法律法规、政策文件等，方便大家查阅学习。

  本书全方位、多角度展示了贵州省各地在化解农村土地承包经营纠纷中的亮点及成果，交流了各地农村土地承包纠纷调解仲裁技巧及实操经验，是一本不可多得的农村土地承包纠纷调解仲裁知识读本，对广大农村土地承包仲裁员具有较好的参考价值，对推动农村土地承包纠纷调解仲裁工作也具有现实的指导意义。

洪名勇

2020 年 12 月 11 日

（作者系贵州大学教授、博士生导师）

群众利益无小事，农村土地纠纷牵动着广大农民群众的心。

近年来，随着农村产业革命的纵深推进及农村土地承包经营权确权登记颁证工作的不断完善，城镇化、工业化及农业现代化步伐不断加快，农民群众的法律意识不断增强，农村土地承包经营纠纷逐渐增多，保护农民承包权益的任务日趋凸显。如何有效化解各类农村土地承包经营纠纷，保护农民群众合法权益，维护农村社会和谐稳定，已经成为各级党委政府及社会各界关注的焦点。

基于展示全省各地在化解农村土地承包经营纠纷工作中的成果及亮点，提供农村土地承包经营纠纷调解仲裁工作的政策参考及业务指导，交流学习各地农村土地承包经营纠纷调解仲裁技巧及实操经验等目的，从 2019 年起，编者收集了近年来全省各地，尤其是毕节市农村土地承包经营纠纷调解仲裁案件及农民来信来访调查处理案例，汇编成《贵州省农村土地纠纷调解仲裁典型案例评析》。

本书分别从农村土地流转纠纷类、外嫁女土地承包经营权保护类、"三户一员"（指死亡绝户、搬迁户、五保户及农转非人员）土地承包经营权类、"四荒地"土地经营权类、农村土地征用纠纷类、其他纠纷类，以及信访复核案例、省长直通车案例、来信来访案例、确权登记纠纷案例等多渠道、多类型纠纷案例进行分类整理，汇编成册，为做好农村土地承包经营纠纷调解仲裁工作提供借鉴参考。本书对于规范开展农村土地承包经营纠纷调解仲裁工作，具有较强的指导意义及广泛的现实需要。

由于本书中案例调查处理时间均在 2012 年至 2019 年之间，书中案例适用的还是 2002 年 8 月 29 日第九届全国人民代表大会常务委员会第二十九次会议通过的《中华人民共和国农村土地承包法》。

本书中的案例均系各地真实发生的农村土地纠纷案例，为保护当事人权益及隐私，书中涉及市州、县区、乡镇、村（社区）名称及农户姓名，均进行了化名处理。

本书的编写得到了省内各级党委政府及各有关部门的鼎力支持及倾情帮助，使得本书编写顺利完成，在此一并表示衷心的感谢！

由于编写时间仓促，以及编者水平有限，书中不足之处在所难免，敬请广大读者批评指正。

编　者

2020 年 8 月

目录 CONTENTS ///////////

第二章　其他途径化解土地纠纷案例

第三章　涉及农村土地的有关法律法规和政策

附录　贵州省化解农村土地纠纷经验交流

第一章 | DIYIZHANG

土地纠纷仲裁裁决案例

农村土地流转纠纷类

案例1 ▶ 因农户之间互换农村土地承包经营权产生的纠纷

一、案情简介

申请人李明汉与被申请人赵思付是某某市某某区C镇X村农户，20世纪80年代中期，申请人用自己位于被申请人住房后面小地块名为官厢大地的承包地与被申请人位于同村地块名为干河沟的承包地互换。2012年因被申请人反悔，引发土地承包经营权流转纠纷。经镇村两级干部多次协调未果，申请人向某某市某某区农村土地承包仲裁委员会（简称仲裁委）提请仲裁，请求被申请人归还涉案土地给申请人，并停止对涉案土地的侵占行为。

二、当事人诉辩主张及依据

（一）申请人主张及依据

申请人称：争议土地原是被申请人户的承包地。1986年秋，为了方便耕种，申请人和被申请人达成土地调换协议，申请人用位于被申请人住房后面名为官厢大地的承包地与被申请人名为干河沟的承包地进行调换。

申请人与被申请人调换土地时，双方约定永远调换，并对当时地里的两棵漆树折价20元，付给被申请人。后来，申请人又在争议地里种了两棵漆树。不料，2012年8月12日，被申请人夫妻反悔，要求申请人返还争议地。因申请人不同意返还，被申请人就在争议地内砍掉申请人所栽的两棵漆树和自生的一棵杉树，并拖了一车石头倒在争议地里。2013年3月，被申请人又在该争议地里拔掉申请人家的胡豆，铲掉申请人的苞谷，然后强行耕种该争议地。后经村、镇及派出所干部调查处理，被申请人拒不接受处理意见。申请人认为被申请人的行为严重侵害了自己的土地承包经营权。

为支持其主张，申请人向仲裁委提交以下证据：

①申请人与被申请人所在镇综合治理办公室关于调查处理某某村赵思付与李明汉土地纠纷的调查笔录4份，申请人与被申请人所在镇人民调解委员会调解记录1份。用以证明申请人与被申请人调地的事实成立，而且是永久调换。

②证人郭选付出庭证言：1986年至2012年是申请人户耕种该涉案土地，而且申请人在该争议土地里种过树。用以证明该争议土地是申请人与被申请人进行了永久调换的。

（二）被申请人主张及依据

被申请人的法定代理人李应翠口头辩称：申请人所述不实，申请人当年家庭比较困难，没有菜园子地，调换被申请人家的这块地（争议土地）去做菜园子地，但当时双方约定了待孩子长大以后将地调换回来，各自耕种管理。

被申请人未向仲裁委提供任何证据。

被申请人对申请人所举证据的质证意见：对于证据①，对该证的真实性、合法性不认可，达不到申请人的证明目的。理由为：申请人与被申请人所在镇的调查笔录是假的，被申请人没有在调查笔录上亲手按手印；被申请人没有在调解记录上签字。对于证据②调换土地事实成立，但不是永久调换。

三、本案争议焦点

申请人与被申请人调换土地耕种管理的事实是否成立。

四、本案查明的事实

申请人与被申请人于1986年达成口头协议，进行土地调换，被申请人将争议地调换给申请人耕种，调换土地时，双方还对该争议地里的两棵漆树进行过折价，申请人当时支付20元给被申请人。后来，申请人在耕种该争议地期间，又在争议地里种过树木。2012年8月12日，被申请人夫妻反悔，要求申请人返还争议土地。因申请人不同意返还，被申请人就在争议地内砍掉申请人所栽的两棵漆树和自生的一棵杉树，并拖了一车石头倒在争议地里。2013 年 3月，被申请人又在该争议地里拔掉申请人家的胡豆，铲掉申请人的苞谷，然后强行耕种该争议土地。后经村、镇及派出所干部调查处理，被申请人拒不接受处理意见。

对于本案争议地，虽然被申请人不认可永久调换土地的事实，但是，不仅申请人已经耕种该争议地二十多年，而且在申请人与被申请人所在镇综合治理办公室提供的调查笔录中，被申请人承认了调地时，申请人用钱给被申请人买了争议地里的漆树的事实，证人郭选付的证言又证明申请人在耕种该争议地过程中，在该争议地里种过漆树的事实。根据经验法则及农村习惯，如果不是永久性调换，申请人就不会在该争议地里从事永久性行为，即申请人就不会用钱买掉争议地里的树子，也不会在争议地里栽种任何树木，因而推定该调地行为是永久性的。

因此，申请人所举证据①、②具有合法性、客观性、关联性，其证明效力仲裁委予以确认。

五、裁决依据及结果

根据以上调查事实，依照《中华人民共和国合同法》第八条"依法成立的合同受法律保护"、第六条"当事人行使权力、履行义务，应当遵循诚实信用原则"、第十条"当事人订立合同，有书面形式、口头形式和其他形式"以及《中华人民共和国农村土地承包经营纠纷仲裁法》第十一条"仲裁庭对农村土地承包经营纠纷调解不成的，应当及时作出裁决"之规定，仲裁委作出裁决如下：

双方所争议的土地位于某某区 C 镇 X 村石山组，地名为干河沟的土地承包经营权归申请人李明汉所有。

六、案例评析

本案涉及农户之间土地承包经营权互换产生纠纷如何处理的问题。现实生活中，特别是在农村土地承包经营权确权登记颁证过程中发现，为了方便耕种管理等原因，经常存在农户之间的承包土地调换的情况，而且双方基于信任，往往都是口头协议，双方并未签订书面协议。该类土地承包经营权纠纷经常因为某一方原来的土地被征用或预期增值而产生，又因双方没有签订书面协议而无法认定互换土地的事实。处理类似土地纠纷，一般按双方提交的书面互换协议为裁决依据或确权登记颁证依据。本案中，互换土地双方虽然没有签订书面协议，但是，在调查中已经查清双方确实存在调换土地的事实，因此，按互换后双方土地承包经营现状进行裁决。若双方都不能提供书面协议或确权登记颁证依据、双方互换土地耕种管理的事实又确实存在的情况下，仲裁委可以根据目前耕种管理先现状进行裁决。

案例 2　农村土地流转后的承包经营权确认

一、案情简介

申请人陈遵先与被申请人李学明是同母异父的兄弟。申请人因长期外出，将承包地交由被申请人代耕管。在被申请人代耕管期间，被申请人私自处置申请人部分土地（包括已登记和未登记的）；申请人得知其土地承包经营权被被申请人私自处置后，向申请人与被申请人所在村、镇申请调解，经村、镇调解不成，申请人遂向某某区农村土地承包仲裁委员会申请仲裁。

二、当事人诉辩主张及依据

（一）申请人主张及依据

农村土地承包到户时，以申请人父亲为户主，家庭承包成员包括申请人的祖母（已故）、申请人和被申请人的母亲、申请人妹妹、被申请人以及申请人六口人，共同承包了 Y 镇 C 村包括涉案土地在内的土地。被申请人成家后，申请人父亲认为其分得一份承包地太少，遂将其祖母作为家庭承包成员承包的那份土地分割给被申请人，即被申请人享有以申请人父亲为原承包户主六个承包人口中两个承包人口份额的承包地，不包括涉案土地。

第二轮土地延包时，申请人的母亲和妹妹已将她们土地承包经营权转让给申请人，即申请人户享有父亲为承包户主的四个承包人口的原承包地，包括涉案土地（小地名分别为塘子脚、幺老者湾湾、少午坝坝，面积共计 1.15 亩①）。在开展农村土地确权登记颁证工作时，被申请人将涉案土地确权在自己名下，其行为侵害了申请人的合法权益。

为支持其主张，申请人提交如下证据：在申请人名下登记有小地名为塘子脚、幺老者湾湾、少午坝坝，面积共计 1.15 亩的承包地的第二轮土地延包经营权证。用以证明涉案土地是申请人户的承包地。

（二）被申请人主张及依据

申请人诉争的土地系被申请人的合法承包地，依据 2003 年施行的《中华人民共和国土地承包法》第二十二条、第二十三条等规定，申请人没有涉案地块的土地承包合同或土地承包经营权证书，因此申请人无权对被申请人承包的土地主张权利。

被申请人耕种涉案土地时间已长达三十五年之久，是众所周知的事实，其间无人提出异议，且已经所在村委会和政府依法明确。地块名为塘子脚的争议土地是被申请人 1983 年分户时分得的土地，申请人第二轮承包证登记有塘子脚土地，是因在 1993 年左右，被申请人将该地与申请人耕种的地块名为刘家背后的土地进行调换并耕种七八年，后各自换回，但第二轮颁发承包证时没有更换过来。地块名为少午坝坝的承包地，早在二十多年前被申请人就与本村村民陈武的父亲进行了土地互换。

为支持其主张，被申请人提交如下证据：①证人身份证及谈话笔录复印件。用以证明争议土地的位置情况及三十多年来由被申请人户进行耕种管理的事实。②申请人与被申请人所在村民委员会出具的调解未果证明。③陈武的《农村土地承包经营权证》和视频光盘一张。用以证明被申请人与陈武父亲调换承包地的事实（被申请人将少午坝坝承包地与陈武父亲进行互换，互换后陈武父亲又将该地分给陈武）。

三、本案争议焦点

Y 镇 C 村三组小地名为塘子脚、幺老者湾湾、少午坝坝面积共计 1.15 亩土

---

① 亩为非法定计量单位，1 亩 =1/15 公顷。——编者注

地的承包经营权归谁。

四、本案查明的事实

仲裁委依职权开展现场查勘并询问了申请人妹妹后，查明事实如下：

农村土地承包到户时，以申请人父亲为户主在Y镇C村承包了土地，承包成员包括申请人祖母、申请人和被申请人的母亲、申请人妹妹、申请人与被申请人共六口人。

被申请人1983年成家后，原申请人父亲为户主的家庭承包户就分为两户，被申请人分得了祖母李晓玉及本人名下的承包地，并在第二轮延包时明确登记在以被申请人李学明为户主的承包证上。第二轮土地延包时，以申请人陈遵先为户主的承包人口包括了申请人父亲、母亲、以及其妹妹共计四口人，1985年申请人外出务工，其承包地由其家庭承包成员申请人妹妹耕种管理了五年直到1990年，之后申请人妹妹外出务工，申请人就把其承包地口头委托给其兄（被申请人）代耕。

代耕期间，被申请人把本属于申请人户的少午坝坝土地与同村村民陈武的父亲互换，并登记在陈武的承包证内（后转让给本村村民陈林荣建房）。同时，被申请人在开展农村土地确权登记颁证时，将涉案土地幺老者湾湾及塘子脚地块确权登记在被申请人户土地承包经营权证上（该证因纠纷已收回作废）。

申请人得知被申请人把本属于自己的承包地登记在被申请人户承包经营权证上后，向所在镇政府及区人民政府反映情况，经村、镇相关部门多次调解未果后，申请人遂向某某区农村土地承包仲裁委员会申请仲裁，请求依法裁决塘子脚、幺老者湾湾、少午坝坝共计1.15亩的土地承包经营权归申请人所有。

五、裁决依据及结果

本案经调解不成，依据《中华人民共和国合同法》第五十一条"无处分权的人处分他人财产，经权利人追认或者无处分权的人订立合同后取得处分权的，该合同有效"和《中华人民共和国农村土地承包法》第五条"农村集体经济组织成员有权依法承包由本集体经济组织发包的农村土地。任何组织和个人不得剥夺和非法限制农村集体经济组织成员承包土地的权利"以及第九条"国家保护集体土地所有者的合法权益,保护承包方的土地承包经营权,任何组织和个人不得侵犯"之规定,作出裁决如下:

申请人陈遵先与被申请人李学明双方争议的Y镇C村三组小地名为塘子脚、幺老者湾湾、少午坝坝共计1.15亩的土地承包经营权归申请人陈遵先享有。

六、案例评析

农村土地承包中,承包方根据耕种管理需要,可以将承包土地出租、流转给村集体组织内部成员或委托给村集体组织内部成员耕管。本案中涉案土地是由申请人口头委托被申请人代管耕种至今,口头协议作为合同的一种形式与其他合同具有同等法律效力,在合同履行期间,被申请人将申请人的地名为少午坝坝的土地与他人互换。根据《中华人民共和国农村土地承包法》第九条"国家保护集体土地所有者的合法权益,保护承包方的土地承包经营权,任何组织和个人不得侵犯"的规定,被申请人无权处置申请人的土地,被申请人的行为已违反合同的诚信原则,侵害了申请人的合法权益。《中华人民共和国合同法》第五十一条规定:"无处分权的人处分他人财产,经权利人追认或者无处分权的人订立合同后取得处分权的,该合同有效。"但本案中权利人并未追认转让少午坝坝土地的处分权。

案例3 因代耕土地后引发的土地权属纠纷

一、案情简介

1995年7月起,申请人王光先代耕被申请人李德富地名为大坟坡的承包土地到2016年。2016年开展农村土地确权登记颁证时,经申请人与被申请人双方共同确认,土地确权工作组人员将该争议土地登记在被申请人名下,被申请人耕管该土地至今。几年之后申请人认为该土地系其用地块名为荒地的土地与被申请人调换的,且在第二轮土地延包时,村委会已将该地发包给被申请人经营，该地的承包经营权应属被申请人。申请人遂向某某区农村土地承包仲裁委员会提请仲裁，请求依法裁决已登记在被申请人名下的大坟坡的土地承包经营权归申请人所有。

二、当事人诉辩主张及依据

（一）申请人主张及依据

申请人认为，在 1995 年 7 月，其与被申请人为方便土地耕管，双方达成口头协议，申请人用其地块名为荒山的承包地与被申请人地块名为大坟坡的承包地互换，互换后申请人一直耕种互换得来的大坟坡土地至 2016 年。第二轮土地延包时，村委会便将大坟坡的承包地登记在申请人名下，因此争议土地的承包经营权归申请人所有。但申请人并未在法定期限内向仲裁委提供任何合法有效的证据支持自己的主张。

（二）被申请人主张及依据

被申请人认为：

双方不存在互换土地的事实。争议土地是被申请人第一轮土地承包时的承包地，申请人没有任何证据证明与被申请人互换土地的事实。同时，申请人第二轮土地延包证上载明的耕地承包期限起始时间为 1994 年 1 月 1 日，而申请人诉称的互换时间为 1995 年 7 月。颁证在前，互换在后，不符合常理，申请人所提供的承包证与其诉称的互换时间矛盾。

申请人提供的《第二轮承包土地明细登记证》上载明"大坟坡"土地四至为"东抵路、南抵李志银家地、西抵坎、北抵陈文艺家地"。而争议土地大坟坡四至为"东王圣堂和李志银地、南李志银和姜章荣地、西张家坟、北陈万友家地"。申请人诉称的土地与争议之地的北面、东面界限不一致。因此，申请人提供的《第二轮承包土地明细登记证》所载明的土地无法体现争议之地的承包经营权归申请人所有。

就本案争议之地申请人已于 2018 年 6 月 20 日向某某市某某区人民法院提起诉讼。经该院审理，因申请人无任何证据支持自己的主张，该院于 2018 年 7 月 23 日，做出民事裁定，依法驳回了申请人的起诉，该判决早已发生法律效力。因此，请求依法终止本案仲裁程序。

综上，被申请人认为争议之地系被申请人享有的承包地，且本案已经某某区人民法院做出生效裁定，驳回了申请人的起诉，因此仲裁庭应依法终止本案仲裁程序。为支持自己的主张，被申请人提供了某某区法院民事裁定书一份。证明：申请人就本案争议之地向法院起诉，因申请人没有提供充分有效的证据证明争议之地的承包经营权属于申请人，法院驳回了申请人的起诉。

三、本案争议焦点

1. 申请人是否用其地块名为荒地的承包地与被申请人地块名为大坟坡的承包地互换。

2. 双方争议的大坟坡的土地承包经营权归谁。

四、本案查明的事实

本案经仲裁庭审理及现场勘察，查清事实如下：

申请人所申请的涉案土地"大坟坡"与其本人提供的《第二轮承包土地明细登记证》上载明的"大坟坡"四至界限不一致，不能认定其为同一地块，故不能认可涉案的大坟坡土地承包经营权归属申请人。

申请人所述用地块名为荒地的承包地与被申请人地块名为大坟坡的承包地互换，申请人未提供任何关于荒地的基本情况及互换的相关依据，经调取档案局所留存的被申请人第二轮《毕节市延长农村土地承包期情况登记表》，该登记表并未记载有申请人所述的地名为荒地的承包地，故申请人诉称互换土地不实。

五、裁决依据及结果

仲裁委依法受理后，经调解不成，仲裁庭依据《中华人民共和国民事诉讼法》第六十四条第一款"当事人对自己提出的主张，有责任提供证据"，《最高人民法院关于适用〈中华人民共和国民事诉讼法〉的解释》第九十条"当事人对自己提出的诉讼请求所依据的事实或者反驳对方诉讼请求所依据的事实，应当提供证据加以证明，但法律另有规定的除外。在举证期限内，当事人未能提供证据或者证据不足以证明其事实主张的，由负有举证证明责任的当事人承担不利的后果"的规定，结合本案中申请人未提供关于用来调换被申请人地块名为"大坟坡"的承包地的地块名为"荒地"的承包地的相关依据。本案作出如下裁决：

驳回申请人的申请诉求。

六、案例评析

根据人民法院调查审理认定的事实，在第一轮土地承包期间，申请人代耕被申请人承包的地块名为"大坟坡"的承包地，由于第二轮土地延包是在第一轮土地承包的基础上进行延包，申请人虽然提供了第二轮土地延包经营权证，拟证在第二轮土地延包时，村委会将该争议土地发包给申请人，但是通过现场勘察查实申请人提供的土地承包经营权证上载明的地块名为"大坟坡"的四至界限，与申请人所申请的涉案土地大坟坡不一致，不能认定其为同一地块，故不能认可本案涉案土地"大坟坡"的承包经营权归属申请人。该涉案土地承包经营权应归被申请人所有，但被申请人并未向仲裁委提出确认涉案土地权属的反申请，故仲裁委不予裁定该涉案土地的权属。

案例4　土地重复流转引发的纠纷

一、案情简介

申请人李文菊与被申请人李毅、顾余土地流转纠纷一案。申请人李文菊于2012年4月20日与某区X镇A村及B村村民签订了土地流转合同，流转了约200亩土地用于办残疾人就业厂，发展种植、养殖业，流转合同分别报两个村村委会进行了备案。后在申请人外出过程中，被申请人顾余以政府要发展茶产业为由与村民另签订了土地流转合同，流转了申请人之前从两个村村民那里流转的土地。申请人认为是政府工作人员李毅（另一被申请人）勾结被申请人顾余哄骗村民将申请人流转的还未到期的土地再次流转给被申请人顾余，这一行为侵犯了申请人的合法权益。申请人遂将李毅与顾余共同作为被申请人，向某区农村土地承包纠纷仲裁委提请仲裁，请求依法裁决被申请人顾余与村民签订的土地流转合同无效，要求被申请人顾余尽快归还非法流转土地，并赔偿申请人因此造成的几十万元的经济损失。

二、当事人诉辩主张及依据

（一）申请人主张及依据

申请人认为其于 2012 年 4 月 20 日与某区 X 镇 A 村及 B 村村民签订了土地流转合同，共流转了两个村约 200 亩地，申请人将流转合同报两个村村委会进行了备案，并在土地流转合同上加盖了两个村委会的公章，该流转行为合法有效。但在申请人外出进货时，X 镇政府的工作人员李毅（被申请人）勾结被申请人顾余，哄骗部分村民就申请人流转的土地再次与被申请人顾余签订了土地流转合同，将土地再次流转给被申请人顾余，此行为严重侵害了申请人的合法权益，被申请人应尽快归还申请人合法流转的土地，并且赔偿申请人几十万元的经济损失。为支持自己的主张，申请人提供了如下合法有效依据：

①申请人与村民及村委会签订的《土地流转合同》。用以证明涉案土地是申请人合法流转的土地，其经营权归申请人。

②X 镇 A 村村委会出具的申请人是依法合理流转取得了涉案土地经营权的证明。

③涉案土地的现场照片。用以证明被申请人顾余阻止申请人在涉案土地上种树，给申请人造成经济损失。

④证人李光林、李光书、李明军的证言。用以证明被申请人顾余哄骗村民与其再次签订土地流转合同。

（二）被申请人主张及依据

被申请人李毅认为其未勾结顾余哄骗村民再次签订土地流转合同，相反，其与另一被申请人顾余并不熟悉，且当知道被申请人顾余要去流转涉案土地时，被申请人李毅还向政府管理公章的人员说过让他们不要给顾余盖公章。因为被申请人李毅知道涉案土地系申请人合法流转的土地，所以申请人李毅勾结顾余一事并不成立。证人村民肖洪卫、肖洪普证言证明被申请人顾余在与村民签订土地流转合同的过程，被申请人李毅并未参与。

本案另一被申请人顾余无故缺席本案审理。

三、本案争议焦点

1．争议土地的经营权归谁。

2．申请人申请赔偿经济损失的诉求是否合理。

四、本案查明的事实

本案经庭审审查及现场勘验，查清如下事实：

申请人于 2012 年 4 月 20 日与某区 X 镇 A 村及 B 村村民签订了土地流转合同，共流转两个村 200 亩左右土地，该流转合同已报两村委会备案，并加盖了村委会公章，属合法有效的土地流转合同。

被申请人顾余以政府要发展茶产业为由，诱使两个村村民就申请人流转的土地与其再次签订了土地流转合同，该行为未经两村委会知晓。在与村民签订土地流转合同的过程中，告知村民申请人不再流转涉案土地的虚假情况，欺诈村民与其签订的合同，属无效合同。

被申请人李毅与本案没有关联。

五、裁决依据及结果

某区农村土地承包仲裁委员会依法受理后，经调解不成，根据《农村土地承包经营权流转管理办法》第六条"承包方有权依法自主决定承包土地是否流转、流转的对象和方式。任何单位和个人不得强迫或者阻碍承包方依法流转其承包土地"、第九条"农村土地承包经营权流转的受让方可以是承包农户，也可以是其他按有关法律及有关规定允许从事农业生产经营的组织和个人。在同等条件下，本集体经济组织成员享有优先权。受让方应当具有农业经营能力"、第十一条"承包方与受让方达成流转意向后，以转包、出租、互换或者其他方式流转的，承包方应当及时向发包方备案"、《中华人民共和国合同法》第八条"依法成立的合同，对当事人具有法律约束力。当事人应当按照约定履行自己的义务，不得擅自变更或者解除合同。依法成立的合同，受法律保护"、第五十二条"有下列情形之一的，合同无效：（一）一方以欺诈、胁迫的手段订立合同，损害国家利益；（二）恶意串通，损害国家、集体或者第三人利益；

（三）以合法形式掩盖非法目的；（四）损害社会公共利益；（五）违反法律、行政法规的强制性规定"以及《中华人民共和国农村土地承包法》第十条"国家保护承包方依法、自愿、有偿流转土地经营权，保护土地经营权人的合法权益，任何组织和个人不得侵犯"。仲裁委作出裁决如下：

申请人与某区X镇A村及B村村民流转的200亩左右的土地经营权属申请人李文菊所有，被申请人顾余与村民签订的土地流转合同无效；驳回申请人的其他诉求。

六、案例评析

两个村村民作为承包户，有权流转全部或部分承包地，农户之间的土地流转行为依法应得到保护。本案中申请人是具有农业经营能力的个人，是合法有效地从村民那里流转了土地开展农业生产，也将土地流转情况报发包方（两个村的村民委员会）进行了备案，是合法有效的流转，涉案土地的经营权应属于申请人。同时根据《中华人民共和国合同法》第八条之规定，申请人与农户签订的土地流转合同是依法成立的合同，应受到保护。

案例5 互换土地引发的土地权属纠纷

一、案情简介

第一轮土地承包时，申请人陈永禄与被申请人陈母杨分别在Q县S镇H村承包有地名为白泥朗朗和坟湾湾的耕地，为了方便耕种，申请人用坟湾湾承包地与被申请人白泥朗朗的承包地进行互换。在第二轮土地延包时，村民委员会也将申请人坟湾湾的土地与被申请人白泥朗朗的土地进行了互换登记，将被申请人白泥朗朗土地（面积为1亩）登记在申请人名下，将申请人坟湾湾土地（面积为1.5亩）登记在被申请人名下，并分别颁发了农村土地承包经营权证。2012年，因修建高速公路，白泥朗朗的土地被征用，政府将征地补偿款补偿给了申请人，被申请人认为白泥朗朗的土地征用补偿款应属于被申请人享有，双方遂产生纠纷。经当地村民委员会及镇政府多次调解未果后，申请人向Q县农村土地承包仲裁委员会提请仲裁，请求依法裁决位于S镇H村小地名为白泥朗朗的土地承包经营权归申请人所有。开庭期间，被申请人认为政府颁证行为侵犯了他的承包经营权，要向上级政府提请行政复议维权，故申请中止仲裁。同年4月12日，某某市人民政府作出《行政复议决定书》，维持Q县人民政府为申请人颁发的农村土地承包经营权证上地块名为白泥朗朗的土地登记行政行为。被申请人不服该行政复议向人民法院提起行政诉讼，法院以案件已超过不动产最长行政诉讼时效为由，驳回被申请人诉讼请求，因该裁定书未对涉案土地承包经营权进行认定，被申请人于2019年9月27日向Q县农村土地承包仲裁委员会申请恢复审理。

二、当事人诉辩主张及依据

（一）申请人主张及依据

申请人认为其与被申请人双方达成互换土地协议后，申请人将其坟湾湾的承包地与被申请人白泥朗朗承包地互换，并各自耕管互换土地几十年。第二轮土地延包时，村委会也将白泥朗朗的土地登记在申请人名下，因此白泥朗朗的土地的承包经营权归申请人所有。2012年，因修建高速公路，征用了白泥朗朗的承包地，征用补偿款应归申请人所有。为支持自己的主张，申请人提供了如下证据：

①《贵州省县土地使用证》。证明第一轮土地承包时申请人承包有白泥朗朗、坟湾湾的土地。

②《农村土地承包经营权证》（第二轮）、《Q县延长农村土地承包期情况登记表》。证明在第二轮土地延包后，申请人互换得到的白泥朗朗的土地登记在申请人名下，申请人享有该地的承包经营权。

（二）被申请人主张及依据

被申请人认为其与申请人未签订书面土地互换协议，不存在土地互换事实；第二轮土地延包时，由于有关部门工作失误，导致被申请人之白泥朗朗的承包地被登记在申请人名下，但该地的承包经营权属被申请人。为支持自己主张，被申请人提供了H村村委会出具的证明地块名为白泥朗朗土地是被申请人第一轮承包地的证明书一份。

三、本案争议焦点

1. 申请人与被申请人互换土地是否属实。

2. 涉案土地白泥朗朗的承包经营权归谁。

四、本案查明的事实

为查清案件事实，仲裁委依职权作了庭外调查和现场勘验。调查了证人陈国明（现任H村村干部），其证言证明：村委会已组织过 12 次调解，并已查清申请人与被申请人互换土地的事实。同时，仲裁委还去档案局调取申请人与被申请人第二轮农村土地承包登记情况表，查实第二轮土地延包时地块名为白泥朗朗的土地登记在申请人名下，地块名为坟湾湾的土地登记在被申请人名下，申请人用坟湾湾的土地与被申请人的白泥朗朗的土地互换属实。

五、裁决依据及结果

根据《中华人民共和国合同法》第八条"国家保护集体土地所有者的合法权益，保护承包方的土地承包经营权，任何组织和个人不得侵犯"及《中华人民共和国农村土地承包法》第八条"国家保护集体土地所有者的合法权益，保护承包方的土地承包经营权，任何组织和个人不得侵犯"之规定，并经调解无效后，作出如下裁决：

申请人与被申请人争议的位于Q县S镇H村地块名为白泥朗朗的土地承包经营权归申请人所有。

六、案例评析

根据法院查清的事实，结合本案双方当事人相关证据及证人证言，双方为方便耕种，被申请人将其白泥朗朗的土地与申请人坟湾湾的土地进行了互换，虽只有口头协议但存在互换的事实，互换后白泥朗朗的土地由申请人户耕管，坟湾湾的土地由被申请人户耕管，并在第二轮土地延包时做了互换变更登记。口头协议作为合同的一种，系当事人双方的真实意思表示，根据《中华人民共和国合同法》第八条"依法成立的合同，对当事人具有法律约束力，当事人应当按照约定履行自己的义务，不得擅自变更或者解除合同，依法成立的合同，受法律保护"。本案第二次庭审过程中被申请人在请求将白泥朗朗土地实测面积（4亩）与土地承包经营权证上的登记面积（1亩）的差异部分（3亩）确认给被申请人，该请求仲裁委不予支持。根据第一轮土地承包分地时众所周知的承包方式，分地是以产量定面积的，故出现差异纯属正常，差异部分依然属于整块土地的承包经营权人所有。根据《中华人民共和国农村土地承包法》第八条"国家保护集体土地所有者的合法权益，保护承包方的土地承包经营权，任何组织和个人不得侵犯"，本案中申请人依法取得的承包土地受法律保护。

案例6　流转合同违反法律规定的土地纠纷

一、案情简介

申请人李德祥、陈家先、樊世兴、王向德与被申请人C区P镇A村村民委员会、被申请人T石材厂土地承包纠纷一案。二被申请人于2007年10月15日签订了一份《征地补偿安置协议》，将申请人的涉案承包土地征用兴办T石材厂。之后该石材厂制作了"某某市T石材厂征用A村土地补偿花名册"，并注明"今后停厂后负责恢复耕地退还给被征地农户使用"，征用土地包含了几位申请人的土地。而申请人认为该行为是土地流转行为，他们领取的是土地流转给该石材厂一年的租金，而不是补偿金，之后申请人由于没有再领到租金遂产生纠纷。

二、当事人诉辩主张及依据

（一）申请人主张及依据

二被申请人签订的《征地补偿安置协议》侵占了申请人的合法权益，该厂停产两年多，被申请人并没有按补偿花名册中注明的情况退还申请人的土地。为此，申请人请求裁决二被申请人将其侵占的位于C区P镇A村a组的四申请人所承包的稻田退还给四申请人。

为支持其主张，申请人提供了如下证据：

①四申请人的身份证复印件、被申请人T石材厂相关信息复印件。用以证

明申请人和被申请人T石材厂相关的身份信息，都是适格的当事人。

②四申请人承包经营权证。用以证明T石材厂占用四申请人土地的事实。

③征地补偿安置协议一份。用以证明二被申请人占用申请人土地的协议是无效合同。

④征地补偿花名册一份。用以证明被申请人T石材厂占用申请人土地的事实及具体的面积。

（二）被申请人主张及依据

被申请人A村村民委员会认为：2007年，村民委员会经与申请人协商后，将涉案土地转让给T石材厂，且当时拟定了一个合同，如果答应了，就签字领款，不答应就不签字领款，申请人当时有领款的事实。

被申请人T石材厂认为：签订的协议是按当时的政策进行的，在场的部门有村民委员会、镇政府、国土局参加，该合同已经签订十年，且签合同的人除了四申请人，还有其他农户，申请人称不知情显然与事实不符。签订协议的主体双方是T石材厂与村民委员会，申请人主张解决纠纷的部门应该是村委会或镇政府。

为支持其主张，被申请人提供了如下证据：

①征地补偿安置协议。用以证明该协议的签订有村委会、镇政府、国土局参与，征地标准是按当地征用标准。

②T石材厂的营业执照。用以证明该企业是正常营业。

三、本案争议焦点

1. 四申请人与被申请人签订的合同是否有效。

2. 被申请人是否应该返还占用的四申请人的土地。

四、本案查明的事实

2007年10月15日，二被申请人之间签订了《征地补偿安置协议》，将四申请人涉案承包地及其他农户的承包地征用，用来建设T石材厂，但四申请人并未参加签订合同。该石材厂在与A村村民委员会签订合同后，制作了一张"某某市T石材厂征用A村土地补偿花名册"，并通知包括四申请人在内的被征用土地的农户领取了相应的征地补偿款，但包括四申请人在内的被征用土地的农户因花名册上注明的"今后停厂后负责恢复耕地退还被征地农户使用"，所以都认为这是领取租用土地的租金，还以为是每年补偿一次，于是签字领取或代签字领取了"征地补偿款"。之后就再也没有领取补偿费，申请人为了维护自己的合法权益，多次向镇政府反映未曾处理。后来，又恰遇该厂停产两年多，申请人又根据"停产后负责恢复耕地退还被征地农户使用"的说法，要求二被申请人退还土地，但二被申请人拒不退还，而且继续在争议土地上开办搅拌场，再后来，搅拌场也停产了，二被申请人仍然拒不退还。为保护自己的土地承包经营权，申请人特向C区农村土地承包仲裁委员会申请仲裁。

五、裁决依据及结果

本案经调解不成，依据《中华人民共和国农村土地承包法》第十条"国家保护承包方依法、自愿、有偿地进行土地承包经营权流转"、《中华人民共和国土地管理法》第四十四条"建设占用土地，涉及农用地转为建设用地的，应当办理农用地转用审批手续。永久基本农田转为建设用地的，由国务院批准。在土地利用总体规划确定的城市和村庄、集镇建设用地规模范围内，为实施该规划而将永久基本农田以外的农用地转为建设用地的，按土地利用年度计划分批次按照国务院规定，由原批准土地利用总体规划的机关或者其授权的机关批准。在已批准的农用地转用范围内，具体建设项目用地可以由市、县人民政府批准。在土地利用总体规划确定的城市和村庄、集镇建设用地规模范围外，将永久基本农田以外的农用地转为建设用地的，由国务院或者国务院授权的省、自治区、直辖市人民政府批准"的规定，裁决如下：

支持申请人的诉讼请求。

六、案例评析

本案属于因村民委员会强行流转承包地，并以租代征，而引发的纠纷，该征用协议无相关土地征用文件，不属于征地纠纷，属于农村土地承包经营权出租纠纷。

农村土地承包采取农村集体经济组织内部的家庭承包方式，根据《中华人民共和国农村土地承包法》第九条规定，本案争议的土地是四申请人的承包地，而非未发包的土地，所以被申请人所在的 A 村村民委员会未经四申请人同意，而处分该争议土地的行为属侵权行为。

本案中，二被申请人均不具备征地主体资格，也无相关征地批文，所以二被申请人所签订的"征地补偿安置协议"违背了《中华人民共和国土地管理法》禁止性规定，属无效合同，自始无效。该合同签订后，T 石材厂又曾制作了一张"某某市 T 石材厂征用 A 村土地补偿花名册"，并通知包括四申请人在内的被征用土地的农户领取了相应的征地补偿款，但包括四申请人在内的被征用土地的农户，因为该花名册上注明了"今后停厂后负责恢复耕地退还被征地农户使用"，所以都以为这是领取租用土地的租金，符合常理。

案例7 进城落户农户土地承包经营权的保护

一、案情简介

申请人李光早与被申请人 N 镇 H 村村民委员会、第三人陈光志（该村村民小组组长）土地承包纠纷一案。申请人请求依法裁决申请人在第一轮土地承包及第二轮土地延包期间承包的土地的承包经营权归申请人所有。

申请人李光早一户共八人，在第一轮土地承包及第二轮土地延包期间，承包了 N 镇 H 村耕地，后申请人一户家庭成员除其母亲外，其余人员均搬离本村进城落户。申请人将其承包地以代耕的方式流转给本村陈光志等农户。后因扩建通组路及修建学校，H 村村民小组长陈光志将申请人的部分土地调换给因扩建路及修建学校占用了土地的农户。2017 年开展农村土地确权登记颁证时，申请人才知其承包地已被村委会调换给他人耕种。申请人为维护自己的权利，遂向某某区农村土地承包仲裁委员会提请仲裁。

二、当事人诉辩主张及依据

（一）申请人主张及依据

第一轮土地承包时，申请人在 N 镇 H 村承包了土地，第二轮土地延包后，由于申请人户无劳动力，将其承包地流转给本组村民陈光志等人耕种，并明确由陈光志等替申请人缴纳农业税。2002年申请人搬去其他市州居住，陈光志在未征求申请人同意的情况下，将其第一轮承包及第二轮延包的承包地转让给了其他农户耕种。这一行为侵犯了申请人的农村土地承包经营权。为支持自己的主张，申请人提供了如下证据：

①第一轮土地承包证和第二轮延长农村土地承包情况登记表。拟证明涉案土地是申请人第一轮及第二轮土地延包时的承包地，申请人享有涉案土地的承包经营权。

②H村委会出具的一份证明。拟证明村委会并未收回申请人的承包土地。

③申请人户口簿。拟证明申请人迁出承包地所在镇的时间是2002年4月1日。

④申请人2007年9月6日到2016年7月7日良种补贴交易明细记录。证明申请人在土地承包期内，按时缴纳农业税，因此申请人土地的良种补贴一直由申请人领取，该地的承包经营权归申请人。

（二）被申请人及第三人主张及依据

被申请人称申请人1987年左右就搬离了当时的生产大队，搬离后一直未交农业税费，并于1998年将户口迁出N镇H村。2007年因扩建通组路及修建学校，经全体村民组开会一致同意，用申请人的土地调给因扩建通组路占用了土地的农户，用其田来调换另一生产队张中陆家的地修建村小学。在庭审过程中，被申请人及第三人未在法定期限内向仲裁委提供任何合法有效证据支持其主张。

三、本案争议焦点

1. 户口已迁出本村的申请人是否有权主张其原承包地的承包经营权。
2. 第三人将申请人的承包地调换给其他人的行为是否合法。

四、本案查明的事实

为查清本案事实，仲裁委经庭审后，依职权进行了现场勘查，查明本案事实如下：

申请人一户八人在第一轮就承包了H村的土地，并在第二轮延包了承包土地。承包地包括了争议地块（地块名分别为塆秋田、石墙田、陈家门口瘦麻圹、沙包地、大瘦地、马家塆、营背后、还皮坡、加单地、莲花岩、仙人洞、朱先生坟）。

申请人2002年户口迁出本村，迁入其他市州生活。

因扩建通组路及修建学校，第三人陈光志在未征得申请人同意的情况，组织召开村民小组会议，将申请人的部分土地调换给因修路、修学校占用了土地的农户。

五、裁决依据及结果

本案经调解不成，依据《中华人民共和国农村土地承包法》第二十七条"承包期内，发包方不得调整承包地"以及《中华人民共和国农村土地承包经营纠纷调解仲裁法》之规定，裁决如下：

涉案土地地块名为塆秋田、石墙田、瘦麻圹、沙包地、大瘦地（已作为倒土场，租金被朱学元收用）、马家塆、营背后、还皮坡、加单地、莲花岩、仙人洞、朱先生坟的承包经营权归申请人所有。

地块名为陈家门口的土地已被陈友权建房使用，改变了土地的用途，因此不予支持申请人主张。

六、案例评析

本案重点在于农户进城落户后，其承包土地是否会被收回或调整，本村村民委员会或村民小组是否有权调整或处置其承包地。

根据2003年施行的《中华人民共和国农村土地承包法》第二十七条规定，虽然申请人户口已迁出，但其承包经营权依然由本村给予保障，村委会或村民小组在未经申请人同意的情况下，不得调整申请人的承包土地。本案中，涉案土地在第一轮土地承包及第二轮延包时就是申请人的承包地，被申请人陈光志作为村民小组组长，没有征得申请人同意，擅自将申请人的承包地调换给其他农户耕种，被申请人陈光志互换申请人土地的行为也没有得到申请人的追认。因此，被申请人的行为已经侵犯了申请人的土地承包权益，应依法予以制止。

案例8 ▶ 非家庭承包户成员代当事人签订的土地租赁合同

是否有效

一、案情简介

申请人陈宣、李本元、李朝菊、钟胜菊、钟翠萍与被申请人某某市D区石材有限公司土地经营权纠纷一案。申请人请求依法确认申请人位于某某市D区B镇A村（小地名为坨坨田、沙湾湾，面积约为0.9亩）土地承包经营权；裁决被申请人排除妨害、恢复原状并赔偿承包经营损失5 000元。

2014年9月，被申请人某某市D区石材有限公司与某某市D区B镇A村农户签订了土地租赁合同。签订租赁合同中，申请人陈宣等的土地租赁合同均属申请人之子陈朝栋代签，申请人等认为他们未与被申请人亲自签订合同，其土地流转协议应无效，从而引发纠纷。

二、当事人诉辩主张及依据

（一）申请人主张及依据

申请人陈宣等五人系D区B镇A村一组的村民，在第一轮农村土地承包时，以陈宣作为家庭联产承包经营户的户主，在该村承包土地，其中"坨坨田"、"沙湾湾"处有面积约为0.9亩的承包地，申请人一直合法地对该土地行使承包经营权。2014年9月，被申请人在没有与申请人达成合法土地流转协议的情形下，将申请人约为0.9亩的承包地修建了临时建筑。申请人多次找村委会、镇政府，要求其作为土地的发包人和基层人民政府履行其监管职责，责令被申请人停止侵权、排除妨害并赔偿损失，但被申请人陈述说其已经合法流转了该土地，是该土地的合法使用人，导致多次协商无果。

为证明其主张，申请人提供了如下证据：

①申请人身份证复印件、《土地使用登记表》、涉案土地所在村民委员会出具的证明、所在镇派出所出具的证明、陈宣粮食直补款的付款凭据。拟证明五

个申请人的自然身份和诉讼主体，是涉案土地的合法承包经营权人。

②陈朝栋的《土地承包经营权证》。拟证明陈朝栋和陈宣虽然是父子关系，但陈宣是独立的承包经营权户主，陈朝栋没有权利也未得到授权就涉案土地与被申请人签订合同。

（二）被申请人主张及依据

1．关于承包经营权确权部分

被申请人认为，申请人所提交证据不能证明其对争议土地拥有承包经营权。根据《中华人民共和国农村土地承包法》第三条、第十二条规定，我国农村土地实行家庭承包制度，具备农村土地承包经营权的权利主体资格的重要条件至少有两个，一是农民身份，二是属于发包土地所属的集体经济组织成员。以家庭为单位进行承包，具备承包资格的只能是本村村民，发包人为本村集体经济组织。申请人与被申请人之间不存在农村土地承包经营权的纠纷。因此，被申请人不是适格申请主体，申请人应当以其家庭成员作为被申请人。同时，依照《农村土地承包经营纠纷调解仲裁法》第二十条的规定，申请人必须是与纠纷土地具有直接的利害关系，申请人无证据证明其与争议土地存在利害关系，申请人的主体资格也不适格。

2．关于侵权部分的仲裁请求

被申请人认为，一是申请人请求保护的权利还不确定和明确，其请求无法律依据；二是申请人关于侵权部分的仲裁请求不属于农村土地承包经营纠纷，不是土地仲裁委员会仲裁范围；三是被申请人使用争议土地系合法使用，不构成侵权，为查明事实，建议仲裁庭依法对陈朝栋进行调查，以便对本案作出公正的裁决。因为根据《农村土地承包经营纠纷调解仲裁法》第三十七条规定："土地承包经营权采取转包、出租、互换、转让方式流转的，当事双方应当签订书面合同。"根据上述规定，被申请人在使用涉案土地前，已经与申请人家庭成员中耕种管理涉案土地的实际使用人陈朝栋充分进行协商，双方签订了《农村土地租赁合同》并由陈朝栋领取了租金，签订的合同已报发包方进行了备案。

3．被申请人使用争议土地系合法使用，不构成侵权

被申请人认为，即使本案适用《农村土地承包经营纠纷调解仲裁法》的调

整，被申请人也不存在侵权行为。被申请人与申请人家庭成员协商一致，依法转租上述土地作为开办砂石厂的临时用地，双方为此签订了《农村土地租赁合同》，发包方涉案土地所在村村民委员会全程参与，双方确认后签订，并在该村委会进行了备案，合同真实有效，不存在侵权行为。

为证明其主张，被申请人提供了被申请人的营业执照、组织机构代码证、安全生产许可证、采矿许可证，拟证明被申请人是依法成立的从事石灰岩露天开采、建筑石材及相关石材产品开采销售企业，被申请人有企业法定代表人；与申请人签订的农村土地租赁合同及涉案土地的丈量的草图和收据。拟证明：一是在2014年9月6日，被申请人与申请人家庭成员签订《农村土地租赁合同》，约定将土地租赁给被申请人使用，该协议经发包方村委会进行备案确认，合法有效；二是被申请人与申请人至今系农村土地租赁关系，而并非农村土地承包经营权关系，本案不适用《农村土地承包经营纠纷调解仲裁法》的调整；三是被申请人系合法适用争议土地，不构成侵权。

三、本案争议焦点

第三人陈朝栋与被申请人签订的土地租赁合同是否有效。

四、本案查明的事实

申请人陈宣等五人系D区B镇A村一组的村民，在第一轮农村土地承包时，以陈宣作为家庭联产承包经营户的户主，在该村承包经营了16.05亩土地，包括了小地名为坨坨田、沙湾湾约0.9亩的承包地。申请人一直合法地对登记土地行使承包经营权。2014年9月，被申请人某某市D区石材厂与A村一组农户签订了土地租赁合同。签订合同之初，被申请人答应把A村一组的路面硬化，并以田土每亩8 000元、山林地每亩6 000元的租金租用涉案土地，租期为30年。申请人与被申请人签订的农村土地租赁合同中，申请人陈宣等的土地租赁合同均由申请人陈宣之子陈朝栋代签订，申请人都没有亲自签订，事后该合同也没有得到申请人的追认。

五、裁决依据及结果

本案经调解不成，根据《中国人民共和国农村土地承包法》第十条"国家保护承包方依法、自愿、有偿流转土地经营权，保护土地经营权人的合法权益，任何组织和个人不得侵犯。"《中华人民共和国合同法》第四十八条"行为人没有代理权、超越代理权或者代理权终止后以被代理人名义订立的合同，未经被代理人追认，对被代理人不发生效力，由行为人承担责任"之规定，作出裁决如下：

申请人拥有小地名为坨坨田、沙湾湾面积约为 0.9 亩的土地的承包经营权。

驳回其他仲裁请求。

六、案例评析

本案是一起因非家庭成员签订土地租赁合同引发的农村土地承包经营权纠纷。

本案中，陈朝栋作为与本案有利害关系的当事人，应追加作为第三人，仲裁委没有追加其为第三人参加仲裁，但是对其进行了调查，其调查证据对本案有关键的作用。

本案中，第三人陈朝栋虽然系陈宣的儿子，但其和五个申请人不是同一家庭承包经营权人，陈朝栋是另一个独立的家庭承包经营户的户主，其不是陈宣户的共同承包人，事前未得到五个申请人的授权或委托，事后申请人也未对由陈朝栋代签订的土地租赁合同进行追认，因此，陈朝栋不能代表陈宣户行使权利，其与被申请人签订的合同属无效合同。

案例9 因调换土地产生的纠纷如何处理

一、案情简介

申请人王光裕与被申请人李波系同村同组村民，因互换承包地产生纠纷。

2008年，被申请人为便于建房，与申请人协商，将双方各自的一块土地进行互换，并签订了《土地互换协议》。因地理位置产生的地价差异，双方约定由被申请人向申请人补偿每平方米60元，200平方米共计12 000元。协议签订后被申请人付给申请人7 200元，其余余款一直未支付。经申请人多次催付未果，双方因此产生纠纷。申请人遂向某某区农村土地承包纠纷仲裁委员会提请仲裁，请求依法裁决被申请人返还位于某某区E村小地名为火硝社老火炮厂大门处200平方米承包地及补偿该土地内20多株果树价款约6 000元。

二、当事人诉辩主张及依据

（一）申请人主张及依据

申请人认为，2008年，被申请人因要修建住房，多次找申请人协商，请求申请人将位于本村小地名为火硝社老火炮厂大门处200平方米承包地调换给被申请人建房。当时申请人的地里栽种有20多株价值约6 000元的梨树和板栗树，且已经挂果，双方达成一致意见后，于2009年8月18日签订了一份土地互换协议书，约定双方以地换地，并附带被申请人按每平方米60元作为土地位置差价补偿给申请人。同年9月3日被申请人向申请人出具了土地差价补偿款的欠条，在欠条上约定两年付清差价补偿款并履行换地协议。换地后被申请人将从申请人处调换来的地里的成熟果树予以铲除，并在地里修建了房屋，但被申请人并未在约定的付款期限内向申请人支付协议约定的补偿金额，申请人多次催收未果。

为支持其主张，申请人向仲裁委提供如下证据：

①土地承包经营权证，用以证明涉案土地系申请人户合法取得的承包地。

②调换土地协议，用以证明换地事实及其约定。

③欠条，用以证明调地协议成立，被申请人应支付申请人共计19 200元，已支付7 200元，尚有12 000元未支付。

（二）被申请人主张及依据

被申请人认为，被申请人与申请人调地协议并未提及地面附着物补偿，相反调地协议内提到申请人土地围墙，被申请人曾多次要求拆除，申请人不理不睬，因围墙破损及倾斜，被申请人多次修复及拆除部分围墙，人工、材料费共计花费三万元，申请人应承担这三万元费用。

为支持其主张，被申请人向仲裁委提供"周家坟脚"的征地丈量表，用以证明申请人已领取了与被申请人调换的土地的征地补偿款，双方调换土地事实成立。

三、本案争议焦点

当事人双方调换土地时是否约定被申请人按每平方米60元作为土地位置差价补偿给申请人。

四、本案查明的事实

本案经庭审审查及现场勘验查明，申请人与被申请人系同村同组村民，又系亲戚关系。2009年8月18日，双方签订了一份"调地协议"，约定被申请人李波用小地名周家坟脚的地块调换申请人王光裕小地名为火硝社老火炮厂大门处200平方米的地作为宅基地（不包括围墙），双方不得反悔。因土地地段地价存在差异，双方口头协议由被申请人向申请人补偿每平米60元差价，200平米共计12 000元。被申请人向申请人出具了一张欠条，上面载明"李波欠王光裕现金12 000元，两年内付清"，欠条落款时间是"2009年9月3日"。之后被申请人向申请人支付7 200元，包括申请人请挖机平整该地地基和移动电杆花费的1 300元，及支付申请人的现金5 900元，由于被申请人一直未支付余款，申请人多次催付未果，双方因此产生纠纷。

五、裁决依据及结果

在审理过程中，根据查明的事实，仲裁委组织当事人双方进行调解，达成如下协议：

对申请人与被申请人互换的土地，双方同意被申请人再一次性补偿15 000元给申请人，双方对原互换承包地产生的纠纷即完全处理终结。

六、案例评析

本案属于双方互换承包地产生的纠纷。本案两个重点，一是当事人双方订立的调地协议系双方真实意思表示，且是同一个村集体经济组织成员之间的承包地互换行为，属有效合同。申请人已积极履行了其调换土地的义务，被申请人却一直未支付完双方约定由被申请人支付给申请人的调地差价补偿款，已构成违约。二是申请人所主张的双方约定按每平方米 60 元作为土地位置差价补偿给申请人，申请人并未提供证据证明其主张，根据申请人提供的"欠条"上载明的事实，双方实际约定的差价为 60 元每平方米。鉴于被申请人属违约方，且多年还未向申请人支付完约定的调地补偿款，因此被申请人应该多承担一些补偿差价，最终以被申请人一次性补偿申请人 15 000 元了结此纠纷案件。

外嫁女土地承包经营权保护类

案例 10 如何保护农村外嫁女的土地承包权益

一、案情简介

申请人李洪飞，与被申请人李明华、李雄系堂姑侄关系，即申请人的父亲李中尧与被申请人的祖父是亲兄弟。申请人反映，被申请人强制霸占申请人的胞兄李洪绪户涉案土地，并于 2018 年将涉案土地申请确权在被申请人名下，申请人请求依法裁决胞兄李洪绪户名下位于 Q 县 Z 镇 C 村包包寨组（小地名为陈家坟、麻园、王家麻窝、箐上地、决沟田等处）共计 3 亩土地的承包经营权归申请人享有，并依法裁决被申请人将上述土地交付申请人，赔偿申请人连续耕种至今五年期间的经济损失人民币 20 000 元整。

二、当事人诉辩主张及依据

（一）申请人主张及依据

申请人认为：第一轮农村土地承包时，以申请人的父亲李中尧为户主（成员包括李中尧、李洪飞及李洪绪三人）承包了本村 3 亩土地，这些地块位于本村陈家坟（0.8 亩）、麻园（0.6 亩）、王家麻窝（0.3 亩）、箐上地（0.5 亩）、决沟田（0.8 亩）等处，此外还有约 2 亩的自留地和饲料地。申请人的父亲李中尧 1988 年去世后，第二轮土地延包时由申请人的胞兄李洪绪为户主继续承包经营这些土地。

申请人于 1985 年与 Q 县 Y 镇 L 村村民王涛银结婚后，在 L 村没有参加该村土地承包。申请人的父亲李中尧于 1988 年去世、胞兄李洪绪于 2013 年病故，申请人的父亲李中尧和胞兄李洪绪生前均由申请人和申请人的大姐李蓝先赡养照顾。申请人的胞兄李洪绪于2013年病故后，二被申请人便以申请人之父李中尧、之兄李洪绪是他们生养死葬为由，强行霸种其土地至今，导致申请人户生产生活困难，双方发生土地承包经营权纠纷后，经村镇调解未果，遂向Q县农村土地承包仲裁委员会申请仲裁，出具如下证据：

①申请人的身份证。拟证：申请人的自然身份信息。

②二轮土地承包登记档案表，涉案土地位置状况，涉案土地现场照片。拟证明李中尧、李洪绪及申请人在第一轮土地承包时李中尧为户主承包了3亩土地，李中尧于1988年去世后，在第二轮土地延包时由李洪绪为户主继续承包，李洪绪于2013年病故后由被申请人耕种至今，被申请人无合法承包经营权，应将涉案土地交回申请人。

③李洪绪身份证及户口簿，信用社银联卡，L村村委会证明。拟证明李洪绪的身份信息和涉案土地在他生前由他经营管理，其病故后应由申请人承包经营才合法。申请人于1985年与Y镇L村村民王涛银结婚时，在L村未分配得承包地，申请人在娘家（Z镇C村）享有土地承包经营权。

④C村处理意见情况说明，Z镇人民政府文件。拟证明申请人与被申请人发生土地承包经营权纠纷后，经村镇调解无效，村镇指导申请人按法律程序依法维权。

（二）被申请人主张及依据

被申请人认为：首先，申请人诉称其父亲李中尧和胞兄李洪绪生前均由申请人和申请人的大姐李蓝先赡养照顾不是事实，自从申请人李洪飞出嫁后就从来没有赡养和照顾其父李中尧和胞兄李洪绪；其次，本案中的涉案土地承包经营权系李中尧与李洪绪生前赠予被申请人经营管理的，并且赠予的条件是因申请人李洪飞出嫁后就从来没有赡养和照顾其父李中尧和胞兄李洪绪，由于李中尧和李洪绪没有人赡养，李洪绪主动找到被申请人，将其承包的土地承包经营权赠予被申请人，由被申请人负责李中尧和李洪绪的日常生活和生养死葬；最后，在第二轮土地延包时申请人李洪飞没有参与承包，承包人是李洪绪，人口是一人，因此申请人李洪飞不享有涉案土地的承包经营权；第四，本案中的土地一直由被申请人经营管理，且在农村土地确权登记颁证时，Q县Z镇C村村民委员会已经将涉案土地确权给被申请人，向被申请人颁发《农村土地承包经营权证》，本案涉案土地的承包经营权属于被申请人的，请求仲裁委依法驳回申请人的申请请求。

本案审理过程中，被申请人未向仲裁委提供相关合法有效证据。

三、本案争议焦点

以李洪绪为户主的家庭承包农户名下争议土地的承包经营权归谁，被申请人李明华、李雄是否能够以受赠或继承财产方式取得涉案土地的承包经营权。

四、本案查明的事实

为查清案件事实，仲裁委调查了证人李洪礼，并作实地现场查勘。证人李洪礼证明李洪绪去世后，由被申请人牵头对李洪绪进行帮助安葬，并对李洪绪做了周年（祭祀活动）的事实，未能证实双方关于农村土地承包经营权转让的情况。

在第一轮土地承包时，以李中尧为家庭户主（成员包括李中尧、李洪飞及李洪绪3人）向Z镇C村村委会承包了3亩土地及分得的自留地、饲料地，申请人的父亲李中尧于1988年去世，第二轮土地延包时由申请人的胞兄李洪绪继续承包，申请人已于1985年外嫁到Y镇L村，在该村未承包土地，故申请人的土地由其胞兄李洪绪代为耕管。李洪绪于2013年病故，其后事安葬主要由被申请人承办，并把李洪绪葬于被申请人李明华的承包地内。之后，被申请人便以李洪绪是他们生养死葬为由耕管了上述涉案争议土地至今，双方因此而发生了土地承包经营权纠纷，经村、镇多次调解未果。Z镇人民政府于2018年6月8日作出处理意见，告知双方通过司法途径解决。被申请人在本土地纠纷未实际解决前、Z镇人民政府处理意见出来后将涉案争议土地申请确权在自己户内。

五、裁决依据及结果

根据《中华人民共和国农村土地承包法》第五条：农村集体经济组织成员有权依法承包由本集体经济组织发包的农村土地。任何组织和个人不得剥夺和非法限制农村集体经济组织成员承包土地的权利。第六条：农村土地承包，妇女与男子享有平等的权利。承包中应当保护妇女的合法权益，任何组织和个人不得剥夺、侵害妇女应当享有的土地承包经营权。第九条：国家保护集体土地所有者的合法权益，保护承包方的土地承包经营权，任何组织和个人不得侵犯。第三十条：承包期间内，妇女结婚，在新居地未取得承包地的，发包方不得收回其原承包地；妇女离婚或丧偶，仍在原居住地生活或者不在原居住地生活但在新居住地未取得承包地的，发包方不得收回其原承包地等规定，仲裁委裁决如下：

申请人李洪飞与被申请人李明华、李雄双方争议的李洪绪第二轮土地延包户头上登记位于C村包包寨组（小地名为陈家坟、麻园、王家麻窝、箐上地、决沟田等处）共计3亩土地及原分配给李中尧、李洪绪、李洪飞三人的自留地、饲料地的承包经营权归申请人享有。

驳回申请人李洪飞的其他仲裁申请请求。

六、案例评析

本案涉及外嫁女农村土地承包经营权权益保护问题。根据农村土地承包法规定，农村土地承包，妇女与男子享有平等的权利。承包中应当保护妇女的合法权益，任何组织和个人不得剥夺、侵害妇女应当享有的土地承包经营权。承包期间内，妇女结婚，在新居地未取得承包地的，发包方不得收回其原承包地。因此，本案中申请人虽然外嫁了，但是在嫁入地未获得承包土地的，嫁出地应保留其原承包地，即在嫁出地保障其申请人的农村土地承包权益。

案例11 农转非人员农村土地承包经营权的确认

一、案情简介

申请人王琴与被申请人王友全（申请人之父）、王军（申请人之弟）农村土地承包纠纷一案。申请人请求依法裁决原刘红才（申请人之母）承包户所承包土地的承包经营权归申请人享有。

农村土地承包到户时，以刘红才为承包户主，刘红才、王红（申请人之姐）、王倩（申请人之妹）、王刚（申请人之弟）及申请人五口人为成员，承包了光明市东丰县G镇A村丰岩组的土地，王军虽为刘红才家庭成员，但未参加承包土地。后申请人外嫁，被申请人以申请人已嫁出为由多番阻挠申请人管理耕种其承包的土地，经村、镇调解无效，申请人遂于2018年6月11日向东丰县农村土地承包仲裁委员会申请仲裁。

二、当事人诉辩主张及依据

（一）申请人主张及依据

原承包户家庭成员中，刘红才、王倩二人于1995年同王军一起农转非并搬至大兰市大兰区居住，且刘红才于1999年去世，王倩已结婚定居浙江；王红于2002年去世，王刚自1990年至今下落不明。至此，原刘红才承包户成员仅剩申请人王琴一人，且原承包地一直由申请人管理使用，申请人在嫁入地未分得承包地。

王军以王刚的名义占有土地，冒名顶替王刚办理了身份证，并将其女王星颖假报为王刚之女，登记在王刚户口本上。被申请人强行侵占申请人户的部分土地，为此，申请人与被申请人多次发生纠纷，被申请人王友全仗着自己的父辈地位，把承包地当作家庭的私有财产，强行处置本户承包地。依据《中华人民共和国农村土地承包法》第三条规定农村土地承包采取家庭承包方式；第四条规定承包后的土地所有权性质不变；第五条规定任何组织和个人不得剥夺和非法限制农村集体经济组织成员承包土地的权利；第三十条妇女在嫁入地未取得承包地的，有权继续享有原土地承包经营权等条款。被申请人无权管理使用申请人承包户所有承包地，其强行侵占土地的行为侵害了申请人的合法权益。

为支持其主张，申请人提交如下合法有效证据：

①刘红才承包户五口人的第二轮《光明市延长农村土地承包期情况登记表》；

②王琴为户名的信用社存折，证明从2009年起领取种粮直补款；

③G镇派出所出具的王刚已下落不明及王军与王刚疑似重复户籍的情况说明；

④以王刚为户主、长女王星颖及王琴为家庭成员的旧户口本和以王琴为户主另行立户的户口本。

（二）被申请人主张及依据

王军的年龄虚报系生产队会计搞年报时弄错的。申请人于1997年冬月嫁到四川省长水县，根据土地下放承包以来的若干规定，申请人对父母未尽到赡养义务，无权享有承包经营权。而且申请人承包的九分地已全部分给了她，申请人没有资格霸占另外四个人的土地。

被申请人在法定期限内未向仲裁委提交任何合法有效证据。

三、本案争议焦点

二被申请人是否享有涉案土地的承包经营权。

四、本案查明的事实

农村土地承包到户时，以母亲刘红才为户主的家庭成员包括申请人王琴、王红、王倩、王刚，共同承包了光明市东丰县G镇A村丰岩组的土地，而被申请人王友全是工作人员，非农户口，未参加承包土地。被申请人王军出生于第一轮土地承包后，未参加第一轮土地承包，且在第二轮土地延包前的1995年农转非到大兰市大兰区后为非农户口。

原参加承包土地的五口人中，刘红才、王倩二人于1995年同王军一起农转非，且刘红才于1999年去世，王倩已结婚定居浙江，王红于2002年去世，王刚自1990年至今下落不明，原刘红才承包户成员仅剩申请人王琴一人。原承包地一直由申请人管理使用，且申请人在夫家未分得承包地。

第二轮土地延包后，被申请人王友全和王军回到光明市东丰县G镇A村丰岩组强行侵占申请人户承包的部分土地。

五、裁决依据及结果

本案经调解不成，依据2003年施行的《中华人民共和国农村土地承包法》第三条"农村土地承包采取农村集体经济组织内部的家庭承包方式"、第四条"农村土地承包后，土地的所有权性质不变"、第六条"农村土地承包，妇女与男子享有平等的权利"、第九条"国家保护集体土地所有者的合法权益,保护承包方的土地承包经营权,任何组织和个人不得侵犯"及第三十条"承包期内,妇女结婚,在新居住地未取得承包地的,发包方不得收回其原承包地"等规定,作出裁决如下:

农村土地承包到户时,以刘红才为户主,刘红才、王琴、王红、王倩、王刚等五人为成员,在光明市东丰县G镇A村丰岩组全部土地的承包经营权归申请人王琴享有。

六、案例评析

本案涉及农转非后原承包户家庭成员及非承包户家庭成员的土地承包经营权确认。

根据《中华人民共和国农村土地承包法》第三条、第四条、第六条等规定,农村承包地并非农户的私有财产。根据《中共中央办公厅国务院办公厅关于切实维护农村妇女土地承包权益的通知》(中办厅字〔2001〕9号)第二条、第三条规定,外嫁妇女对原承包地继续享有承包经营权;所以承包了土地的妇女在嫁入地未承包土地的,依然有权管理原承包地。本案中,承包方原是以申请人的母亲刘红才为户主,承包成员还有申请人王琴及其姐姐王红、妹妹王倩、弟弟王刚,但原承包户成员现仅剩申请人王琴一人,原承包户的土地承包经营权益和义务依法只能由申请人王琴代为行使和履行,因此申请人王琴管理以申请人母亲刘红才为户主所承包的土地是法律赋予的权利,任何组织和个人不得侵犯。二被申请人本未参加土地承包,且不是本集体经济组织成员,故与原刘红才承包户和发包方所签订的土地承包合同无关,二被申请人对该承包合同既无权利,也无义务。

案例 12 ▶ 农村外嫁女土地承包经营权的确认

一、案情简介

申请人刘青云(女)、刘青玲(女)、刘青先(女)、刘青永(女)、刘青国、刘青应与被申请人李发勇农村土地承包纠纷一案。申请人请求依法裁决原邱文先（六申请人之母，已故）户在光明市东丰县F镇S村九组所承包土地的承包经营权归六申请人享有。

农村土地承包到户时，以邱文先为户主，邱文先、刘青云、刘青永、刘青玲、刘青先、刘青秀（与申请人系姊妹关系）六人承包了F镇S村的土地。后被申请人李发勇与刘青秀结婚，入赘到刘家，申请人等也因外嫁相继将户口迁出F镇S村。第二轮土地延包完善时，申请人才得知原邱文先户承包的土地在第二轮土地延包时被登记在被申请人户名下，于是主张土地承包经营权利，与被申请人之妻刘青秀签订《土地分割协议》。被申请人诉至县法院，法院以被申请人有《土地承包经营权证》，刘青秀签订协议不是被申请人意愿，侵害了被申请人权益，判决《土地分割协议》无效。申请人遂于2019年7月5日向东丰县农村土地承包仲裁委员会申请仲裁。

二、当事人诉辩主张及依据

（一）申请人主张及依据

农村土地承包到户时，申请人一家以母亲邱文先为户主，邱文先、刘青云、刘青永、刘青玲、刘青先、刘青秀共6人承包了F镇S村九组小地名为枕头田、飞蛾地、松林丫口、麻窝都、大园子、梨树脚、磨坟边、黄家坟、罗家地、老罐树林、营盘背后、营盘丫口的土地。

随后刘青云、刘青永、刘青玲、刘青先相继出嫁，在嫁入地未分得承包地，且无固定职业。第二轮土地延包时，被申请人以女婿为名，将原邱文先户的承包土地登记在以自己为户主的承包户内。而被申请人原为F镇B村四组的村民，第一轮土地承包、二轮土地延包时在该村均承包了土地，本轮土地延包完善又继续承包并办理农村土地承包经营权证，根据农村土地承包政策的规定，一个人不能同时在两个村以家庭承包方式承包土地。因此，被申请人不应享有原邱文先户承包土地的承包经营权，应归申请人享有。

为支持其主张，申请人提交如下证据：

①S村村委会出具的证明。用以证明农村土地承包到户时刘青云、刘青永、刘青玲、刘青先、刘青秀及邱文先共六人承包了涉案土地；

②B村村委会出具的证明及2018年5月16日颁发的李发勇在B村承包土地的《农村土地承包经营证》。用以证明李发勇自土地承包到户时就在B村以家庭承包方式承包有土地；

③四申请人嫁入地社区出具证明四份。用以证明申请人刘青先、刘青玲、刘青云、刘青永婚嫁后在嫁入地均未取得承包地，且无正式职业。

（二）被申请人主张及依据

被申请人认为，本案不在农村土地承包纠纷仲裁委仲裁范围，因该案件已由东丰县人民法院判决六申请人与被申请人之妻签订的《土地分割协议》无效，该判决实际就是确认涉案土地属于被申请人。

因六申请人户口已迁出，不属于F镇S村集体经济组织成员，不再享有涉案土地的承包经营权；且刘青国、刘青应在第一轮土地承包时就未参与土地承包，因此无权申请土地承包经营权。而被申请人户口已迁入邱文先户，且在本村生产生活，原以邱文先为户主承包的土地现由李发勇承包经营符合法律规定。

依据《农村土地承包法》，农村土地采用的是家庭承包方式，而不是个人承包。根据"增人不增地、减人不减地"的政策，原邱文先户承包的土地不会因为该户人口的减少而减少，应继续由该户的成员承包，谁是户主并不影响对承包地的承包经营。

为支持其主张，被申请人提交如下证据：以李发勇为户主在S村九组承包土地的第二轮土地承包经营权证。

三、本案争议焦点

1. 六申请人与被申请人的土地承包纠纷案，农村土地承包纠纷仲裁委是否应当受理。

2. 妇女在嫁入地未分得土地的，其在原籍的承包地是否继续享有。

3. 同一个承包人能否同时在两个村以家庭承包方式承包土地。

4. 六申请人与被申请人争议的位于F镇S村九组小地名为枕头田、飞蛾地、松林丫口、麻窝都、大园子、梨树脚、磨坟边、黄家坟、罗家地、老罐树林、营盘背后、营盘丫口土地的承包经营权归谁。

四、本案查明的事实

农村土地承包到户时，以邱文先（现已去世）为户主，邱文先、刘青玲、刘青先、刘青永、刘青云、被申请人之妻刘青秀共六人，承包了F镇S村九组的土地；申请人刘青国、刘青应在农村土地承包到户前已是非农户口，且为国企工作人员，未参加土地承包。被申请人李发勇作为F镇S村集体经济组织成员，在该村承包有土地。

1984年，被申请人李发勇与刘青秀结婚，入赘并将户口迁入邱文先户。第二轮农村土地承包前，申请人刘青玲、刘青先、刘青永、刘青云因结婚相继将户口迁出S村，在嫁入地未分得土地，且无固定职业。

第二轮土地延包时，以被申请人李发勇为户主，与F镇S村村委会签订了《土地承包合同书》，并颁发了《土地承包经营权证》。同时，被申请人并未退还在F镇B村承包的土地，且继续承包。

现场勘验情况：枕头田部分被征收，飞蛾地已被修成广场，不存在营盘丫口地块，申请人主张的其他地块无争议；并查验了S村及B村的土地确权数据库中李发勇的土地数据情况，查实李发勇同时在B村和S村以家庭承包方式承包了土地。

五、裁决依据及结果

本案经调解不成，依据《中华人民共和国农村土地承包法》第六条"农村土地承包，妇女与男子享有平等的权利"、第三十一条"承包期内，妇女结婚，在新居住地未取得承包地的，发包方不得收回其原承包地"以及《中共中央办公厅 国务院办公厅关于切实维护农村妇女土地承包权益的通知》（中办厅字〔2001〕9号）第二条"在农村土地承包中，必须坚持男女平等原则，不允许对妇女有任何歧视"；第三条"要解决好出嫁妇女的土地承包问题"；《贵州省高级人民法院关于审理涉及农村土地承包纠纷案件的指导意见》（审判委员会2007年试行）第20条第（2）款第②点"因婚姻或收养关系已进入本集体经济组织农户实际生产、生活，并与本集体经济组织形成权利义务关系，户口已迁入本集体经济组织所在地或者非因自身原因未迁入且未享受原户籍所在地集体经济组织收益分配权的应当具有本集体经济组织成员资格"等规定。作出裁决如下：

申请人与被申请人争议的位于F镇S村九组小地名为枕头田的未被征用部分以及松林丫口、麻窝都、大园子、梨树脚、磨坟边、黄家坟、罗家地、老罐树林、营盘背后的土地承包经营权归申请人刘青永、刘青云、刘青先、刘青玲及被申请人之妻刘青秀共同享有。

小地名为枕头田的被征用部分，飞蛾地已改变土地使用性质，营盘丫口地块不存在，故不予确认这几块地权属。

六、案例评析

本案中，一是经法院审理判决后，仲裁委员会可以继续受理农村土地承包纠纷案件，是因为法院审理的是土地分割协议的有效性，实质是审理合同纠纷，本案属土地承包经营权权属纠纷。二是涉及外嫁女合法权益保护问题，《中华人民共和国农村土地承包法》第六条规定，农村土地承包，妇女与男子享有平等的权利；第三十一条规定，承包期内，妇女结婚，在新居住地未取得承包地的，发包方不得收回其原承包地。三是同一个承包人不能同时在两个村以家庭承包方式承包土地。

农村土地承包采取农村集体经济组织内部的家庭承包方式，同一个承包人只能在一个集体经济组织内部承包土地，不能同时在两个村级集体经济组织享有土地承包经营权。本案中，李发勇已在原户籍地B村享有土地承包经营权，故其在S村不能再享有土地承包经营权。

农村土地承包，妇女与男子享有平等的权利，承包中应当保护妇女的合法权益，妇女出嫁后在嫁入地未分得土地的，其依然有权享有原村集体分得土地的承包经营权，任何组织和个人不得剥夺、侵害妇女应当享有的土地承包经营权；《中共中央办公厅国务院办公厅关于切实维护农村妇女土地承包权益的通知》（中办厅字〔2001〕9号）文件就是基于保护第二轮延包中出现的侵犯妇女权益问题而出台的，后通过立法对妇女权益进行保护，即《中华人民共和国农村土地承包法》第六条、第三十一条规定。

农村土地承包实行大稳定、小调整政策，除法律法规规定丧失本集体经济组织土地承包经营权资格的情况或自愿放弃外，在土地承包到户时分到土地的家庭承包成员在第二轮土地延包依然享有该土地的承包经营权（基于双方签订的农村土地承包合同）。邱文先承包户中，邱文先已逝世，其承包土地份额应由原承包户其余成员共同享有。

案例13　家庭承包成员内部土地承包经营权纠纷

一、案情简介

申请人高秀会、高秀英、高秀先、高秀琴四姊妹与被申请人高林、高勇、高超三兄弟（四申请人与三被申请人系兄弟姊妹关系）因原承包户家庭成员内部土地承包经营权引发纠纷。第一轮土地承包到户时，申请人和被申请人以他们的父亲高长可为户主，四申请人、三被申请人、高长可（已去世）、母亲余敏飞（已去世）、奶奶秦明先（已去世）为成员，共同承包了13亩地。其后四申请人相继外嫁，且在结婚所在地均未分得土地。三被申请人陆续结婚成家独立生活，而原家庭承包户主高长可未征得其余家庭承包成员的同意，将承包地分给了三被申请人耕种。第二轮土地延包时，村委会将三被申请人分得的土地分别登记在三被申请人名下。2016年开展农村土地承包经营权确权登记颁证工作时，在第二轮土地延包的基础上进行了确权登记颁证。四申请人为主张自己土地承包权利，遂向东丰县农村土地承包纠纷仲裁委员会提请仲裁，请求依法裁决确认四申请人应享有第一轮以其父亲高长可为家庭承包户主的承包地、第二轮以三被申请人为家庭承包户主的承包地中的土地承包经营权。

二、当事人诉辩主张及依据

（一）申请人主张及依据

申请人认为在第一轮土地承包时，四申请人与三被申请人同属以他们的父亲高长可为户主的家庭承包成员，共同参与承包了19块共计13亩的土地。四申请人婚前都参与耕种和管理涉案土地，婚后均未在结婚所在地分得土地，四申请人有权主张在第一轮以高长可为家庭承包户主的承包地、第二轮以三被申请人为家庭承包户主承包地中四申请人应享有土地承包经营权。为支持自己的主张，申请人提供如下证据：

1. 四申请人出嫁前所在村村委会出具的证明一份。证明第一轮土地承包时申请人与被申请人同属以其父亲为家庭承包户主的家庭承包成员。

2. 四申请人现所在的村委会出具的证明。拟证明四申请人在结婚所在地没有参与承包土地。

（二）被申请人主张及依据

被申请人认为，一是第二轮土地延包时分土地、分户头属于分家析产，不属于土地承包经营权纠纷，不在仲裁委员会的受理范围，仲裁委员会应依法终止本案仲裁程序；二是四申请人属于外嫁女，户口已迁出本村，不再属于本村集体经济组织成员，不能主张在本村的土地承包经营权权利。且第一轮以原家庭承包成员共同参与承包的土地在第二轮土地延包时已由三被申请人分别承包，已分别颁发了土地承包经营权证。但被申请人并未在法定期限内向仲裁委提供任何合有效的证据支持自己的主张。

三、本案争议焦点

1. 本案是否在农村土地承包仲裁委员会受理范围。

2. 四申请人在嫁入地没有承包地，是否有权在嫁出地主张自己的土地承包经营权权利。

3. 四申请人是否享有第一轮以其父亲为家庭承包户主的承包地、第二轮以三被申请人为家庭承包户主的承包地的承包经营权。

四、本案查明的事实

本案经庭审审查及现场勘验，查清本案中四申请人在嫁入地均未分得土地，在嫁出地均参与了第一轮以其父亲为原家庭承包户主承包的土地，第二轮土地延包时，该地已被三被申请人分别承包。经组织双方当事人及村委会进行现场勘查确认，涉案土地中除地块名为黄家梁梁的部分土地已有偿出让给其他人外，其余土地均未改变使用性质。

五、裁决依据及结果

东丰县农村土地承包仲裁委员会依法受理后，进行了调解，调解无效，仲裁庭依据《中共贵州省委办公厅 贵州省人民政府办公厅印发〈关于认真做好农村土地承包经营权确权登记颁证整省试点工作的实施意见〉的通知》（黔委厅字〔2015〕31号）文件第五条"土地权属争议未解决的，不进行土地承包经营权确权登记颁证。故承包土地必须在纠纷解决后才能进行确权颁证，解决纠纷可以自行协商，也可以经村委会或人民政府调解，调解不成再申请农村土地承包仲裁委员会仲裁"；《中华人民共和国农村土地承包经营纠纷调解仲裁法》第二条"农村土地承包经营纠纷包括：……（四）因确认农村土地承包经营权发生的纠纷；（五）因侵害农村土地承包经营权发生的纠纷"；第四条"当事人和解、调解不成或者不愿和解、调解的，可以向农村土地承包仲裁委员会申请仲裁，也可以直接向人民法院起诉"；《中共中央办公厅 国务院办公厅关于切实维护农村妇女土地承包权益的通知》（中办厅字〔2001〕9号）文件第二条"农村妇女无论是否婚嫁，都应与相同条件的男性村民享有同等权利，任何组织和个人不得以任何形式剥夺其合法的土地承包权、宅基地使用权、集体经济组织收益分配权和其他有关经济权益"、第三条"为了方便生产生活，妇女嫁入方所在村要优先解决其土地承包问题。在没有解决之前，出嫁妇女娘家所在村不得强行收回其原籍承包地。对于在开展延包工作之前嫁入的妇女，当地在开展延包时应分给嫁入妇女承包地。对于妇女嫁入时已经完成延包工作的，如当地实行'大稳定、小调整'的办法，应在'小调整'时统筹解决；如当地实行'增人不增地、减人不减地'的办法，则出嫁妇女原籍的承包土地应予以保留。不管采取什么办法，都要确保农村出嫁妇女有一份承包土地"；《中华人民共和国农村土地承包法》第八条"国家保护集体土地所有者的合法权益，保护承包方的土地承包经营权，任何组织和个人不得侵犯"之规定，作如下裁决：

第一轮以四申请人和三被申请人的父亲为户主的承包土地，第二轮以三被申请人分别承包的土地的承包经营权由四申请人与三被申请人共同享有。

六、案例评析

本案系因分户分地侵犯外嫁女土地承包经营权引发的土地承包经营权权属纠纷。

根据《中共贵州省委办公厅 贵州省人民政府办公厅印发〈关于认真做好农村土地承包经营权确权登记颁证整省试点工作的实施意见〉的通知》（黔委厅字〔2015〕31号）文件第（五）条，《中华人民共和国农村土地承包经营纠纷调解仲裁法》第二条、第四条之规定，本案属于仲裁委受理范围。

第一轮土地承包时，四申请人在原籍所在村承包了土地，而婚后在现居住村庄未承包有土地，依法应当享有原籍村集体发包的土地承包经营权。全国第二轮土地延包工作结束后，根据《中共中央办公厅 国务院办公厅关于切实维护农村妇女土地承包权益的通知》（中办厅字〔2001〕9号）文件第二条、第三条之规定，四申请人在嫁入地未分得土地的，其原籍的承包土地应予以保留。根据《中华人民共和国农村土地承包法》第八条之规定，四申请人的农村土地承包经营权利应被保护，四申请人与三被申请人应平均享有第一轮以原家庭承包户主承包土地，第二轮以三被申请人分别承包的土地的承包经营权。因涉案土地"黄家梁梁"的一部分已有偿转让，并改变使用性质，不在仲裁委员会受理范围。

案例14 如何保护外嫁女土地承包经营权权利

一、案情简介

申请人秦友翠、秦友芳、秦友英、秦友群、秦友梅五姐妹与被申请人秦友亮、秦友才二兄弟及第三人秦效思（申请人和被申请人的父亲）因原承包家庭成员内部土地承包经营权引发纠纷。

申请人秦友翠、秦友芳、秦友英、秦友群、秦友梅五姐妹与被申请人秦友亮、秦友才二兄弟系兄弟姐妹关系，第一轮土地承包到户时，五申请人与被申请人秦友亮同属以父亲秦效思为户主的家庭承包成员，在东丰县T镇A村共承包了 5.2 亩土地。五申请人外嫁后，土地一直由父亲秦效思耕种。第二轮土地延包时，被申请人秦友亮、秦友才以申请人已经外嫁为由，将家庭承包土地进行分割，并由二被申请人分别为家庭承包户主承包。五申请人在嫁入地并未分得承包地，为维护自己的合法权益遂向东丰县农村土地承包纠纷仲裁委员会提请仲裁，请求依法裁决确认第一轮土地承包时以秦效思（申请人与被申请人的父亲）为户主，五申请人和被申请人秦友亮作为家庭承包成员共同参与承包的 5.2 亩土地中，申请人应享有土地承包经营权。

二、当事人诉辩主张及依据

（一）申请人主张及依据

申请人认为，在第一轮土地承包时，被申请人秦友才作为独立的承包户在 T 镇 A 村承包有土地，五申请人与二被申请人以父亲秦效思为户主，在 A 村共承包了 5.2 亩土地。后五申请人相继外嫁，土地一直由秦效思（申请人与被申请人的父亲）耕种。但后来被申请人秦友亮、秦友才以五申请人外嫁为由，将秦效思户所承包土地私分，并与村委会签订了第二轮土地延包合同，此行为侵害了申请人承包经营权，申请人有权享有第一轮作为原家庭成员承包土地的承包经营权。为支持自己主张，申请人提供了如下证据：

①1982 年 5 月 15 日秦效思代表家庭成员签订的第一轮土地承包合同。用以证明第一轮土地承包时五申请人参与了以其父亲为家庭承包户主的土地承包。

②光明市公安局东丰县分局 T 镇派出所及 A 村村民委员会出具的证明两份。用以证明五申请人是秦效思之女，均参与了第一轮土地承包，对涉案土地享有承包经营权。

③T 镇 A 村 2014 年 12 月 12 日出具的证明一份。用以证明五申请人对仲裁申请书中仲裁请求登记的涉案土地享有承包经营权。

④五申请人嫁入地出具的证明五份。用以证明五申请人在嫁入地没有参与承包土地。

（二）被申请人主张及依据

被申请人认为：二被申请人在第二轮土地延包时，分别与 A 村村民委员会签订土地承包合同，并取得《农村土地承包经营权证》，合法有效地取得了涉案土地的承包经营权。五申请人现非A村的集体经济组织成员，也不是被申请人户的家庭承包成员，无权主张涉案土地的承包经营权。

争议土地之名为潮田的地块已由国家规划部门和建设部门依法确定给二被申请人修建房屋，并分别颁发了建设规划许可证，因建筑物为不动产物权，权利人并非五申请人，因此其无权主张该地的承包经营权权利。

争议土地名为龙洞湾、罗家场坝和大路脚的地块已由光明市人民政府分别给被申请人秦友才、秦友亮颁发林权证，该地不属承包地，五申请人无权主张。

争议土地名为公田的地块系被申请人秦友亮的承包地，被申请人已将该地与他人互换，互换地已获得东丰县人民政府依法向被申请人秦友亮颁发的集体土地建设用地使用证，申请人无权主张对该地的权利。

第二轮土地延包时，经家庭成员内部口头协商，五申请人和第三人同意将其名下所有土地的承包经营权分给被申请人秦友亮和秦友才，明确由二被申请人赡养父母，五被申请人可不尽赡养义务，故五申请人对本案的争议土地无权主张其承包经营权。

为支持自己主张，被申请人提供了如下证据：

①二被申请人第二轮的《农村土地承包经营权证》两份。用以证明被申请人秦友亮、秦友才承包了A村十组的名为潮田和平子上的地块。二被申请人对潮田和平子上的地块依法享有承包经营权。

②二被申请人的林权证二份。用以证明二被申请人是地名为龙洞湾、罗家场坝和大路脚林地的权利人。

③二被申请人的房屋建设规划许可证。用以证明二被申请人秦友才、秦友亮属涉案土地潮田的权利人。

④集体土地建设用地使用证、建设规划许可证。用以证明该宅基地是被申请人秦友亮用承包地名为公田的地块与他人互换取得，被申请人秦友亮是公田地块及互换后地块的使用权人。

（三）第三人主张及依据

本案第三人秦效思认为：被申请人在第二轮土地承包时，把第一轮以自己为户主的家庭承包的土地登记在二被申请人的《农村土地承包经营权证》上，并没有经过自己及其他家庭承包成员的同意，修房子的土地属第一轮家庭成员的承包地，二被申请人对第三人也未尽到赡养的义务。但秦效思未在法定期限内向仲裁委员会提供任何合法有效的证据支持自己的主张。

三、本案争议焦点

妇女出嫁后在嫁入地未分得土地的，其在原籍的土地承包经营权是否应得到保护。

四、本案查明的事实

本案经庭审审查及现场勘验，查清以下事实。

第一轮土地承包时，五申请人与三被申请人以秦效思为户主共承包了A村土地（包括名为四方地、塘脚、陶家背后、坟山上、秦友明家门前、潮田、公田、坨坨田、龙洞湾、罗家场坝、大路脚等地块）共计5.2亩。

第二轮土地延包时，被申请人秦友亮、秦友才分别代表申请人及秦效思等家庭承包成员与A村村委会签订承包合同，取得潮田、坟山上、龙洞湾、罗家场坝、大路脚等地块的土地承包经营权证，承包期限为1994年1月1日至2043年12月31日。现潮田地块已经被国家规划部门和建设部门依法确定被申请人秦友亮和秦友才修建房屋，并分别颁发了建设规划许可证。

2004年5月18日、2004年3月18日，光明市人民政府分别向被申请人秦友才、秦友亮颁发林权证，分别将A村地名为龙洞湾、罗家场坝和大路脚的地块作为林地确权给二被申请人。

名为公田的土地已被申请人秦友亮用以与他人互换，并在互换后的土地上修建房屋，东丰县人民政府向秦友亮颁发了集体土地建设用地使用证。

五、裁决依据及结果

本案经调解不成，仲裁庭依据《中华人民共和国农村土地承包法》第三条"国家实行农村土地承包经营制度。农村土地承包采取农村集体经济组织内部的家庭承包方式"、第六条"农村土地承包，妇女与男子享有平等的权利。承包中应当保护妇女的合法权益，任何组织和个人不得剥夺、侵害妇女应当享有的土地承包经营权"、第二十四条"国家对耕地、林地和草地等实行统一登记，登记机构应当向承包方颁发土地承包经营权证或者林权证等证书，并登记造册，确认土地承包经营权"、第三十一条"承包期内，妇女结婚，在新居住地未取得承包地的，发包方不得收回其原承包地；妇女离婚或者丧偶，仍在原居住地生活或者不在原居住地生活但在新居住地未取得承包地的，发包方不得收回其原承包地"之规定，裁决如下：

申请人秦友翠、秦友芳、秦友英、秦友群、秦友梅与被申请人秦友亮、秦友才及第三人秦效思共同享有原家庭承包的位于光明市东丰县T镇A村十组的名为四方地、塘脚、陶家背后、坟山上、秦友明家门前、坨坨田、龙洞湾、罗家场坝、大路脚等地块的土地承包经营权。

六、案例评析

本案系外嫁女土地承包经营权被侵犯引发的土地纠纷，妇女出嫁后在嫁入地未分得土地的，其在原籍的承包土地应依法得到保护。

本案中，五位申请人与被申请人秦友亮、秦友才在第一轮土地承包时，以第三人秦效思为户主共同承包了土地，该土地承包经营权属于家庭成员共同承包取得。五位申请人外嫁之后，均在嫁入地未承包有土地，故发包方不能收回其原承包地，其在原籍的土地承包经营权应予以保护，因此五位申请人与二被申请人及第三人秦效思对共同承包土地仍共同享有承包经营权。第二轮土地延包时，被申请人秦友亮、秦友才取得地块名潮田、坟山上、龙洞湾、罗家场坝、大路脚的土地承包经营权的事实，而第二轮土地延包时实行"增人不增地、减人不减地"政策，因此二被申请人是代表原承包土地全体家庭成员与A村村委会签订的土地承包合同，而并非两位被申请人个人承包行为。本案中，被申请人秦友亮用共同承包的土地"公田"与他人互换取得的土地，属于代表全体家庭成员对共有财产的处分行为。家庭承包的"潮田""公田"的土地性质已经改变，已经用作宅基地使用，且经规划部门和建设部门许可。为此，依据《中华人民共和国农村土地承包经营纠纷调解仲裁法》第二条之规定，"潮田""公田"土地权属争议不属于本仲裁委员会裁决范围，申请人可通过行政复议或者诉讼的方式解决。

"三户一员"土地承包经营权类

案例 15 收回农转非土地重新转包后因征地引发的纠纷

一、案情简介

申请人王介先与被申请人 W 镇 Z 村村委会土地承包纠纷一案。申请人向农村土地承包仲裁委员会申请仲裁，请求确认申请人享有被申请人重新转包给其耕种管理的原农转非刘祥敏户承包土地的土地承包经营权。仲裁委在受理审查时，发现此案涉及第三人刘祥敏的利益，追加刘祥敏为第三人参与仲裁。

二、当事人诉辩主张及依据

（一）申请人主张及依据

申请人诉称：涉案土地是第三人刘祥敏全家在 1987 年农转非后经村委会转包给申请人家耕种管理的，刘祥敏家每年的农业税都是由申请人代交，历任村委会主任都清楚这些情况。申请人就原刘祥敏户承包的土地以书面形式向村镇申请确权，但乡镇一直未受理申请人的申请，因此，特向农村土地承包仲裁委员会申请仲裁，请求对申请人经营管理原刘祥敏的承包地的承包经营权进行确认。

申请人为证明其主张提供了如下证据：

①税费缴纳清单（注明了转包费）。证明村委会把该纠纷地已经转包给申请人，并收取了转包费。

被申请人质证：对证据的真实性不持异议，但是，登记费用是交哪一块地不清楚，达不到申请人的证明目的。

第三人质证：证据时间有改过，达不到申请人的证明目的。

②2002年完税证。证明2002年以前申请人都完成了承包地的纳税义务。

被申请人质证：完税证上只有数字，不能体现征收主体，达不到申请人的证明目的。

第三人的质证意见和被申请人的相同。

③村委会原主任陈光银、范前旺出具的证明。证明村委会已经收回刘祥敏的承包地并转包给申请人。

被申请人质证：证人没有到庭作证，而且属个人行为不能代表村委会的意见；转包程序不合法，达不到申请人的证明目的。

第三人质证意见和被申请人相同。

（二）被申请人主张及依据

被申请人辩称：申请人王介先耕种原Z村八组村民刘祥敏户农转非土地是经村委许可的说法不存在。一是刘祥敏户农转非后，被申请人没有收回刘祥敏户土地转包给任何村民，申请人如何得种刘祥敏户土地？被申请人不知道；二是村委会没有任何王介先承包了刘祥敏户土地的记录；三是村里收取农业税等费用是以原刘祥敏的名义收取，至于是谁交纳此费用，村里不清楚。举证期限内，被申请人提供如下证据：

对Z村村委会成员的调查。证明Z村村委会并未把原刘祥敏户的土地转包给申请人。

申请人的质证：被调查人在2004年并不是村委会成员，证明不了村里是否转包土地的事实，所以达不到证明目的。

第三人对被申请人提供的证据不持异议。

（三）第三人主张及依据

第三人意见：刘祥敏户农转非迁入城区后，将自己的承包地租给本案的申请人经营，因为是亲戚，达成口头协议，申请人不用交第三人任何租金，只需代交农业税费就行。现在第三人还在领取种粮补贴，并且第三人的承包地被征用后申请人也是代签了第三人刘祥敏的名字，因此，请求仲裁委依法驳回申请人的所有仲裁请求。

举证期限内，第三人提供如下证据：

①证人张尊志、周正忠证言。证明涉案土地是刘祥敏承包的，该地没有转包给任何人。

申请人质证：证人讲的是 1986 年的情况，申请人申请的事实是 1990 年以后的情况，所以达不到证明目的。

被申请人对第三人提供的证据①不持任何意见。

②种粮补贴存折信息，从 2007 年到 2012 年种粮补贴都是返还给第三人刘祥敏，证明土地承包经营权属于刘祥敏所有。

申请人的质证：该种粮补贴款应返还给申请人的，但因被申请人失职，造成返还款被第三人领取。

被申请人对第三人提供的证据②不持任何意见。

（四）对各方证据的认定

经庭审质证，对各方提供的证据认定如下：

①对申请人提供的证据。税费缴纳清单、2002 年的完税证，各方当事人对其真实性、关联性和合法性无异议，仲裁委予以确认；原村支书周正忠的证明材料，证明内容与 2000 年村委会向申请人王介先收取的刘祥敏土地转包费实际收据记录吻合，仲裁委予以采信。

②对被申请人原村委会成员的调查。因被调查人在涉案土地流转时还未任村干部，因此仲裁委不予采信。

③对第三人提供的种粮补贴存折信息。仲裁委对其真实性、关联性和合法性予以确认，但达不到证明目的。

三、本案争议焦点

1．被申请人出具一份未收回第三人土地的证明是否有效力。

2．在上诉期找到第二轮《土地承包证》，是否已过举证期限。

四、本案查明的事实

仲裁委经庭审及庭外调查查明，当时村委会对全户农转非户的土地作出一定的安排：规定村委会不收回任何农转非土地，农户农转非后要把自己的土地安排给亲人代耕，村委会负责收转包费每人 15 元，由承包人或代耕人承担，并且地界不允许被破坏。

申请人王介先与第三人刘祥敏原是亲戚且关系较好，在1987年刘祥敏户全户农转非后把土地交由申请人王介先进行耕种管理，并由村委会向申请人王介先收取转包费，直到取消农业税为止，刘祥敏户种粮补贴款一直由刘祥敏户领取。

五、裁决依据及结果

申请人与被申请人就第三人刘祥敏户农转非土地承包纠纷一案经庭审调查、申请书及答辩状内容、相关证据及证人证言证实，被申请人Z村村委会从未根据法定程序收回该村任何一户农转非户的土地，也没有转发包给任何农户耕种。现第三人已全户迁入设区的市，依据2003年施行的《中华人民共和国农村土地承包法》第二十六条"承包期内，承包方全家迁入设区的市，转为非农业户口的，应当将承包的耕地和草地交回发包方。承包方不交回的，发包方可以收回承包的耕地和草地"。本案中涉案土地在第三人刘祥敏户农转非后，Z村村委会从1990年开始实际已把刘祥敏户的承包土地转包给申请人王介先进行管理（有收取转包费的收据证实）。

本案经调解不成，裁决如下：

申请人王介先拥有涉及第三人刘祥敏户农转非后土地的承包经营权。

六、案例评析

村委会收回全户农转非土地一直是当时各地不好处理的一个难题，关键在于农转非性质的界定及农转非土地收回处理难度较大，矛盾较为突出。依据《中华人民共和国农村土地承包法》第二十六条之规定，本案中第三方刘祥敏户农村承包土地完全符合国家法律规定，当地村委会有权收回重新发包。但因被申请人Z村村委会不是收回重新发包，而是将收回的农转非土地重新转包给本村村民耕种管理，收取转包费用以充抵农业税。这种做法确实是当时处理农转非土地比较有代表性的一种做法，一方面防止了承包耕地的撂荒，另一方面保证了承包耕地农业税费能及时足额缴纳。

本案的被申请人不服仲裁裁决，于是在法定期限内向人民法院提起诉讼，法院以村委会提交的一份未收回第三人承包地的证明，判决涉案土地的承包经营权属于第三人。申请人不服一审判决于是向中级人民法院上诉，并在上诉期提交了申请人的登记有涉案土地的第二轮《农村土地承包证》，但二审法院未采纳此证据，并认为申请人此证据应该在一审阶段就应该举证，维持了原判决。

案例16▶ 发包方因收回承包土地而引发的纠纷

一、案情简介

申请人刘荣华与被申请人（某县P镇A村七村民小组）农村土地承包纠纷一案。申请人请求依法裁决位于A村七组小地名为大炉弯子、兔儿房、田湾湾、洞青树等土地的承包经营权归申请人享有。

申请人属于P镇A村七组村民，1953年土地改革时被政府安排到B村居住。第一轮土地承包时，申请人回到A村七组，并参加了土地承包。2011年，七组的部分承包农户听说申请人要将上述部分承包地转让给本村的其他村民，便以申请人在被申请人A村七组未参加土地承包为由要收回其土地，从而引发纠纷。纠纷发生后，经村、镇调解未果，申请人遂于2013年3月5日向农村土地承包仲裁委员会申请仲裁。

二、当事人诉辩主张及依据

（一）申请人主张及依据

申请人原是A村七组村民，1953年土改时被政府安排迁居到B村居住。1981年，申请人向被申请人申请，经被申请人和B村同意后，申请人把户口从B村迁到A村七组，并在A村七组承包了土地。1998年第二轮土地延包时，申请人继续承包了上述土地。2012年4月起，被申请人代表陈登富组织A村七组农户多次对申请人种植的农作物进行破坏，称要收回其承包土地。

为支持其主张，申请人提供了以下证据：

①B村村民委员会证明一份，该证载明王登亮的身份信息及其1969年至

1998年担任B村党支部书记的事实。用以证明证人王登亮知道申请人的迁入情况和退回B村土地后到A村七组参加土地承包的情况。

②B村村委会证明一份。用以证明申请人迁出B村后已把原承包土地交回B村的情况。

③A村村民委员会证明一份。证明刘荣华户从1982年以来耕种涉案土地已三十余年，七组村民未向村里反映任何情况，被申请人未提出异议。

④A村村委会证明一份，该证明外来人口在A村入户，必须先由各村民组组长签名同意后，再到村委会盖章同意方可入户。用以证明申请人是经过A村七组和村委会同意后才迁到A村七组。

⑤申请人1994年到现在的粮食订购通知书、农业税完税证、农业税纳税卡、种粮直补款领取存折。证明申请人刘荣华耕种管理涉案土地，履行耕种义务和享有承包经营权的事实，涉案土地一直是申请人在耕种管理。

⑥申请人户口本原件。证明刘荣华系A村七组村民，农业人口。

⑦证人王登亮的书面证言和出庭证言。证明申请人是在得到A村同意后，才退回B村土地，迁到A村七组居住并承包土地。

⑧证人张端寿的书面证言和出庭证言。刘荣华家迁到A村七组之前，七组的组长陈登富、记分员马元喜、组委会成员陈治国三人到各家各户，要求同意刘荣华家迁到A村七组的就签名盖手印，以便大队办接收证，之后刘荣华家就迁到七组参加承包土地。证明申请人户迁到A村七组是经七组村民签名盖手印同意才迁的，并在A村七组承包了土地。

（二）被申请人主张及依据

1980年，被申请人根据当时的国家政策，将本组的农村集体土地划分承包到户时，申请人是B村村民，不是A村七组村民，没有参加A村七组划分承包土地。当时，因被申请人曾经向信用社贷款上交提留款，经七组集体成员研究决定，将涉案土地保留归集体所有和管理使用，用于村民组集体成员种植烤烟出售，以偿还提留款。1983年偿还完提留款后，该地因不便于划分到本村民组一家一户耕种，就闲置到1985年。1982年，申请人举家迁到A村。由于新居住地距申请人所在的B村及承包的土地较远，不便于耕种，1985年申请人就找到A村七组要求借耕借种涉案部分土地，经陈治国、组长陈登富、组委会成员王昌明商议后同意将土地借给申请人刘荣华耕种。1985年申请人开始得到部分涉案土地耕种，后趁争议之地疏于管理，便逐年侵占，直至将现涉案土地全部占完。2011年2月，申请人准备将部分涉案土地非法转让给其他村民时遭到本组部分村民的反对和阻止。

为支持其主张，被申请人提供了如下证据：

①A村村民委员会证明一份，拟证明A村第一轮土地承包到户是由当时的各村民小组自行组织划分发包到户，A村委会没参加七组的土地发包。用以证明七组集体土地发包是由七组独立组织发包的。

②土地承包合同两份，拟证明土地面积、土地发包方和承包方的签名、日期及合同条款。证明A村七组将组内集体土地发包给组内村民耕种，并由A村村委会与村民在1988年签订土地承包合同。

三、本案争议焦点

1. A村七组进行土地承包时，申请人是否属于A村七组村民。
2. 申请人是否在A村七组承包土地。

四、本案查明的事实

申请人是被申请人（A村七组）集体经济组织成员，土改时被当时政府安排到B村居住。1980年，土地承包到户时，申请人属B村村民，并分得土地。1981年申请人与被申请人联系，请求同意其回到A村七组，被申请人同意后又经A村委会办理接收证，申请人凭此接收证到B村党支部书记王登亮处办理迁移手续，并退回在B村承包的土地，迁入到A村七组，并从A村七组处承包了土地。

申请人承包土地后，履行承包义务和享受承包权利三十余年，未曾与任何人发生过土地权属纠纷，被申请人也未曾提出异议。

五、裁决依据及结果

本案经调解不成，依据2003年施行的《中华人民共和国农村土地承包法》第五条"农村集体经济组织成员有权依法承包由本集体经济组织发包的农村土地。任何组织和个人不得剥夺和非法限制农村集体经济组织成员承包土地的权利"；第九条"国家保护集体土地所有者的合法权益，保护承包方的土地承包经营权，任何组织和个人不得侵犯"；第五十四条"发包方有下列行为之一的，应当承担停止侵害、返还原物、恢复原状、排除妨害、消除危险、赔偿损失等民事责任：（一）干涉承包方依法享有的生产经营自主权；（二）违反本法规定收回、调整承包地；（三）假借少数服从多数强迫承包方放弃或者变更土地承包经营权而进行土地承包经营权流转；（四）其他侵害土地承包经营权的行为"之规定。作出裁决如下：

支持申请人的仲裁请求。

六、案例评析

申请人经被申请人同意后，按当时规定的程序办理迁移手续，从B村迁到被申请人A村七组。经从档案局调取申请人户《延长农村土地承包期情况登记表》，该表登记了A村七组刘荣华，承包人口为四人的土地承包登记情况。可见，被申请人认为申请人未参加被申请人（A村七组）承包土地的观点不实。申请人事实上承包经营涉案土地三十余年，履行了承包义务，未曾与任何人发生过纠纷，被申请人也未曾提出异议。因此，涉案土地的承包经营权应归申请人享有。

本案属于发包方违法收回、调整农户承包土地，并假借少数服从多数强迫承包方放弃土地承包经营权的行为。此类案件在各个地方都有发生，如何依法保护农户承包经营权在不同地方的法院都有不同的观点，但是，中国的农村是"熟人"社会，查清承包的事实都是相当容易的。因此，各地在指导农村集体土地管理时，应尊重历史事实，依法保护农村农民的土地承包权益。

案例17 因调整承包地发生的纠纷

一、案情简介

申请人刘发信与被申请人刘发树、第三人刘发义土地承包经营纠纷一案，第一轮土地承包时，申请人以其母亲赵光国为户主在X县M乡Y村十九组承包了土地，种植一年多后该户部分承包成员农转非到其他市区居住，留下一个家庭承包成员在原居住地，但其并未耕种土地，当时生产队（第三人当时任队长）为避免土地闲置便将该户承包土地流转给本生产队包括被申请人在内的三户农户耕种管理，一直到2017年农村承包地确权时Y村村委会正式将申请人户的土地发包给上述三户农户，后来申请人要求归还土地，除被申请人外，其余两户农户在申请人提出返还要求后陆续将土地归还给了申请人，而被申请人一直未归还涉案土地，双方因此产生纠纷。申请人请求依法裁决双方争议的小地名为大麻堂、公尚地、小偏坡、刘家门口、大坑边、杨家落地的土地承包经营权归申请人，并裁决第三人承担连带清退责任。

二、当事人诉辩主张及依据

（一）申请人主张及依据

申请人认为，第一轮农村土地承包到户时，申请人户在当时的生产队承包了21块土地（共6.62亩），家庭承包成员为申请人的母亲赵光国、长子王光远、长女王琼及申请人本人共四人，并在1984年获得了本县统一颁发的《土地承包经营权证》。1985年10月15日，申请人同王光远、王琼、李刚（申请人之子，未参与承包土地）搬迁到另一市居住，将其母亲托付给申请人的二姐照顾，同时也委托其二姐经营管理好申请人户的承包土地，但在搬走后申请人户的承包土地就被组干部刘发义（第三人）强行收回租给同组的刘永杰、刘传训、刘发树耕种管理，每年的租金也交给了刘发义。为了要回土地，申请人曾找刘永杰、刘传训、刘发树、刘发义协商过多次，刘永杰、刘传训已返还了申请人户的承包土地，而被申请人刘发树至今仍强行耕种申请人户的土地，申请人曾找到村民委员会处理，该村村民委员会却将申请人户的土地承包经营权处理给刘发树，但村委会的处理意见明显标注"只做参考，不为最后决策"。

申请人认为，不论是乡人民政府还是村民委员会、村民小组都必须在宪法和法律规范的范围内活动，制定管理本级事务的政策和措施不得与法律及党的政策相抵触。按照《中华人民共和国农村土地承包法》的规定，承包期内，除承包方全家迁入设区的市转为非农业户口的，不得收回农户的土地承包经营权。1980年承包耕地时申请人与母亲赵光国是一个户口，不符合承包期内承包方全家迁入设区的市转为非农业户口的情形，被申请人退还申请人户的土地承包经营权符合政策和法律规定。申请人根据有关法律法规及政策规定，请求仲裁委依法裁决涉案土地承包经营权归申请人，并裁决第三人承担连带清退责任。

为支持其主张，申请人向仲裁委提交如下证据：

①第一轮土地承包经营权证。拟证明涉案土地在第一轮土地承包时是以申请人母亲赵光国为户主承包的土地，申请人及其母亲是同一个承包农户。

②证人刘永杰、刘传训证言。拟证明该两证人耕种了申请人刘发信土地的事实，申请人要求返还土地后，两证人均已返还。

（二）被申请人主张及依据

被申请人认为：首先，申请人刘发信已经迁入设区的市转为非农户口，且刘发信已经将其承包地连续抛荒两年以上，村集体经济组织收回刘发信的土地并发包给被申请人刘发树耕种有充分的事实及法律依据，符合国家保护耕地的基本国策。根据Y村村民委员会于2017年5月23日作出的处理意见，可知申请人刘发信于1984年农转非到设区的某市，为合理利用土地，当时的组长刘发义将申请人户的土地流转给刘永杰、刘传训、刘发树三户耕种，三户每年共缴纳70元的承包费给生产队。到1987年，M乡人民政府决定，将申请人户农转非后的"大坑边"土地调整给被申请人刘发树作自留地，其余土地作承包地，被申请人耕种该地块至今已有33年，因此Y村村民委员会认为争议土地的承包经营权应归刘发树。Y村村民委员会作为农村土地发包方，肩负保护耕地、合理利用土地的职责，且其在对当年的经手人、知情人刘传学等人调查后得出上述意见，该意见有充分的事实依据，应予采信。刘发信于1984年农转非至设区的市后，其承包地被抛荒，当时的村集体经济组织为不让该土地抛荒，将土地转包给刘发树耕种，由刘发树缴纳承包费，这是十分珍惜土地、合理利用土地和切实保护耕地的举措，此后刘发信再未管理过其承包地，而刘发树一直耕种该土地至今。因此，Y村将刘发信家的土地收回重新发包给刘发树完全符合法律规定，Y村村民委员会与刘发树存在事实上的土地承包关系，依法应当确认刘发树系涉案土地的承包人。

其次，被申请人刘发树依法从村集体组织承包涉案土地并耕种至今，申请人以被申请人侵占其承包地为由要求退还承包地没有事实及法律依据。

本案在审理过程中，被申请人未在法定期限内向仲裁委提供任何合法有效证据。

三、本案争议焦点

1. 涉案土地名为大麻堂、公尚地、小偏坡、刘家门口、大坑边、杨家落地的承包经营权归谁。

2. 申请人一家是否将其承包地抛荒两年以上，村委会是否有权收回申请人一家的承包地。

四、本案查明的事实

为查明案件事实，仲裁委调查了证人刘传学、刘发义，并依法调取了M乡人民调解委员会对刘知信（参与调整申请人户土地的人）的调查笔录，以及实地进行现场查勘，查明申请人户家庭成员刘发信、王光远、王琼农转非后，其土地由镇、村、组处理给刘传训、刘永杰、刘发树家耕种，并按70元/人收取承包费的情况。根据庭审笔录及双方辩词能证明在第一轮土地承包时，申请人及其母亲赵光国同属一个承包户。

经查实，第一轮土地承包时（1984年7月7日），以赵光国为户主，家庭承包成员包括赵光国、刘发信、王光远、王琼的承包户在Y村十九组承包了6.62亩土地，到1985年10月15日，刘发信、王光远、王琼因农转非迁入设区的某市，该承包户家庭成员在Y村十九组就只剩赵光国（1986年死亡）一人，因赵光国未耕种土地（并未抛荒两年以上），生产队（第三人当时任队长）遂将该户土地收回分别以70元流转费每年每户流转给刘永杰、刘传训、刘发树三户，到1987年，M乡人政府再次作出处理，进行了小部分调整，但总体还是明确由三位受让人耕种管理刘发信户的土地，到第二轮土地延包时村集体正式将刘发信户土地承包给上述三个承包户，其中刘永杰、刘传训耕种的部分因刘发信提出返还要求后已归还给刘发信耕种，而被申请人刘发树耕种的部分土地自刘发信一家农转非后一直耕种到现在，在申请人刘发信提出返还要求后仍未返还给申请人，双方因此发生了土地承包经营权纠纷，经村、镇多次调解未果，Y 村村委会于 2017 年 5 月 23 日作出处理意见，将涉案土地处理给被申请人刘发树，并说明若当事人不服处理决定可以走司法程序。

五、裁决依据及结果

根据 1982 年中央一号文件《全国农村工作会议纪要》第四条严禁在承包土地上建房、葬坟、起土，社员承包的土地，不准买卖、不准出租、不准转让、不准荒废，否则，集体有权收回；社员无力经营或转营他业时，应退还集体。1984 年中央一号文件《中共中央关于一九八四年农村工作的通知》第三条第一款承包期内，社员因无力耕种或转营他业而要求不包或少包土地的，可以将土地交给集体统一安排，也可以经集体同意，由社员自找对象协商转包。《中华人民共和国农村土地承包法》第八条国家保护集体土地所有者的合法权益，保护承包方的土地承包经营权，任何组织和个人不得侵犯之规定，仲裁委裁决如下：

申请人刘发信与被申请人刘发树争议的位于 X 县 M 乡 Y 村十九组由被申请人耕种的小地名为大麻堂、公尚地、小偏坡、刘家门口、大坑边、杨家落地的土地承包经营权归被申请人刘发树享有。

驳回申请人刘发信的其他仲裁请求。

六、案例评析

本案涉及村委会收回、调整农户承包地的行为。

以赵光国为户主的家庭承包农户，除赵光国外其余 3 个家庭承包成员农转非，到 1986 年赵光国死亡，该承包户自然形成全户农转非，属于社员无力经营或转营他业的情形，根据 1982 年中央一号文件《全国农村工作会议纪要》第四条之规定，该承包户的土地承包经营权被集体收回行为合法。申请人称农转非时其曾委托其二姐耕种管理自己承包地，根据 1984 年中央一号文件《中共中央关于一九八四年农村工作的通知》第三条第一款规定，刘发义时任队长，其行为代表集体经济组织行为，刘发义将申请人一户的土地收回重新处理，证明申请人一户将其承包土地委托给其二姐耕种管理的事实并未经集体同意，故申请人的委托行为无效。在乡人民政府重新调整处理赵光国一户承包地时，被申请人作为善意第三人符合《中华人民共和国物权法》第一百零六条规定的善意取得的情形。故被申请人刘发树依法取得涉案土地承包经营权，受《中华人民共和国农村土地承包法》第八条保护。第三人刘发义作为时任队长其行为是集体行为，集体的合法行为应受到法律保护，故其无须承担任何法律责任。

案例18 五保户土地转包引发的土地权属纠纷

一、案情简介

申请人陈明松与被申请人陈明莲因土地承包经营权权属问题引发的纠纷。

申请人陈明松的叔父陈永贵及婶娘刘明芳夫妇未生育子女，属A村"五保户"。20世纪50年代，陈永贵夫妇收养了被申请人陈明莲，70年代，陈明莲外嫁。在农村土地承包到户时，陈永贵向所在村集体承包了小地名为格都湾、杉林脚、湾子头、白泥田、小河沟、河沟儿的土地。1985年12月22日，陈永贵夫妇与申请人陈明松签订合同，约定陈永贵夫妇将其承包的地块名为杉林脚、湾子头的田土出租给陈明松耕种，陈明松每年给付一定数量的谷物、煤炭，并对陈永贵夫妇提供挑水服务，约定时间为二十年。事后，陈明华认为给付的粮食数量过多，未履行合同。申请人陈明松认为不仅履行了其与陈永贵夫妇的合同，还代陈明华履行了合同，因此认为陈永贵第一轮承包的所有土地的承包经营权应归自己。被申请人陈明莲认为陈明松未完全履行其与陈永贵夫妇签订的合同，也未代陈明华履行与陈永贵夫妇签订的合同。被申请人系陈永贵夫妇养女，认为陈永贵所有土地的承包经营权应属被申请人享有，双方就陈永贵户承包地的承包经营权权属产生纠纷。申请人遂向农村土地承包仲裁委员会申请仲裁，请求依法裁决小地名为格都湾、杉林脚、湾子头、白泥田、小河沟、河沟儿土地的承包经营权归申请人享有。

二、当事人诉辩主张及依据

（一）申请人主张及依据

申请人认为，1985 年 12 月 22 日，陈永贵分别与申请人和陈明华订立合同，约定申请人和陈明华按年向陈永贵提供一定数量的粮食、煤炭等生活物资，则陈永贵所承包的地块名为杉林脚、湾子头这两块土地的承包经营权由申请人享有，白泥田、格都湾、河沟儿三块地的承包经营权由陈明华享有，合同签订次日，陈明华认为其须向陈永贵交付的粮食过多便未履行其与陈永贵所立合同。后经协商由申请人享有白泥田、格都湾、河沟儿三块土地的承包经营权并代陈明华向陈永贵交付粮食、煤炭等生活物资。申请人认为，依据申请人及陈明华与陈永贵所立合同，申请人已经依法取得格都湾、杉林脚、湾子头、白泥田、河沟儿这几块土地的承包经营权。为支持自己的主张，申请人提供了如下证据：

①1985 年申请人与陈永贵签订的合同。用以证明申请人按年向陈永贵提供一定数量的粮食、煤炭等生活物资，陈永贵所承包的杉林脚、湾子头这两块土地承包经营权归申请人所有。

②陈永贵所立的遗嘱，用以证明待陈永贵夫妇去世后，除依照申请人与陈永贵原立的合同执行，杉林脚、湾子头这两块土地承包经营权归申请人所有外，格都湾的土地的承包经营权也归申请人享有。

（二）被申请人主张及依据

被申请人认为，1985 年 l2 月 22 日，陈明松与被申请人父亲（养父）陈永贵签订的合同，实际是土地转包合同，而不是土地转让合同，申请人只是享有小地名杉林脚、湾子头土地二十年经营权，且申请人未完全履行该合同，只是履行了小部分义务。陈明华与被申请人父亲陈永贵签订的合同与陈明松无关，陈明松未替代陈明华履行合同义务，更不能享有白泥田、格都湾、河沟儿土地的承包经营权，因此涉案土地的承包经营权不属于申请人。

被申请人与陈永贵系父女（养父女）关系，且被申请人对涉案土地缴纳农业税，享受农业税返还补贴等待遇。此外，A 村村委会出具了要求申请人立即返还被申请人承包地田的《紧急通知》，因此，被申请人享有涉案土地的承包经营权。为支持自己的主张，申请人提供如下证据：

①被申请人出生地出具及成长地出具的能证明被申请人属陈永贵养女的证明。用以证明被申请人与陈永贵属养父女关系。

②被申请人养父陈永贵户的农业税本、历年缴纳农业税的完税凭证及农业税返还及种粮补贴存折。用以证明陈永贵户历年的农业税是由被申请人缴纳，农业税补贴是由被申请人享受，被申请人享有陈永贵承包土地的承包经营权。

③A村村委会出具的要求申请人立即返还被申请人承包地田的《紧急通知》。用以证明争议之地的承包经营权归被申请人所有。

三、本案争议焦点

1. 名为格都湾、杉林脚、湾子头、白泥田、河沟儿等地块的承包经营权属于谁。

2. 陈永贵流转给申请人的土地属于转让还是转包。

四、本案查明的事实

本案经庭审审查及现场勘验，查清如下事实：

申请人陈明松系陈永贵之侄子。陈永贵与刘明芳未生育子女。20世纪50年代，陈永贵与刘明芳收养了陈明莲；70年代，陈明莲出嫁。

第一轮土地承包时，陈永贵夫妇向集体承包小地名为格都湾、杉林脚、湾子头、白泥田、小河沟、河沟儿的土地。

1985年12月22日，陈永贵夫妇与申请人陈明松签订合同，约定将陈永贵夫妇将承包的杉林脚、湾子头的田土转包给申请人陈明松耕种，陈明松每年给付一定数量的谷物、煤炭，并对陈永贵夫妇提供挑水服务（所供应的煤、水，时间为二十年）。陈永贵夫妇的房屋、牛圈、厕所、竹林归陈明松所有。同日，陈永贵夫妇与陈明华签订合同，约定陈永贵夫妇将承包白泥田、格都湾、河沟儿的田土转包给陈明华耕种，陈明华每年给付一定数量的谷物，后陈明华未履行合同。

上述承包田土农业税由被申请人缴纳并享受农业税返还、种粮直补。

五、裁决依据及结果

本案经调解不成，依据《中华人民共和国农村土地承包法》第三十六条"承包方可以自主决定依法采取出租（转包）、入股或者其他方式向他人流转土地经营权，并向发包方备案"、第四十四条"承包方流转土地经营权的，其与发包方的承包关系不变"之规定，裁决如下：

被申请人陈明莲享有A村小地名为格都湾、杉林脚、湾子头、白泥田、小河沟、河沟儿土地的承包经营权。

六、案件评析

在农村土地承包经营权流转中，转让是彻底放弃承包经营权的行为。陈永贵夫妇与申请人陈明松签订的合同，实为陈永贵夫妇将承包的杉林脚、湾子头的田土转包给申请人陈明松耕种，申请人以支付一定的谷物、煤炭，并提供挑水服务作为转包费，转包期限为二十年。转包期限的土地流转不涉及农村土地承包关系转移，因此申请人陈明松与第三人陈永贵之间采取的转包而不是转让方式。

案例19 在法律允许的范围内处置"五保户"的土地承包经营权

一、案情简介

申请人李明松与被申请人张兴善土地承包纠纷一案。申请人请求依法裁决位于某镇D村三组地块名称为"李永华二老的自留地"的经营权归申请人享有。

李张氏系五保户，1997年去世后，由李明松、李明齐出资料理后事，并对其留下的自留地进行处置。1997年6月21日，李明松与李明齐发生纠纷，经镇、村调解达成协议，明确规定了李明齐对争议土地的使用权限（规定申请人不能转让土地给任何人），但李明齐在 1998 年将争议地转让给被申请人张兴善耕种而产生纠纷，故申请人向农村土地承包纠纷仲裁委员会申请仲裁。

二、当事人诉辩主张及依据

（一）申请人主张的事实及依据

李张氏 1997 年去世后，某镇 D 村委会收回涉案地后与申请人签订了《耕地转包合同书》转包给申请人。1997 年 6 月 21 日，李明齐（李张氏另一亲侄子）因不满对李张氏生前享有的宅基地、自留地处分情况与申请人发生纠纷，当天就由镇综合治理办公室、派出所、D 村村委会等组织调解，并达成协议《李明松与李明齐宅基地纠纷一事调解协议书》，并明确规定了自留地使用权限与范围，但李明齐违反规定将争议地转让给被申请人。1999 年 2 月 5 日，D 村村委会作出《某镇 D 村村委会就 D 村三村民组五保老人李张氏病亡的当时处理意见》就作出说明，因此争议地的使用权应属申请人享有。

为证明其主张，申请人提供了如下证据：

① 1997 年 6 月 21 日《关于李明松与李明齐宅基地纠纷一事调解协议书》一份。用以证明李明齐要使用该争议地，要经过村委会协商同意。

②苏刚的《调查笔录》一份及身份证复印件一份。用以证明上述调解协议书内容是双方真实意思的表达。

（二）被申请人主张及依据

1997 年 4 月 15 日某镇 D 村三组五保老人李张氏去世，当时村里没有人愿意出钱安埋李张氏。当天在三组村民及村民组长、李张氏亲同胞侄儿均在场的情况下，为妥善安埋李张氏，由李明松出资 2 500 元安埋费，并将李张氏房屋财产转给李明松。李明齐出资 3 500 元为李张氏包坟、立碑等，李张氏上下园地（自留地）归李明齐所有。李明齐、李明松二人都履行了自己的义务。1997 年 6 月 21 日，经镇综合治理办公室和村委会调解，把属于李明齐应享有的自留地以坟中心为界限，东面一块属于李明齐，西面一块属于李明松。1998 年，李明齐把属于自己的部分土地有偿转让给被申请人张兴善耕种，且张兴善一直管理该争议地至现在。

为证明其主张，被申请人提供了如下证据：

申请人与被申请人等在李张氏死亡时共同拟定的一份协议。用以证明李明齐获得了处理李张氏土地和财产的权利。

三、本案争议焦点

1. 李张氏的自留地是否可以作为承包地进行承包。

2. 李张氏作为五保户老人，过世后留下的土地承包经营权应不应该属于申请人。

四、本案查明的事实

李永华与李张氏（李三奶）系当地五保户，李永华死后就葬在争议自留地内。1997 年李张氏死后，在三组村民及村民组长、李张氏亲同胞侄儿均在场的情况下，为妥善安埋李张氏，由李明松出资 2 500 元安埋费，并享有李张氏房屋财产权。李明齐出资 3 500 元为李张氏老包坟、立碑等，同时享有李张氏自留地的经营（使用）权。协议签订后，双方均履行了义务。1997 年 6 月 21 日，李明松与李明齐发生纠纷，经组织调解，并达成协议《关于李明松与李明齐宅基地纠纷一事调解协议书》，第三条注明村委会将收回原李张氏的房屋后的一块自留地转包，并明确规定了李明齐对争议土地的使用权限。李明齐在 1998 年将争议地转让给被申请人张兴善并耕种管理至今。

五、裁决依据及情况

本案经调解不成，根据《民法总则》第八条、《民法通则》第七条，裁决如下：

驳回申请人的仲裁请求。

六、案例评析

本案为五保户老人过世后，对其承包经营的土地进行处置而引发的纠纷。

在农村税费改革前，农村土地承包经营权证登记的土地需缴纳农业税费，自留地不能作为计税的承包地登记在农村土地承包经营权证表册内，因此涉案的自留地不能作为承包地进行承包。在农村土地确权颁证过程中，自留地一般按实有地块数量、面积、边界、位置登记，但是会在表册、台账和经营权证书上注明"自留地"。

农村对于五保户死后的财产及土地承包经营权的处置，都是谁对五保户承担生养殡葬义务，谁就享有其财产的占有和对土地经营管理的权利。根据《民法总则》第八条：民事主体从事民事活动，不得违反法律，不得违背公序良俗。《民法通则》第七条：公序良俗的原则是民事活动应当尊重社会公德，不得损害社会公共利益，破坏国家经济计划，扰乱社会经济秩序。本案中，李明齐、李明松在五保户老人李张氏死亡时双方达成协议，共同出资进行了安埋，对李张氏老人的财产和土地进行了处置，并各自履行了义务。后双方又发生纠纷，镇综合治理办公室、派出所、D村村委会等组织调解并达成协议，协议中第三条注明"村委将收回原李张氏的房屋后的一块自留地转包"，并明确规定了李明齐对争议土地的使用权限，其规定已违反法律效力性强制性规定。

案例 20 村集体收回农转非土地引发的土地权属纠纷

一、案情简介

申请人赵秀英与被申请人某街道办事处 M 村村民委员会因申请人农转非搬离原承包地所在村，村集体收回其承包地引发的土地承包经营权权属纠纷。

第一轮土地承包时，申请人户以赵秀英为户主在被申请人处承包了五个人的土地，后申请人户于 1987 年农转非举家迁至市区居住，申请人将其承包土地委托给本村村民刘永强代为耕管。之后村委会为解决申请人户的承包土地应缴纳的农业税问题，将申请人户的土地转包给刘永强，由刘永强缴纳农业税。2014 年申请人回 M 村居住，经与刘永强户协商，刘永强将土地归还给申请人耕种，后来因该承包土地被国家征收，某街道办事处 M 村村民委员认为申请人一户在第一轮土地承包时的承包地已在 1987 年被村集体收回，该土地的承包经营权不再归申请人享有，双方因此产生纠纷。申请人遂向农村土地承包仲裁委员会申请仲裁，请求依法裁决位于某街道办事处 M 村地块名为大脑壳丘、小弯弯、尖山上、侧坟边、小冲子、小园子等土地承包经营权归申请人享有。

二、当事人诉辩主张及依据

（一）申请人主张及依据

申请人认为，申请人的丈夫刘福祥原是公社书记，为响应国家"支援大西南"号召，带领公社一些社员支援煤矿生产。在第一轮土地承包时，以申请人赵秀英为户主在某街道办事处M村承包了五个人的土地，为方便照顾家庭，申请人一家于1987年举家迁至市区，并于1988年2月将其承包地委托同村刘永强代为耕管。2014年，申请人回乡居住，申请人与刘永强签订了一份土地归还协议，刘永强归还了申请人的承包地，协议经M村村委会签字盖章予以认可。后申请人的承包地被征收，M村村委会便称申请人的土地承包经营权在1987年7月就已经被村委会收回。申请人认为被申请人在无事实及法律依据的情况下，无权剥夺申请人的土地承包经营权。

为支持其主张，申请人提供以下合法有效证据：

①从档案局调取的申请人户第二轮土地承包时的《延长农村土地承包期情况登记表》。用以证明涉案土地的承包经营权依然归申请人所有。

②刘永强与申请人签订的并经村委会签字盖章的《土地归还协议》一份。用以证明涉案土地是由申请人委托刘永强耕种，现将涉案土地归还给申请人，该地的承包经营权属申请人所有。

（二）被申请人主张及依据

被申请人认为：申请人第一轮承包地已于申请人搬离本集体经济组织后就被当时的村集体收回，并于1987年7月24日将收回的土地重新发包给本集体经济组织成员王永名，且签订了土地转包合同。现刘永强户没有权利将争议之地的承包经营权归还给申请人，只能交回村集体，根据《中华人民共和国土地承包法》第二十六条之规定"承包方整户转为非农业人口的，发包方有权收回该承包方承包的土地"，因此，申请人户不再享有其原来承包的土地。

本案在审理过程中，被申请人未在法定期限内向仲裁委员会提供任何合法有效证据。

三、本案争议焦点

1．被申请人是否收回了涉案土地的承包经营权。

2．谁享有涉案土地的承包经营权。

四、本案查明的事实

本案经庭审及现场勘验后，依职权调取了赵秀英户 1989 年到 1993 年的农业税完税证票据、赵秀英户在第二轮承包土地时的《延长农村土地承包期情况登记表》。查明，在第一轮土地承包时，以申请人赵秀英为户主的承包户在某街道办事处 M 村承包了五个人的土地，并于 1987 年农转非举家迁到市区，将承包地委托同村刘永强代为耕种管理。村委会得知刘永强照管申请人的承包地后，为解决赵秀英户今后的农业税费上交的问题，于 1987 年 7 月 24 日与刘永强户签订了土地转包合同，明确了由刘永强代交赵秀英户农业税费。到 1998 年第二轮土地承包时，根据当时的承包政策"增人不增地，减人不减地，如个别农户承包地有变动的，都要通过召开有三分二以上的农户参加的村民代表大会讨论决定，制定承包方案后才能变动"，但 M 村并没有按规定收回申请人的承包地，并于 1998 年继续发包了涉案地块给申请人。刘永强户在第一轮及第二轮土地承包期间也一直履行了与 M 村村委会签订的土地转包合同（以申请人赵秀英户的名字履行上交农业税费任务），并一直管理赵秀英户的土地到 2014 年。申请人夫妻于 2014 年回乡居住，并在 M 村村委会的见证下，刘永强之四个儿子与申请人夫妻签订了一份土地归还协议，明确了双方的权利和义务。后申请人的承包地被征收，被申请人就拿出一份与刘永强户在 1987 年签订的土地转包合同，认定申请人的土地承包经营权在 1987 年 7 月就已经被村委会收回，并认为档案局在不知道申请人的土地被收回的情况下发包土地给申请人，故当事人双方因此产生纠纷。申请人遂以确认土地承包经营权属向人民法院提起诉讼，法院认为确认涉案土地的承包经营权不属于人民法院民事案件的主管范围，并根据《中华人民共和国土地管理法》第十六条第一款规定，裁定双方自行协商解决，协商不成的，由人民政府处理。申请人随之上诉至市中院，市中院维持了一审裁定，并引导申请人向农村土地承包仲裁委申请仲裁。

五、裁决依据及结果

本案经调解不成,依据《中华人民共和国农村土地承包经营纠纷调解仲裁法》第二条第三款、第四款,2003年施行的《中华人民共和国农村土地承包法》第九条、第十条、第二十二条、第二十六条之规定,裁决如下:

申请人赵秀英享有争议地块名为大脑壳丘、小弯、尖山上、侧坟边、小冲子、小园子的土地承包经营权。

六、案例评析

申请人在1987年迁往市区之后,把本户五个人的承包地委托同村刘永强户代为耕种管理。在刘永强照管申请人承包地期间,赵秀村与刘永强户签订了一份土地转包合同,合同载明了由刘永强代交农业税费。当时签订合同的目的,实际上是村委会为了方便向刘永强收取因管理申请人承包地应承担的农业税费,以便完成本村上交的农业税费任务;刘永强按合同规定,以申请人赵秀英户名字履行了应承担的农业税义务。在1998年第二轮土地承包完成后,被申请人按要求将《延长农村土地承包期情况登记表》到档案局封存,结合申请人与刘永强的四个儿子签订的土地归还协议、申请人赵秀英上交的农业税费票据及赵秀英户《延长农村土地承包期情况登记表》等事实已充分证明了A村在第一轮土地承包期间并未收回申请人的承包地,因此被申请人认定在1987年就已经收回申请人的承包的主张,仲裁委员会未予认可。

"四荒地"土地经营权类

案例 21 招投标取得"四荒"地后转包而引发的纠纷

一、案情简介

申请人李志、李存书与被申请人李存锡（东丰县F镇T村党支部书记）、桂祥友（F镇T村六组组长）、第三人F镇李姓家族土地承包纠纷一案，请求依法裁决T村地名为大茅草坝的100亩土地的经营权归二申请人享有。

1994年11月29日，F镇T村村民委员会以公开拍卖"四荒"（指荒山、荒沟、荒丘、荒滩）方式，将该村大茅草坝100亩荒山的五十年使用权拍卖给第三人。1994年12月4日，第三人将涉案土地五十年的使用权转包给李兴贤和李志二人。2006年清明，经第三人同意，李兴贤又把其所承包土地的权利义务转让给家族内部成员李存书。2009年3月25日，东丰县林业局对涉案土地中的部分土地颁发了林权证，林地使用权人、林木所有权和使用权人为李存锡等十二户，面积61.80亩。2013年，因涉案土地面临征收，各方对补偿权益主体发生争议，申请人遂向东丰县农村土地承包仲裁委员会申请仲裁。

二、当事人诉辩主张及依据

（一）申请人的主张及依据

1994年11月29日，东丰县F镇T村村民委员会在原T村公社大坝子处以公开拍卖的方式，拍卖T村大茅草坝100亩荒山的五十年使用权。拍卖会由当时F镇副书记王炳伦主持，东丰县司法局参加，上千群众在场。最终第三人代表李兴成以 5 050 元的价格竞标成功，并与 T 村村委会签订了《拍卖"四荒"使用权治理协议》，并经东丰县公证处公证。1994 年 12 月 4 日，第三人将大茅草坝荒山转包给李兴贤和李志二人，期限五十年，每年交纳承包费 3 000 元。2006 年清明，经第三人同意，李兴贤又把其所承包土地的权利义务转让给家族内部成员李存书。李志、李存书对涉案土地积极治理，进行绿化，栽种经果林、修建管理用房等，履行了承包合同义务。

因建设需要，涉案土地面临征收，二申请人作为承包经营权人，应为被征收补偿权利主体。但 2009 年 3 月，东丰县林业局对涉案土地颁发了林权证，涉及面积 61.80 亩。二申请人提出异议，2012 年 8 月 14 日，李存锡书写林权证变更登记申请书，认为把涉案土地林权登记在其名下不符合法律规定，申请林权行政主管机关变更登记在二申请人名下。林权行政主管单位对林权变更登记进行了公示等系列工作，但因涉案土地面临征收，变更登记一直未完成。因利益驱使，后被申请人桂祥友声称涉案大茅草坝荒山位于其六组所辖范围，T 村六组集体应为被征收补偿权利主体。

为支持其主张，申请人提供了如下证据：

①《拍卖"四荒"使用权治理协议》复印件。以证明第三人根据当时光明地委文件规定，从 F 镇 T 村委会拍卖取得涉案土地的承包经营权。

②《承包合同书》复印件。用以证明申请人和第三人签订转包协议后，承包了涉案土地，且按照合同内容履行了义务。

③《关于第三人与李兴贤承包合同终止的说明》复印件。用以证明合同终止后，涉案土地由第三人收回重新转包。

④涉案土地转包费的收据。用以证明申请人按照协议履行义务。

⑤涉案土地《林权证》复印件、《林权证》变更申请书、《林权证》登记公示复印件。用以证明被申请人李存锡对东丰县林业局颁发的涉案土地《林权证》登记在其名下有异议，并提出申请要求变更权利人为二申请人；有关部门经核实涉案土地的《林权证》、变更使用权人为二申请人并进行了公示。

（二）被申请人主张及依据

被申请人李存锡认为：涉案土地是第三人李氏家族祖坟的所在地。1994

年，根据"光明地委〔1994〕2号""东丰县委〔1994〕17号"文件及国家法律规定，F镇政府及T村村委会将该处荒山以公开拍卖的方式发包，第三人竞拍取得该荒山的使用权后，1994年12月4日将该荒山转包给族人李兴贤和李志，由李兴贤（李兴贤承包部分后来由李存书代缴）、李志每年共同交纳3 000元的承包费。

2009年3月，第三人作为T村大茅草坝荒山的合法使用权权利人，委托T村李氏家族当时的理事会成员即被申请人李存锡在内的十二人办理了林权证。

申请人违反第三人的要求，在上面种庄稼、盖房子，所以第三人收回了涉案土地的使用权。且F镇政府根据李氏家族提供的资料已将该荒山丈量给J村李姓家族，因此涉案土地的承包经营权依法属于第三人。

为支持其主张，李存锡提供了如下证据：

①1994年"光明地委（94）2号""东丰县委（94）17号"文件。用以证明涉案土地是由有关部门组织拍卖的。

②F镇政府出具的证明一份。用以证明涉案土地的所有权属于T村村民所有。

③关于办理涉案土地林权证的说明一份及林权证。用以证明李氏家族委托李存锡等十二人以其名义办理涉案土地《林权证》，涉案土地的林权属第三人所有。

被申请人桂祥友认为，涉案土地根本不是荒地，T村六组集体在1980年承包分得涉案大茅草坝土地后，分配到本组各农户自行生产管理。大茅草坝土地属于T村六组所有，T村村委会无权将承包给T村六组农户未到承包期的土地进行无偿收回拍卖。正常拍卖的主体应是T村六组，因此T村村委会的拍卖无效，涉案土地的权属属于T村六组享有。

为支持其主张，桂祥友提供了如下证据：

①东丰县F镇T村的证明及分地记录。用以证明涉案土地在1980年土地承包时分给了T村六组。

②拍卖土地收据复印件。用以证明涉案土地的拍卖无效，因该收据上面的收款人是镇财政所，不是村委会。

（三）第三人主张及依据

1994 年 11 月 29 日，T 村委根据光明地委文件精神，将 T 村大茅草坝地块公开拍卖给第三人，并经东丰县公证处公证，因此 T 村李氏家族是根据国家法律和程序获得涉案荒山的使用权。

2009 年 3 月，李氏家族作为 T 村大茅草坝荒山的合法使用权权利人，委托当时理事会成员李存锡等十二人以其名义办理了涉案土地的《林权证》，因此第三人依法取得了涉案土地林地的使用权。

第三人当庭无证据提供。

三、本案争议焦点

T 村村民委员会对涉案土地的拍卖是否合法有效。

四、本案查明的事实

1994 年 11 月 29 日，F 镇 T 村村民委员会以公开拍卖"四荒"方式，拍卖 T 村大茅草坝 100 亩荒山的五十年使用权。T 村李氏家族代表李兴成以 5 050 元竞标成交。F 镇 T 村村委会与李兴成代表的李氏家族当日签订《拍卖"四荒"使用权治理协议》，明确了双方的权利义务。该协议当日经东丰县公证处（〔94〕方公字第 601 号公证书）公证。

1994 年 12 月 4 日，T 村李氏家族将上述 100 亩大茅草坝荒山使用权（经营权）转包给李兴贤和李志二人，期限五十年，李兴贤和李志每年共同缴纳承包费 3 000 元，双方签订了承包合同书。合同甲方为 T 村李氏家族，签字代表为李家清、李兴成、李兴富、李兴帮、李兴环；合同乙方为李兴贤和李志。李兴贤和李志各自承担二分之一的权利义务。

2006 年清明，经李氏家族同意，李兴贤又把其所承包土地的权利义务转让给家族内部成员李存书。李志、李存书对涉案土地予以治理，进行绿化、栽种经果林、修建管理用房等，并按时缴纳承包费。F 镇 T 村委与李氏家族在履行《拍卖"四荒"使用权治理协议》过程中未有矛盾发生，李氏家族与李志、李存书在履行承包合同书中未有矛盾发生。

2009 年 3 月 25 日，东丰县林业局对大茅草坝林地颁发林权证。林地使用权人、林木所有权和使用权人为李存锡等十二人，面积 61.80 亩，林地使用期三十六年。

2012 年 8 月 14 日，李存锡书写林权变更登记申请书，认为把涉案土地林权登记在其名下不符合法律规定，请求东丰县林业局 F 镇林业站变更登记在李志、李存书名下。2012 年 9 月 4 日，东丰县林业局 F 镇林业站进行了林权变更登记公示，但因涉案土地面临征收，变更登记一直未完成。

五、裁决依据及结果

本案经调解不成，依据 2003 年施行的《中华人民共和国农村土地承包法》第三条"国家实行农村土地承包经营制度。农村土地承包采取农村集体经济组织内部的家庭承包方式，不宜采取家庭承包方式的荒山、荒沟、荒丘、荒滩等农村土地，可以采取招标、拍卖、公开协商等方式承包"、第十条"国家保护承包方依法、自愿、有偿地进行土地承包经营权流转"之规定，作出裁决如下：

支持申请人的仲裁请求。

六、案例评析

本案中，对于涉案土地，被申请人桂祥友代表 T 村六组集体，未提供有力证据证明其主张。而 F 镇 T 村村委会与第三人签订的《拍卖"四荒"使用权治理协议》以及申请人与第三人建立的转包关系，都不违反法律法规有关禁止性规定，符合土地承包政策精神。

第三人在 F 镇 T 村竞拍获得大茅草坝 100 亩土地使用权（承包经营权）之后，五天之内即把大茅草坝 100 亩土地使用权（经营权）转包给家族内部成员李兴贤和李志，经李氏家族同意，李兴贤又把其所承包土地的权利义务转让给家族内部成员李存书，转包期限与竞拍获得的期限相同。李氏家族与李志、李存书皆履行了合同义务，应予认定李氏家族已经把大茅草坝 100 亩土地五十年使用权（承包经营权）转包给李志、李存书，李志、李存书当然获得 J 村大茅草坝土地 100 亩五十年的使用权（承包经营权）。

案例 22 以民主协商方式承包的"四荒"地经营权纠纷

一、案情简介

申请人吴岚信与被申请人李应乐农村土地承包经营纠纷一案。申请人吴岚信请求依法裁决东丰县K镇R村岩脚组小地名为梆子上的约1.5亩土地的经营权归申请人享有。

2014年，申请人准备在涉案土地上修建房屋，到相关部门进行申请并获得批准后，被申请人阻挠，称涉案土地是被申请人的，导致申请人的房屋未能修建。申请人为维护自己的合法权益，遂于2014年9月15日向东丰县农村土地承包仲裁委员会申请仲裁。

二、当事人诉辩主张及依据

（一）申请人主张及依据

1982年2月15日，申请人开垦了涉案土地，并耕种到2008年12月外出打工为止。1993年，K镇下发文件，要求分配各村荒山到户。R村岩脚组原组长吴岚峰、会计孙德仁等七个村民提议，经岩脚组群众大会讨论同意，决定除原划分的承包地外，新开荒土地，谁开荒谁管理。而涉案土地系申请人开荒的土地，其经营权当然应属申请人享有。

为支持其主张，申请人向仲裁委提供如下证据：

①涉案土地图片。用以证明涉案土地的现状和四至界限。

②申请人2014年2月6日向K镇有关部门提出的宅基地申请（该申请已经获得了K镇有关部门批准同意）。用以证明涉案土地已经被R村村民委员会和K镇人民政府批准为申请人的宅基地。

（二）被申请人主张及依据

涉案土地系被申请人依法分得的荒山、林地，其经营管理权属被申请人享有。申请人与被申请人同属R村岩脚组村民。1993年，根据当时的政策，岩脚组推选吴岚峰、孙德仁、孙德章等七人作为村民代表，讨论并形成岩脚组荒山和林地的分配方案。荒山、林地分配前，原来个人已开垦的荒地，垦荒户可以继续耕种到不种为止，但只能维持原状；荒山、林地分配到户后，任何人不准再到其他户分得的荒山、林地中去开荒。分配方案确定后，岩脚组将争议荒山、林地划分给了吴茂尧、吴岚峰和被申请人三家。争议荒山、林地分配到户后，申请人之妻李贤曾经在被申请人分得的荒山、林地范围内开荒种地，为此，被申请人请了一同分得荒山、林地的吴茂尧出面协调处理。经过吴茂尧的协调，申请人户停止了继续开荒，但其在荒山、林地分配前已经开垦的土地经被申请人同意后由申请人一家继续耕种至 2008 年。依照分配荒山、林地时确定的原则，2008 年以后，涉案土地的经营管理权属于被申请人。

为证明其主张，被申请人提交了吴岚远、孙德贤、吴茂尧三人的调查笔录，用以证明涉案土地属于被申请人分得的荒山范围，土地的使用管理权应当归被申请人享有。申请人曾经在被申请人分得荒山的范围内垦荒耕种的事实不能成为申请人享有土地使用权的法律依据和事实依据。

三、本案争议焦点

涉案土地的经营权归谁。

四、本案查明的事实

1993 年，K 镇下发文件，要求分配各村荒山。R 村岩脚组由原岩脚组组长吴岚峰、孙德章、孙德仁等几人提议，经岩脚组村民大会讨论一致同意，决定除原划分的承包地外，开荒土地，按"谁开荒，谁管理"原则，达成如下承包方案：①已经发包土地按现有人口分配；②已经开荒的山林"谁开荒，谁管理"；③荒山中的树木按现有尺寸，直径两寸以上的树木作分配，两寸以下树木归土地管理人所有。1993 年确定荒山发包方案之前，申请人已经对涉案土地进行开荒耕种。

五、裁决依据及结果

本案经调解不成，依据《中华人民共和国农村土地承包法》第三条"国家实行农村土地承包经营制度。农村土地承包采取农村集体经济组织内部的家庭承包方式，不宜采取家庭承包方式的荒山、荒沟、荒丘、荒滩等农村土地，可以采取招标、拍卖、公开协商等方式承包"；第十八条"土地承包应当遵循以下原则：（一）按照规定统一组织承包时，本集体经济组织成员依法平等地行使承包土地的权利，也可以自愿放弃承包土地的权利；（二）民主协商，公平协商；（三）承包方案应当按照本法第十二条的规定，依法经本集体经济组织成员的村民会议三分之二以上成员或者三分之一以上村民代表的同意；（四）承包程序合法"、第四十四条"不宜采取家庭承包方式的荒山、荒沟、荒丘、荒滩等农村土地，通过招标、拍卖、公开协商等方式承包的，适用本章"、第四十七条"以其他方式承包农村土地，在同等条件下，本集体经济组织成员享有优先承包权"之规定。作出裁决如下：

K镇R村岩脚组地名为梆子上的1.5亩土地的承包经营权归申请人吴岚信享有。

六、案例评析

依据《中华人民共和国农村土地承包法》第三条、第十八条、第四十四条、第四十七条。本案中申请人开荒在前，被申请人分得荒山在后，根据相关政策及R村岩脚组村民大会决议通过的承包方案，申请人以公开协商方式承包取得涉案土地承包经营权，应得到法律保护。

案例23 ▶ 因开荒地的经营权争议引发的纠纷

一、案情简介

申请人张学仁在第一轮土地承包后，在位于东丰县W乡Y村小地名为坪子上的地方开垦了一块荒地，耕种多年后，申请人一家外出打工，其承包地与开垦的荒地处于未耕管状态。被申请人王艳菊遂耕种申请人开垦的坪子上的荒地二十多年，其间曾转租给本组村民李如芳耕种过几年。现申请人打工回来，要求被申请人归还该地，被申请人拒绝归还，双方因此产生纠纷。W乡Y村村委会于2019年2月20日组织双方进行调解，并作出《关于Y村河沟组张学仁与本组王艳菊土地纠纷调解意见》，将涉案土地调解给申请人，被申请人不同意调解结果。申请人遂向东丰县农村土地承包仲裁委员会提请仲裁，请求依法裁决争议之地的经营权归申请人。

二、当事人诉辩主张及依据

（一）申请人主张及依据

申请人认为坪子上的荒地系其最先开垦的，耕管多年后，因申请人一家外出务工，承包地及开垦的荒地处于未耕种状态，被申请人将该荒地强占耕种。2018年申请人打工回来，要求被申请人归还土地，被申请人拒绝。根据本乡本村风俗习惯，谁开垦谁耕管，因此该地的经营权应归申请人。为支持自己的主张，申请人提供了W乡Y村《关于Y村河沟组张学仁与本组王艳菊土地纠纷调解意见》一份，证明申请人与被申请人争议荒地是申请人最先开垦耕种的事实。

（二）被申请人的主张及依据

被申请人认为争议之地系其承包的私山（林地），并不是申请人开垦的荒山，申请人所述不属实，请求依法驳回申请人请求。但被申请人并未在法定期限内向仲裁委提供任何合法有效的证据支持自己的主张。

三、本案争议焦点

争议荒地是谁最先开垦并耕种管理。

四、本案查明的事实

本案经庭审及现场勘验查实，本案争议之地（名为坪子上的地块）系申请人最先开垦并耕种管理多年的荒地，后因申请人外出务工，被申请人耕种管理该地至今。

五、裁决依据及结果

根据《民法总则》第七条与公序良俗原则"民事主体从事民事活动，不得违反法律，不得违背公序良俗"，国务院办公厅《关于进一步做好治理开发农村"四荒"资源工作的通知》（国办发〔1999〕102 号）第二条第一款"农村集体经济组织者的农民都有参与治理开发'四荒'的权利，同时积极支持和鼓励社会单位和个人参与，在不同条件下，本集体经济组织内的农民享有优先权"和第四款"要严格执行谁治理、谁管护、谁受益的政策，切实保护治理开发者的合法权益。治理开发者在规定的承包、租赁或拍卖期内享有'四荒'使用权。'四荒'使用权受到法律保护，依法享有继承、转让（租）、抵押或参股联营的权利。要广泛宣传教育，增强干部群众的法治理念提高其维护治理开发者利益的自觉性，执法部门要及时依法处理和打击各类损害、破坏、侵犯治理开发成果的行为"以及《中华人民共和国农村土地承包法》第八条"国家保护集体土地所有者的合法权益，保护承包方的土地承包经营权，任何组织和个人不得侵犯"之规定，并经调解无效后作出如下裁决：

位于东丰县 W 乡 Y 村小地名为坪子上的土地经营权归申请人。

六、案例评析

本案涉及农户合法权益受侵犯后如何保护的问题，农户开垦的土地，根据农村风俗习惯，已形成了"谁开垦谁耕种管理"的公序良俗原则，根据《民法总则》第七条与公序良俗原则，"民事主体从事民事活动，不得违反法律，不得违背公序良俗"。本案中涉案土地系申请人最先开垦的，故应由申请人耕种管理。根据《国务院办公厅关于进一步做好治理开发农村"四荒"资源工作的通知》（国办发〔1999〕102 号）文件规定，申请人属于本村集体经济组织成员，有权参与荒地的开发，并且根据"谁治理、谁管护、谁受益"的原则，该荒地经营权属于申请人。

农村土地征用纠纷类

案例 24 ▸ 土地征用后剩余部分的权属认定

一、案情简介

申请人赵德志与被申请人龚小平在地名为马槽田的土地相邻，修高速公路时征收申请人与被申请人在马槽田的土地。公路修成后还剩余有部分土地，申请人赵德志认为剩余土地系其未被征收完的土地，遂准备了水泥、沙石等建筑材料，准备在剩余土地上修建房屋。被申请人也认为剩余土地系其未被征收完的土地，于是阻止申请人在争议之地修建房屋，双方因此产生纠纷。申请人遂向农村土地承包仲裁委员会申请仲裁，请求依法裁决马槽田被征收后剩余的 233.68 平方米的土地的经营权归申请人所有，并裁定被申请人赔偿因阻工造成申请人购买的 10 吨水泥、3 吨多钢筋、沙子、石块、砖块及人工工资共51 000 元损失。

二、当事人诉辩主张及依据

（一）申请人主张及依据

申请人认为，申请人与被申请人在马槽田均有自留地，两人土地相邻。2012 年修建高速公路征收两人的土地时，被申请人的自留地 0.868 5 亩已全部被征收，获得 3 万多元的土地征收补偿款。而申请人在马槽田的自留地共 260 平方米只征收了 26.32 平方米（0.039 5 亩），获得 1 000 多元的征收补偿款，还剩余 233.68 平方米未被征收。因此修建高速公路后剩余自留地的经营权归申请人享有。申请人购买了 10 吨水泥、3 吨多钢筋、沙子、石块、砖块并组织工人在该地上修建房屋，遭受被申请人阻拦，造成申请人损失 51 000 元，被申请人应予以赔偿。

为支持其主张，申请人提供如下证据：

①证人王国金出具的一份证明，证明申请人在马槽田有自留地。

②争议之地所在的社区出具的证明，证明申请人在马槽田的自留地四至界限情况。

③申请人与被申请人的《某高速公路项目建设征收土地勘丈登记表》。证明申请人被征收的土地为 0.039 5 亩，被申请人被征收的土地为 0.868 5 亩。

（二）被申请人主张及依据

被申请人认为，申请人称其土地被征收后还剩余 233.68 平方米，被申请人土地被征收 0.868 5 亩，数据来源皆不真实，被征收后剩余的自留地中还有被申请人的未被征收的自留地。但被申请人未在法定期限内递交任何合法有效证据支持其主张。

三、本案争议焦点

土地被征收后，被申请人在马槽田是否还有剩余土地。

四、本案查明的事实

为查清案件事实，仲裁委员会经庭审后，依职权进行了实地现场查勘，根据庭审中申请人提供的证明申请人在马槽田的自留地的四至界限及申请人与被申请人的《某高速公路项目建设征收土地勘丈登记表》，进行了现场比对。查实，申请人与被申请人在马槽田的土地相邻，某高速公路项目建设时征收了申请人与被申请人在马槽田的土地，先征收完被申请人的自留地后不够又征收了申请人的部分自留地；申请人还剩余有部分自留地未被征收，剩余的未被征收的自留地正是申请人未被征收的自留地。

五、裁决依据及结果

本案经调解不成，根据申请人与被申请人提供的《某高速公路项目建设征收土地勘丈登记表》上载明的事实，依据《中华人民共和国物权法》第四条

"国家、集体、私人的物权和其他权利人的物权受到法律保护，任何单位和个人不得侵犯"之规定，裁决如下：

涉案土地的经营权归申请人所有，被申请人龚小平应立即停止侵权行为。

驳回申请人的其他仲裁请求。

六、案例评析

本案属于土地征收后剩余部分的权属纠纷，如何判定当事人双方在马槽田处是否还剩有土地是本案重点。申请人与被申请人的承包土地是接壤的，但根据地块位置及高速公路征收情况，是先征收被申请人的土地，征收后不够再征收申请人的土地；若被申请人的土地还有剩余，则不可能征收到申请人的土地，而被申请人土地征收部分四至界限中靠两户土地接壤的方向界限应为被申请人本人，不可能是申请人。

根据申请人与被申请人的《某高速公路项目建设征收土地勘丈登记表》对比显示，被申请人在马槽田的土地已被征收完，剩余的土地是申请人的，其无故干涉申请人在自己征收后剩余的土地上建房的行为，侵害了申请人的物权，违反了《中华人民共和国物权法》第四条之规定。关于申请人请求依法裁决被申请人赔偿因阻工造成申请人购买的10吨水泥、3吨多钢筋、沙子、石块、砖块及人工工资等共51 000元损失的主张，因申请人未在规定期限内向仲裁庭提供因阻工行为导致该损失的证据，申请人应承担举证不力责任，因此，仲裁委驳回申请人此项请求。

案例 25 因征收土地产生的纠纷如何处理

一、案情简介

申请人王忠贵与被申请人陈光福土地承包纠纷一案。申请人请求依法裁决位于Q区T镇A村店子组水井湾四至界限为东抵陈光福承包地、南抵大沟、西抵陈德相承包地、北抵王华林承包地，面积为1 015平方米的林地征收前的承包经营权归申请人王忠贵享有。

在1986年分土地时，店子组将上述涉案林地分给申请人王忠贵。王忠贵一直经营管理至2012年国家征收该涉案林地，被申请人陈光福突然称其拥有该林地的承包经营权，并要求政府确权给自己，双方因此发生纠纷。

二、当事人诉辩主张及依据

（一）申请人主张及依据

申请人认为，1986年A村党支部书记兼村委会主任陈光贵、店子组组长陈光志、副组长陈光福、群众代表陈光明等人将涉案林地分给申请人户，之后该林地一直由申请人经营管理且多年无争议。2012年，因政府修建新城二道征收该林地，被申请人便称该林地归其所有，双方就涉案土地的承包经营权产生纠纷，导致申请人至今未得到相应征地补偿款。为此，申请人向农村土地承包仲裁委员会申请仲裁，请求依法裁决上述涉案土地征用前的承包经营权归申请人王忠贵享有。

为支持自己的主张，申请人向仲裁庭提供以下证据：

①证人陈光志、陈光明纸质证言。拟证明涉案土地是分给王忠贵家的。

②上述两证人当庭证言。证人出庭作证，一是印证前面所举的书证；二是当事人双方争议的林地是划分给申请人户的。

（二）被申请人主张及依据

被申请人认为，自己从1986年承包涉案土地及周边荒山以来，一直耕种管理二十余年，近年来由于农业经济效益不好及本人年迈体弱等原因，未继续耕种管理涉案土地，但并未改变其承包经营权归属。在被申请人对涉案土地进行耕种管理期间，陈光志、陈光明（二人系王忠贵亲戚）及王忠贵均未提出过任何异议，后因政府征收涉案林地修建公路，申请人受到利益驱使便称该林地承包经营权归其所有。申请人于2015年2月11日向T镇人民政府提出对涉案林地确权申请，T镇政府于2015年5月20日作出了《关于A村店子组陈光福与王忠贵承包林地权属争议的处理决定》，认定申请人王忠贵户享有涉案土地承包经营权。被申请人不服上述决定向Q区人民政府申请行政复议，Q区人民政府于2015年12月11日作出了《行政复议决定书》（Q区府行复决字

〔2015〕第××号），维持T镇人民政府的处理决定。被申请人不服该行政复议决定，遂于2016年1月5日向D县人民法院提起行政诉讼，D县法院作出了〔2016〕黔0521行初×号行政判决书，判决撤销T镇人民政府作出的《关于A村店子组陈光福与王忠贵承包林地权属争议的处理决定》和Q区《行政复议决定书》。T镇人民政府不服该判决，向市中级人民法院提起上诉，市中级人民法院作出了行政判决书，维持一审原判。

被申请人认为，综上所述，涉案土地的承包经营权归被申请人，申请人的请求无事实及法律依据，请求仲裁庭依法予以驳回，以维护被申请人的合法权益。

被申请人在法定期限内未向农村土地承包仲裁委员会提供任何合法有效证据。

三、本案争议焦点

1. 在法院作出〔2016〕黔0521行初×号行政判决书、市中级人民法院作出〔2016〕黔05行终××号行政判决书后，是否将涉案土地的承包经营权判给了被申请人。

2. 涉案土地的承包经营权归谁。

四、本案查明的事实

仲裁委为查清事实，一是依职权到纠纷地现场勘验，发现该纠纷地已被泥土覆盖，四至界限已被破坏；二是依法从T镇综合治理办公室调取了与本案相关的案卷D县人民法院及市中级人民法院的行政判决书以及T镇政府对陈光贵和陈光志的调查笔录，结合该二人出具的证明，证实涉案土地是分给王忠贵户；三是根据从T镇政府调取的《项目建设征用土地勘丈登记表》可知涉案土地四至界限为一边抵陈光政地，一边抵陈德相地、一边抵丁元学地，一边抵小亚林地。

经查实，甲区T镇A村店子组于1986年将零星林地划分给个人管理使用，将位于该组水井湾面积为1 015平方米的林地划分给王忠贵户。2012年，因修建公路征用，陈光福与王忠贵对涉案土地使用权（实际为林地承包经营权）发生争议。陈光福与王忠贵分别向 T 镇政府申请土地确权。T 镇政府于 2015 年 5 月 20 日作出处理决定（某镇府处决字〔2015〕×号），将争议地承包经营权确认给王忠贵。陈光福不服，向 Q 区人民政府申请行政复议，2015 年 9 月 22 日，Q 区政府受理了陈光福的复议申请，并于 2015 年 12 月 11 日作出了《行政复议决定书》（Q 区府行复决字〔2015〕第××号），维持了 T 镇政府的处理决定。陈光福不服该行政复议决定，于是向 D 县人民法院提起行政诉讼，D 县人民法院于 2016 年 4 月 8 日作出〔2016〕黔 0521 行初×号行政判决书，判决撤销 T 镇及 Q 区人民政府的行政行为，T 镇政府对人民法院的判决不服向市中级人民法院提起上诉，市中级人民法院于 2016 年 10 月 26 日作出《行政判决》书（〔2016〕黔 05 行终××号），维持了一审判决，两级人民法院均未对涉案土地权属进行明确，于是申请人王忠贵向农村土地承包仲裁委员会申请仲裁，请求依法裁决被征用前涉案土地承包经营权归王忠贵。

五、裁决依据及结果

本案经调解不成，根据 D 县人民法院、市中级人民法院查明的事实，以及《中共中央办公厅、国务院办公厅关于进一步稳定和完善农村土地承包关系的通知》（1997 年 8 月 27 日中办发〔1997〕16 号）第二条"认真做好延长土地承包期的工作。在第一轮土地承包即将到期之前，中央就明确宣布，土地承包期再延长 30 年不变，造林地和'四荒'地治理等开发性生产的承包期可以更长，并对土地使用权的流转制度作出了具体的规定。各地区一定要按照中央的政策规定执行。在具体工作中，必须明确以下几点：（一）在第一轮土地承包到期后，土地承包期再延长 30 年，指的是家庭土地承包经营的期限。集体土地实行家庭联产承包制度，是一项长期不变的政策。（二）土地承包期再延长 30 年，是在第一轮土地承包的基础上进行的。开展延长土地承包期工作，要使绝大多数农户原有的承包土地继续保持稳定。不能将原来的承包关系打乱重新发包，更不能随意打破原生产队土地所有权的界限，在全村范围内平均承包。已经做了延长土地承包期工作的地方，承包期限不足 30 年的，要延长到 30 年"之规定，裁决如下：

涉案林地在征用前的承包经营权归申请人王忠贵。

六、案例评析

本案涉及征用土地，因利益驱使导致侵权纠纷。根据人民法院查明的事实，位于T镇A村店子组水井湾面积为1 015平方米的林地系经店子组生产队于1986年划分给王忠贵户的，这是本案的关键之处；再根据《中共中央办公厅、国务院办公厅关于进一步稳定和完善农村土地承包关系的通知》第二条之规定，该林地从分地时到被征用前期间的承包经营权应归王忠贵户。

案例26 土地承包经营权证与档案局的存档不相符的有效性认定

一、案情简介

申请人王珍前与被申请人王珍后（申请人之弟）农村土地承包纠纷一案。申请人请求依法裁决位于Q县T镇E村三组小地名为畏驹娘娘（公路下面）的土地承包经营权归申请人享有。

2014年5月，政府因修建某水利枢纽工程进行征地，被申请人领取了涉案土地畏驹娘娘（公路下面）的征地预付款。而申请人认为涉案土地是其承包地，被申请人与征收单位签订涉案土地《征地补偿补助预付协议书》，冒领征地款的行为侵犯了其合法权益，于是向Q县农村土地承包仲裁委员会申请仲裁。

二、当事人诉辩主张及依据

（一）申请人主张及依据

第一轮土地承包时，申请人与被申请人等家庭成员以父亲王训诗为承包户主在E村三组承包了土地，其中在畏驹娘娘有两块地，分为公路上面和公路下面。

1995年申请人成家后，与其父分户，并将其承包的土地从原王训诗户分出耕种，并登记在申请人户的第二轮《土地承包经营权证》中，包括畏驹娘娘（公路上面）、畏驹娘娘（公路下面），地块四至界限清楚。

2014 年 5 月，某水利枢纽工程区三通一平建设项目需征收申请人的土地，被申请人与征收单位签订了申请人承包的畏驹娘娘（公路下面）地块的《征地补偿补助预付协议书》，领取了 35 300 元的征地预付款，并拒绝给申请人。

为支持其主张，申请人提供了如下证据：

①申请人户第二轮《土地承包经营权证》。拟证明涉案土地承包经营权归申请人享有。

②被申请人与征收单位签订的《某水库工程征地预付协议书》。拟证明被申请人无权以自己的名义与政府签订该协议。

（二）被申请人主张及依据

1995 年申请人结婚后分户，王训诗户划分了一部分土地给申请人；之后，在 E 村村委会领导和家族长辈见证下，家庭内部对王训诗户剩余土地进行分割。申请人分得土地包括畏驹娘娘（公路上面），被申请人分得土地包括畏驹娘娘（公路下面）土地。2014 年 5 月政府征收土地时村委会通知户主量地，当时申请人和被申请人一同前往。因申请人土地未在征收范围，所以在后来赔偿时没有领到补偿款。

为支持其主张，被申请人提供了从档案局调取的申请人户《延长农村土地承包期情况登记表》、被申请人与征收单位签订的《某水库工程征地预付协议书》、涉案土地绘图一份、证明两份。拟证明畏驹娘娘土地公路上面有一块，下面有一块，被征用的下面一块属于被申请人。

三、本案争议焦点

争议地畏驹娘娘（公路下面）的土地承包经营权属于谁。

四、本案查明的事实

1980 年第一轮土地承包时，申请人与被申请人等家庭成员以父亲王训诗为承包户主承包了 E 村三组的土地，包括地名为畏驹娘娘（公路上面）、畏驹娘娘（公路下面）的土地。

在第一轮土地承包期间，申请人与被申请人家庭内部把王训诗户承包的土地分割给申请人与被申请人，第二轮土地延包时政府颁发了《土地承包经营权证》。

申请人户的第二轮《土地承包经营权证》地块登记完整，四至界限清晰，但首页与明细登记页笔迹不一致，有涂改；而被申请人户的《土地承包经营权证》仅首页填写完善，明细登记页并无内容；经走访该村多家农户，这些农户出示的第二轮《土地承包经营权证》均只填写登记首页，而村委会无法出具第二轮农村土地承包期情况登记备案表。申请人提交的《土地承包经营权证》上的畏驹娘娘（东至珍磊等地，南至珍德地，西至兴义等地，北至训前等地）与档案局存档的《延长农村土地承包期情况登记表》涉案土地畏驹娘娘（东二组地，西王珍后地，南王珍后地，北六组地）的四至界限不一致。经现场勘验，畏驹娘娘（公路上面）地的四至界限与申请人户档案局存档登记表相吻合。

五、裁决依据及结果

本案经调解不成，依据《中华人民共和国农村土地承包法》第九条"国家保护集体土地所有者的合法权益，保护承包方的土地承包经营权，任何组织和个人不得侵犯"、《中华人民共和国农村土地承包经营权证管理办法》第四条"实行家庭承包经营的承包方，由县级以上地方人民政府颁发农村土地承包经营权证"及第九条"农村土地承包经营权证登记簿记载农村土地承包经营权的基本内容。农村土地承包经营权证、农村土地承包合同、农村土地承包经营权证登记簿记载的事项应一致"之规定，裁决如下：

争议地畏驹娘娘（公路下面）的土地承包经营权归被申请人享有。

六、案例评析

本案是因政府征收土地而引发土地权属争议纠纷，对《土地承包证经营权证》与档案局存档的第二轮《延长农村土地承包期情况登记表》不相符的有效性认定，将对本案的裁决起到决定作用。

依据《中华人民共和国农村土地承包法》第二十三条和《中华人民共和国农村土地承包经营权证管理办法》第四条规定，农村土地承包，县级以上人民政府应颁发农村土地承包经营权证;《中华人民共和国农村土地承包经营权证管理办法》第九条规定,农村土地承包经营权证、农村土地承包合同、农村土地承包经营权证登记簿所登记的内容应一致。本案中,申请人持有的第二轮《土地承包证经营权证》确系甲县人民政府颁发,但登记的涉案土地的地块明细与档案局存档的《延长农村土地承包期情况登记表》不一致,且该证与本村内其他农户的第二轮《土地承包经营权证》存在较大不同。产生的原因主要为第二轮土地延包时,部分地方存在颁发空证书或为避免缴纳农业税费而登记不全等情形。申请人户证书中登记有明确的地块及四至界限,而该村其他农户仅登记首页内容完善,明细登记页空白,为该村颁发空证实情。因此,申请人提交的第二轮《土地承包经营权证》效力待定。现场勘验结果为畏驹娘娘(公路上面)的四至界限与申请人户档案局存档的情况登记表相吻合,且四至中西王珍后(厚)地,南王珍后(厚)地,即可确认申请人享有畏驹娘娘位于公路上面的土地,而被申请人享有公路下面的土地。

其他纠纷类

案例 27 在法定期限内未主张权利的承包土地纠纷

一、案情简介

申请人王晓玉与被申请人张玉芳、张学银土地承包纠纷一案。申请人请求依法裁决涉案土地（面积为 0.371 亩）的承包经营权归申请人享有，并裁决二被申请人立即停止土地侵权行为。

2002 年，H 县 Q 镇 D 村村委会为修通组路需占用申请人的承包土地。申请人要求村委会协调土地进行互换，于是村委会将被申请人户的部分土地当成农转非之地与申请人进行置换。调整之后，申请人的土地用于修路，而被申请人户的土地（即涉案土地）由申请人耕种管理。直到 2017 年农村土地确权登记颁证时，被申请人才提出该土地的承包经营权归自己，于是强行将申请人栽种在涉案地里的树木砍掉。申请人诉至人民法院后该涉案土地权属仍未解决，遂向农村土地承包仲裁委员会提起仲裁。

二、当事人诉辩主张及依据

（一）申请人主张及依据

在 2002 年 H 县 Q 镇 D 村村委会修通组路时，村支两委将已经农转非的申时龙（被申请人张玉芳的公公）土地抽出与申请人王晓玉土地置换。置换后申请人王晓玉原有土地用于修路，原属申时龙的 0.371 亩土地（即涉案土地）永久归申请人王晓玉耕种管理，之后该土地一直由申请人王晓玉经营管理。

2017 年 11 月 11 日，被申请人以该土地承包经营权归其所有为由，将地里的树木毁损。申请人遂请求村委会及镇派出所协调解决，但被申请人不服从调解，于是申请人在2018年4月2日将其诉至H县人民法院。法院判令被申请人赔偿毁损树木的损失，但未对该土地承包经营权进行判决。实际上，涉案土地在置换时有村支书王有才、村委会主任王金银、村民组长王长龙等人参与划定处理。在Q镇派出所的笔录中，被申请人也供述当年土地是申时龙的，该土地来源合法，与被申请人没有任何关系。且被申请人这么多年才主张权利，已超过法律保护的有效期。以上事实有人民法院依法向村委会调查取证时村委会出具的证明及之前给申请人出具的证明为证。

为支持其主张，申请人向仲裁委员会提供D村村委会出具的证明一份（该证明为协调土地修路的情况）。拟证明涉案土地来源的合法性。

（二）被申请人主张及依据

一是涉案土地的承包经营权系被申请人享有；二是申请人所称涉案土地系村委会将申时龙已农转非的土地进行调整的情况不属实，申时龙并没有参与第一轮土地承包，因此不存在申时龙农转非土地被村委会收回的事实；三是涉案土地的承包经营权是以吕敬生（被申请人张玉芳丈夫的奶奶）为户主承包的土地，当时该户内有五个人参加承包，申时龙不在这五人之内；四是涉案土地经第二轮土地延包登记时已经明确给曹德发（被申请人张学银之子）和曹德忠（被申请人张玉芳之子）；五是当时修路调换的土地是补了钱的，不存在调换的情况。综上，被申请人请求农村土地承包仲裁委员会驳回申请人的申请请求。

为支持其主张，被申请人向仲裁委提交D村村委会出具的证明一份。拟证明涉案土地是王平定（张玉芳的婆婆）、吕敬生户的土地，申时龙并没有参与土地承包，更不存在申时龙因农转非，村委会把其土地收回的事实。

三、本案争议焦点

1. 申时龙在第一轮土地承包时是否分有土地（即涉案土地）；若分有土地，在2002年修路时是否存在村委会为修通组路将其土地置换给申请人王晓玉户的事实。

2. 本案是否已经超过仲裁时效。

3. 涉案土地的承包经营权归谁。

四、本案查明的事实

为查清案件事实，仲裁委依职权进行了实地现场查勘，并于2019年11月1日追加D村村委会作为第三人进行了开庭审理。经现场勘验涉案土地，庭审中被申请人出示的新证据与本案无关，故该证据已依法排除。

经查实，吕敬生有二子，长子申时龙（其妻子为王平定），次子申时虎（妻子为张学银），张玉芳系申时龙与王平定的儿媳。在第一轮土地承包时，以吕敬生为户主的承包户在村里承包了土地（包括涉案土地），申时龙因作为国家工作人员并未参与该户在村里承包土地。到2002年，因D村修建通组路需要占用到申请人的土地，于是村委会将申请人的土地与涉案土地进行调换修路。申请人将涉案土地耕种管理至2017年农村土地确权登记时，被申请人以村委会将该土地确权登记在张学银之子曹德发和张玉芳之子曹德忠名下（实际并不存在该事实）为由，主张该土地承包经营权归自己，双方因此发生土地承包经营权纠纷。经镇、村多次调解未果，并经H县人民法院作出民事判决书。该判决书仅对纠纷过程中损毁的树木进行判决，并未对涉案土地的承包经营权作出判决，申请人王晓玉遂向H县农村土地承包仲裁委员会提请仲裁。

五、裁决依据及结果

根据《中华人民共和国物权法》第一百零六条"无处分权人将不动产或者动产转让给受让人的，所有权人有权追回；除法律另有规定外，符合下列情形的，受让人取得该不动产或动产的所有权：1.受让人取得该不动产或者动产时是善意的；2.以合理的价格转让；3.转让的不动产或者动产依照法律规定应当登记的已经登记，不需要登记的已经交付给受让人。受让人依照前款规定取得不动产或者动产的所有权的，原所有权人有权向无处分权人请求赔偿损失。当事人善意取得其他物权的，参照前两款规定"、第一百零七条"所有权人或者其他权利人有权追回遗失物，该遗失物通过转让被他人占有的，权利人有权向无处分权人请求损害赔偿，或者自知道或者应当知道受让人之日起二年内请求返还原物，但受让人通过拍卖或者向具有经营资格的经营者购得该遗失物的，权利人请求返还原物时应当支付受让人所付的费用。权利人向受让人支付所付费用后，有权向无处分权人追偿"以及《中华人民共和国农村土地承包法》第八条"国家保护集体土地所有者的合法权益，保护承包方的土地承包经营权，任何组织和个人不得侵犯"之规定，经调解无效，裁决如下：

申请人王晓玉与被申请人张玉芳、张学银双方争议的土地承包经营权归申请人王晓玉。

被申请人张玉芳、张学银立即停止对王晓玉涉案土地的承包经营权的侵权行为。

六、案例评析

本案有两个重点：

一是申请人善意取得涉案土地的承包经营权。农村承包土地作为农民的物权，受我国物权法调整。本案中村委会将吕敬生户的承包土地当成农转非土地置换修路（涉案土地并未依法进行登记），该调整行为侵犯了吕敬生户的土地承包经营权，而申请人却因该行为善意取得涉案土地。根据《中华人民共和国物权法》第一百零六条之规定，村委会作为与原承包户（吕敬生一户）承包合同关系的一方，单方调整原承包合同关系，并与申请人确立新的承包合同关系，申请人在两个合同关系的变换中属于善意第三人。申请人耕种管理的涉案土地来源于村里修建通组路时村委会对土地的调整，在申请人与被申请人之间介入村委会的调整行为，申请人用自己的土地调换该涉案土地并与村委会确立新的承包合同关系可视为等价转让土地承包经营权，且是基于善意的。

二是被申请人明知自己的土地承包经营权受到侵害，未在法定期限内主张权利便丧失土地承包经营权。村委会将被申请人的承包土地（涉案土地）调整给申请人后，从2002年至2017年一直由申请人耕种管理，按照农村生活习惯，被申请人知道或应当知道该行为侵犯自己的农村土地承包经营权，但十五年来未主张过任何权利。根据《中华人民共和国物权法》第一百零七条之规定，本案中二被申请人并未在两年内主张权利，因此失去涉案土地的承包经营权。

案例28 自留地使用权纠纷

一、案情简介

申请人吴传秀与被申请人杨兰忠土地承包纠纷一案。申请人请求依法裁决其与被申请人争议的位于G镇S村十一组吴传秀房屋右上方土地的承包经营权归申请人。

因申请人之子汤国兵得到国家危房改造项目，欲在涉案土地上建房，被申请人以该地是其林地为由阻碍申请人一家动工，双方因此产生纠纷。为解决该纠纷，申请人向H县农村土地承包仲裁委员会提请仲裁，依法维护申请人的合法权益。

二、当事人诉辩主张及依据

（一）申请人主张及依据

申请人认为，涉案土地位于汤国兵老房屋后，土地面积约200余平方米，四至界限为：前抵汤国兵老房子公路，后抵竹林坎，左抵李道理家祖坟（现已迁走），右抵李道理家住宅。1963年至第一轮土地承包期间该涉案土地一直由刘先秀（申请人外婆）户耕种管理，第一轮土地承包后，涉案土地被划为汤玉梅（申请人配偶，现已去世）户的自留地，1983年刘先秀去世后，涉案土地一直由申请人耕种管理至今，被申请人从未对涉案土地主张任何权利。现申请人之子汤国兵无房屋居住，拟在涉案土地上建房（宅基地手续在申办中），被申请人却称该土地归其享有，干涉申请人动工，严重侵犯申请人的合法权益。根据《中华人民共和国农村土地承包法》第五条第二款"任何组织和个人不得剥夺和非法限制农村集体经济组织成员承包土地的权利"和第五十一条第二款"当事人不愿协商、调解或者协商、调解不成的，可以向农村土地承包纠纷仲裁机构申请仲裁，也可以直接向人民法院起诉"之规定，提请农村土地承包仲裁委员会仲裁，被申请人侵害了申请人的合法权益。

为支持其主张，申请人向仲裁委员会提供申请人的身份证复印件及户籍证明。证明申请人的主体资格适格。

本案在审理过程中，申请人称被申请人在当地很强势，其他知悉人员不敢作证，无法收集到其他有效证据，故申请人当庭请求仲裁委员会进行现场勘验并依法取证。

（二）被申请人主张及依据

被申请人认为，作为涉案土地的归属人，拥有《林权证》证明涉案土地归己所有，林权证上明确的林地范围与实际相符，涉案土地也包括在内，请农村土地承包仲裁委员会依法实地调查并作出裁决。

被申请人并未在法定期限内向仲裁委员会提交任何合法有效证据。

三、本案争议焦点

1. 涉案土地是否登记在被申请人杨兰忠提供的《林权证》上。

2. 当事人双方争议土地的使用权归谁。

四、本案查明的事实

为查清案件事实，仲裁委员会依职权调查了申请人和被申请人提供的证人，并进行实地现场查勘，明确争议土地四至界限，同时函请H县林业局指派高级工程师现场用杨兰忠提供的林权证图斑与纠纷地块比对，通过GPS定位等技术，出具技术鉴定意见书，认定涉案土地不在该林权证上。

本案事实为：第一轮土地承包前，涉案土地被划为申请人吴传秀一家的自留地，当时申请人吴传秀的婆婆（汤玉梅）就开始耕种管理涉案土地，起初是用来种酥麻，到申请人丈夫汤玉梅作为户主时，又将该地改种竹子，一直由申请人一家耕种管理至今，现申请人之子汤国兵欲在涉案土地上建房，杨兰忠便以该土地是其林地为由阻碍申请人一家使用。

五、裁决依据及结果

根据1962年《农村人民公社工作条例（草案）》第三十七条"人民公社社员可以经营以下的家庭副业生产：耕种由人民公社分配的自留地，自留地一般占当地耕地面积的百分之五，长期归社员家庭使用"以及《中华人民共和国物权法》第四条"国家、集体、私人的物权和其他权利人的物权受到法律保护，任何单位和个人不得侵犯"之规定，并经调解无效后裁决如下：

申请人吴传秀与被申请人争议的土地使用权归吴传秀。

六、案例评析

本案涉及农户自留地合法权益保护问题。除因国家依法征用、征收或流转、不可抗力损毁等情况外，农户分到的自留地应由农户一直管理使用。根据1962年的《农村人民公社工作条例（草案）》第三十七条所指的社员相当于现在的农户，故申请人依法取得该涉案土地的长期使用权。自留地作为农户的物权，依法受到《中华人民共和国物权法》的保护。

案例29　服刑人员因超过申请土地承包经营权期限而失去承包权益的纠纷

一、案情简介

申请人张光达于1980年取得名为狮子山、湾子头、松林湾子三个地块的承包经营权，后因其多次入狱，被申请人户便耕种管理了上述土地。到第二轮土地延包时，村委会将涉案土地发包给以被申请人母亲汤雨芳为户主的承包户耕种管理。直到2017年，申请人才要求被申请人归还土地，双方因此发生了土地承包经营权纠纷。

二、当事人诉辩主张及依据

（一）申请人主张及依据

申请人认为，自己于1980年取得位于现G县N镇Z村狮子山、湾子头、松林湾子三地块的土地承包经营权。之后因多次入狱服刑，申请人便与同一村民组的被申请人一家商议，将其承包地以每年每亩150公斤粮食作为交换，出租给被申请人一家耕种。2017年申请人刑满释放，发现被申请人将其承包土地侵占，被申请人拒绝归还申请人土地。申请人遂向镇政府反映要求处理，G县N镇人民政府于2018年11月26日出具《关于张光达反映事项处理意见书》，作出因被申请人不配合调解，建议申请仲裁的答复。

在仲裁过程中申请人未在法定期限内向仲裁委员会提供任何合法有效证据。

（二）被申请人主张及依据

为支持自己的主张，被申请人出具了1994年Z村村委会发包给汤雨芳为户主，并登记有涉案土地狮子山、湾子头、松林湾子三地块的《农村土地承包经营权证》。

三、本案争议焦点

汤雨芳户《农村土地承包经营权证》上载明的狮子山、湾子头、松林湾子三地块的土地承包经营权归谁。

四、本案查明的事实

申请人于1980年取得位于G县N镇Z村狮子山、湾子头、松林湾子三地块的土地承包经营权，后因申请人多次入狱，被申请人耕管了上述涉案争议土地。到第二轮土地延包时，Z村村委会将申请人的承包地发包给以汤雨芳为户主的承包户，一直耕种至今。2017年申请人刑满释放，遂要求被申请人归还涉案土地，双方因此发生了土地承包经营权纠纷。G县N镇人民政府于2018年11月26日出具《关于张光达反映事项处理意见书》，建议申请仲裁，申请人遂向G县农村土地承包仲裁委员会提请仲裁，请求依法裁决上述涉案土地的承包经营权归申请人，并裁决被申请人向申请人支付耕管土地期间的耕种收益。

五、裁决依据及结果

根据《中华人民共和国农村土地承包法》第八条规定："国家保护集体土地所有者的合法权益，保护承包方的土地承包经营权，任何组织和个人不得侵犯。"被申请人已获得涉案土地承包经营权证书，依法取得该土地的承包经营权应受到保护。根据《中华人民共和国农村土地承包法》第五条"农村集体经济组织成员有权依法承包由本集体经济组织发包的农村土地。任何组织和个人不得剥夺和非法限制农村集体经济组织成员承包土地的权利"和第九条"承包方承包土地后，享有土地承包经营权"之规定，经调解无效，裁决如下：

驳回申请人张光达仲裁请求。

六、案例评析

本案有两个重点：一是申请人主张权利的方向问题。申请人无涉案土地承包经营权证，而被申请人向仲裁委员会提供了涉案土地的《农村土地承包经营权证》，实际上是村委会在申请人服刑过程中，违法调整承包地，侵害了申请人的合法权益，但申请人并未就该侵权行为主张其权利，而是直接请求仲裁委员会依法裁决涉案土地归自己，明显是请求方向错误。二是被申请人取得的《农村土地承包经营权证》的问题。在第一轮土地承包时村里发包给张光达的土地，在第二轮土地延包时被村委会发包给以被申请人母亲汤雨芳为户主的承包户，并已登记在汤雨芳户的土地承包经营权证上。土地承包经营权作为物权法中的用益物权，若当事人一方有权证的，以登记作为权利归属认定，按一般程序是申请人应就被申请人所提供的《农村土地承包经营权证》上关于涉案土地的登记行为向上级人民政府提起行政复议或向人民法院提起行政诉讼，撤销该登记行为后再申请土地权属仲裁。三是本案中申请人主张权利的时间已超过《中华人民共和国行政诉讼法》规定的最长二十年的诉讼时效，故法律不予支持。

案例30 土地分割协议违约后当事人权利如何保护

一、案情简介

申请人汤裕华与被申请人吉运龙、吉运虎，属于不同父母的兄弟关系，第一轮土地承包时，双方均作为新组建的家庭承包成员共同承包了该户土地，后因双方产生矛盾导致分家析产，并签订了协议（包括土地分配）。在协议履行过程中，被申请人违约，导致申请人的合法权益无法保障，申请人遂申请农村土地承包仲裁委员会依法裁决。

二、当事人诉辩主张及依据

（一）申请人主张及依据

申请人认为，1975 年申请人父亲过世后，母亲吕开元带着申请人来到 N 村与当地村民吉力探（二被申请人的父亲）组建新的家庭，申请人及其母亲成为 N 村的村民。第一轮土地承包时，申请人及其母亲作为 N 村的村民承包了相应的土地（包括田、地、山林、荒地）。由于家庭矛盾，2003 年申请人与被申请人在 N 村村委会的调解下达成协议，该协议明确规定位于 N 村七组小地名为窝窝丘、松林脚的承包地和刘家老坡的荒地及林地归申请人享有。在协议签订后，申请人按照协议负责母亲的生活起居直至去世，但是被申请人并没有按照协议将上述土地交由申请人耕种管理，而是一直强行占有。申请人为维护其合法权益，依据《中华人民共和国农村土地承包经营纠纷调解仲裁法》第二条第四项、第五项及第二十条之规定，特向 H 县农村土地承包仲裁委员会申请仲裁。

为支持自己的主张，申请人向仲裁委提交以下证据：

①B 村村委会 2017 年 4 月 14 日出具的证明一份。拟证明申请人在 B 村未分得有土地。

②《关于吉运龙、吉运虎、汤裕华就赡养双方老人晚年生活协议书》。拟证明涉案土地已经协商明确给申请人。

③证人曹长军当庭证言。拟证明涉案土地已经过协商明确给申请人。

（二）被申请人主张及依据

被申请人认为，吉运龙、吉运虎后娘从 B 村三组来 N 村七组与父亲组建新家庭时（汤裕华时年八岁），来到这边已有四十年时间。其父亲吉力探过世时，汤裕华要分家里的土地，在闹纠纷的过程中，曾请当时村干部曹长军、常开学等人调解过。汤裕华在 1994 年才提出返回 B 村。1980 年在 N 村分得承包土地的是汤裕华的大姐及其母亲，汤裕华及其二姐是在 B 村分得土地，当年因汤裕华强烈要求分家，没办法才请村委会进行调解过。村委会进行调解时曾说，如果汤裕华接他母亲回去赡养，就把他母亲的承包土地分一个人的给他，如果反悔就不能享受一个人的土地，且汤裕华还要向被申请人赔偿1 000元的违约金。

本案在庭审过程中，被申请人未在法定期限内向土地承包仲裁委员会提供合法有效证据。

三、本案争议焦点

1. 申请人是否在N村分得有土地。

2. 被申请人是否可以依据申请人未赡养老人吕开元为由而拒绝归还涉案土地。

3. 被申请人是否应依法赔偿申请人1 000元违约金。

四、本案查明的事实

为查清案件事实，仲裁委员会依职权进行了实地现场查勘，明确涉案土地四至界线。另根据被申请人吉运龙、吉运虎的答辩所述，申请人来到N村时已有八岁，跟随母亲一起来到N村的大姐及母亲在第一轮土地承包时均在该村分得有土地，而申请人与一起来的二姐在N村未分得有土地，这明显不符合逻辑。因为当时分土地的政策是只要已经出生的人均能分到土地，结合申请人在B村未分得土地的证明，能证明申请人及其二姐在N村分得有土地。

经查实，申请人汤裕华原为B村村民，其亲生父亲去世后，随母亲吕开元于1974年来到N村与吉力探（被申请人父亲）组建新的家庭，申请人遂跟着母亲来到新家庭一起生活。到第一轮土地承包时，该新组建的家庭以吉力探为户主在N村承包了土地，汤裕华为家庭承包成员之一。1986年申请人重新回到B村居住，且未在B村分得有土地，之后因家庭纠纷，于2003年7月14日在N村村民委员会的调解下，申请人与被申请人达成以下协议：①吉运龙、吉运虎负责赡养老人吉力探，汤裕华负责赡养老人吕开元。②位于N村七组窝窝丘、松林脚、刘家老坡及林地共计约5亩的涉案土地承包经营权归汤裕华。③双方若有违反上述协议，违约方赔偿对方违约金1 000元。在协议履行期间，被申请人吉运龙、吉运虎以申请人汤裕华未赡养老人吕开元为由拒绝把涉案土地归还汤裕华，当事人双方因此产生土地承包经营权纠纷。

五、裁决依据及结果

根据《中华人民共和国农村土地承包法》第八条"国家保护集体土地所有者的合法权益，保护承包方的土地承包经营权，任何组织和个人不得侵犯"和《中华人民共和国合同法》第八条"依法成立的合同，对当事人具有法律约束力，当事人应当按照约定履行自己的义务，不得擅自变更或者解除合同，依法成立的合同，受法律保护"之规定，经调解无效，裁决如下：

申请人汤裕华与被申请人吉运龙、吉运虎双方争议的位于N村七组小地名为窝窝丘、松林脚、刘家老坡的土地承包经营权及林地归申请人汤裕华。

驳回申请人汤裕华的其他仲裁请求。

六、案例评析

农村土地承包是以户为单位进行承包，参与承包土地的家庭成员均享有该户土地承包经营权，在家庭承包户户主去世后，其余家庭承包成员或其继承人可以依法继续承包该承包户土地。本案中汤裕华为该家庭承包成员之一，有权享有该户部分土地承包经营权，并受到《中华人民共和国农村土地承包法》第八条的保护。根据《关于吉运龙、吉运虎、汤裕华就赡养双方老人晚年生活协议书》显示，涉案土地经当事人双方同意明确分给汤裕华，且该协议名义上已经N村村民委员会备案，形成以汤裕华为承包方与发包方N村村民委员会双方共同意志下的承包关系。该协议中①与②为相互独立的条款，二者并无因果关系，无论①是否合法有效或申请人是否遵守，均不影响申请人土地承包权属的有效性，被申请人不得以申请人未赡养老人为由而侵犯申请人的土地承包经营权。

案例 31 农村土地承包经营权证登记错误引发的纠纷

一、案情简介

申请人杨小文、蔡梅、蔡艳、蔡涛、蔡海、蔡志琴，与被申请人X县L镇P村村民委员会，第三人蔡华东，土地承包纠纷一案，申请人请求依法确认，被申请人与第三人签订的《农村土地承包合同》登记的地块名为"背后麻窝刘家背后"由第三人承包之内容无效，并确认该地块的承包经营权归申请人杨小文、蔡艳、蔡梅、蔡海、蔡涛享有；裁决地块名为"老屋基"由第三人蔡华东承包之内容无效，并确认该地块三分之一的经营权归申请人杨小文、蔡艳、蔡梅、蔡海、蔡涛享有，三分之一归申请人蔡志琴享有，三分之一归第三人蔡华东享有。

二、当事人辩诉主张及依据

（一）申请人主张及依据

蔡华荣、蔡华文、蔡华东三人系吉顺莱之子，属弟兄关系，蔡艳、蔡梅、蔡海、蔡涛系杨小文与前夫蔡华荣的子女，蔡志琴系蔡华文之女。因吉顺莱有麻风病史，为防止传染他人，第一轮农村土地承包前，原生产队将位于X县L镇与F县W乡接壤的约7块共25亩的土地给他家耕种。第一轮土地承包时，X县人民政府就上述土地颁发《农村土地承包经营权证》给吉顺莱。该证载明承包户主为吉顺莱，其三个儿子蔡华荣、蔡华文、蔡华东成家分户后，吉顺莱自己管理耕种"杨家环边树林"和"老屋基"两处土地，其余土地平均分给蔡华荣、蔡华文、蔡华东三个儿子。其中申请人杨小文之前夫蔡华荣分得"背后麻窝地，刘家背后，陈家坡，老屋基，大土地，大坡角，张中华家背后，陈家屋基，杉树林，瓦家大沟"的地块。2012年12月21日，第三人称申请人杨小文现经营管理的"背后麻窝地及刘家背后"地块是他的承包地，要求申请人退还。申请人拒绝其无理要求后，第三人蔡华东便以"农村承包经营权纠纷"为案由，诉至X县人民法院。2014年4月3日X县人民法院开庭审理过程中，第三人向法庭提交了第二轮《农村土地承包经营权证》，申请人才知道，被申请人已将申请人的承包地发包给第三人蔡华东。此后，申请人便依法向某某市人民政府提起行政复议，请求撤销第三人持有的《农村土地承包经营权证》。某某市行政复议办公室复议认为，因L镇P村村委会已与第三人蔡华东签订《农村土地承包合同》，该复议机关无权撤销，故维持X县人民政府的颁证行为。同时，建议申请人如对农村土地承包合同有异议，可以向农村土地承包仲裁委员会申请仲裁或向人民法院提起诉讼。为维护申请人的合法权益，申请人特向仲裁委申请仲裁。

为支持其主张，申请人提供了八组证据（为精简案例，八组证据不一一列举）。

（二）被申请人主张及依据

未提出主张，未提供任何证据。

（三）第三人主张及依据

蔡华东认为，申请人杨小文是其兄弟蔡华荣的前妻，2012年12月21日，蔡华荣因病去世，杨小文及子女前来处理蔡华荣后事。后申请人杨小文称蔡华东家承包的一块土地，便将该块土地强占租给F县的邵光明等人耕种。第三人多次要求杨小文、邵光明等五人归还土地未果，于2014年1月6日向X县人民法院提起民事诉讼，申请人向某某市人民政府行政复议、行政诉讼。经某某市人民政府作出行政复议决定书，维持X县人民政府为第三人颁发《农村土地承包经营权证》的具体行政行为。申请人不服，提起行政诉讼，X县人民法院作出行政裁定，驳回杨小文等人的起诉。申请人再次提起上诉，某某市中级人民法院作出〔2015〕××中行终字第18号行政裁定书，裁定驳回杨小文等人上诉，维持原裁定。第三人认为自己持有的《农村土地承包经营权证》是由X县人民政府依法颁发，是证明承包方享有承包经营权的唯一、合法、有效的书面证据，该证清楚、完整记载了申请人提出仲裁申请的土地，所以涉案土地依法应有第三人享有土地的承包经营权。

为支持其主张，第三人提供了八组证据（为精简案例，八组证据也不一一列举）。

三、本案争议焦点

1. 被申请人与第三人蔡华东签订的《农村土地承包合同》中关于"背后麻窝地、刘家背后"地块内容，是否合法有效。

2. 涉案土地的承包经营权归谁。

四、本案查明的事实

申请人杨小文与前夫蔡华荣共生育子女蔡艳、蔡梅、蔡海、蔡涛四人。蔡华荣的大哥蔡华文生育一女蔡志琴。蔡华荣、蔡华文、蔡华东系弟兄关系。第一轮农村土地承包前，原生产队将位于X县L镇与F县W乡接壤的7块共25亩土地给吉顺莱一家耕种，第一轮土地承包时X县人民政府颁发了《农村土地承包经营权证》。蔡华荣、蔡华文、蔡华东成家分户后（在第一轮承包期间），吉顺莱、蔡华文、蔡华东、蔡华荣请詹天华、王光贵、熊世光帮忙，将土地平均分给蔡华荣、蔡华文、蔡华东。蔡华荣分得刘家背后及背后麻窝等地块，蔡华文分得大包包脚等地块，蔡华东分得林家丫口等地块。土地分好后，蔡华文、蔡华东、蔡华荣各家管理各自分得的土地。2006年12月25日，杨小文与蔡华荣离婚。蔡华荣将其土地租给邻居耕种。2012年12月21日，蔡华荣因病去世。

第二轮农村土地延包，P村村委会开展土地摸底工作时，蔡华东夫妇趁蔡华荣、杨小文不在场的情况下，将蔡华荣的承包地（争议地）"背后麻窝地及刘家背后"填写登记到蔡华东《农村土地承包经营权证》上。此后，蔡华东以持有《农村土地承包经营权证》起诉到X县人民法院，要求杨小文退还"背后麻窝地及刘家背后"地块，该县人民法院以不属其受理范围驳回蔡华东的诉讼。而杨小文方则以土地是自己家的承包地为由，先后提起行政复议、行政诉讼。某某市人民政府复议机关与X县人民法院均认为X县人民政府的颁证行为基于《农村土地承包合同》而产生，无权撤销《农村土地承包合同》，并建议向农村土地承包仲裁委员会申请仲裁撤销。

申请人杨燕、蔡涛户籍属L镇P村四组，系P村四组村民，现仍是蔡华荣户的家庭成员。

五、裁决依据及结果

根据《中华人民共和国农村土地承包经营纠纷调解仲裁法》第四十七条及《中华人民共和国农村土地承包法》第五条"农村集体经济组织成员有权依法承包由本集体经济组织发包的农村土地。任何组织和个人不得剥夺和非法限制农村集体经济组织成员承包土地的权利"以及《贵州省农村集体经济承包合同管理条例》第十五条"有下列情况之一的，为无效承包合同：（一）违反法律、法规和国家有关规定的；……（四）采取欺诈、胁迫等手段签订的；……"之规定，仲裁委裁决如下：

确认被申请人L镇P村村民委员会与第三人蔡华东签订的《农村土地承包合同》中关于"背后麻窝地及刘家背后"地块之内容无效。

被申请人L镇P村村民委员会与第三人蔡华东签订的《农村土地承包合同》中关于"背后麻窝及刘家背后"地块的承包经营权归申请人杨燕、蔡涛享有。

驳回申请人的其他仲裁请求。

六、案例评析

本案系第二轮土地延包期登记时，被申请人村委会在申请人没有在场的情况下，误将申请人耕种的土地登记在第三人的《农村土地承包经营权证》上，其行为严重侵害了申请人的合法权益。

根据《中华人民共和国农村土地承包法》第五条、《贵州省农村集体经济承包合同管理条例》第十五条等规定，吉顺莱承包的土地为25亩左右，平均分给其三个儿子，每人分8亩左右。而蔡华东的《农村土地承包经营权证》显示为20亩，可见蔡华东擅自将蔡华荣的土地登记到自己名下的事实成立。争议的土地"背后麻窝地及刘家背后"系吉顺莱分给蔡华荣的土地。虽然蔡华荣未办理《农村土地承包经营权证》，但该土地一直由申请人经营管理。蔡华东采用欺骗手段，在被申请人未调查了解真实情况的基础上，仅凭第三人蔡华东单方口述，与蔡华东签订《农村土地承包合同》，并将该争议土地登记到蔡华东《农村土地承包经营权证》上的行为，严重侵害申请人的合法权益，被申请人与第三人蔡华东签订的《农村土地承包合同》中关于"背后麻窝及刘家背后"地块之内容，应确认为无效。

案例32　老人去世后承包的土地如何分配

一、案情简介

申请人姜子文、姜得方与被申请人姜子志、姜子仁系同父异母的兄弟，第一轮土地承包时，申请人与被申请人各自为承包户，分别承包了Q县G镇A村小地名为大田都、张家层机层、半岩都、牛耳田和石包地的土地。父母过世后，二被申请人认为其在父母殡葬过程中出力更多，应分得父母承包的土地，于是强行耕管了申请人户部分土地，双方因此产生纠纷。经村、办事处调解未果，申请人遂向Q县农村土地承包仲裁委员会申请仲裁。

二、当事人诉辩主张及依据

（一）申请人主张及依据

第一轮土地承包时，二申请人及其父母姜顺义、李秀兰四人共同承包了G镇A村4.7亩耕地，二被申请人也分别作为独立承包户承包了土地。

1995年，姜顺义病故，被申请人参与安葬，后被申请人以参与安葬老人为由强行霸占耕种申请人户部分承包地，包括大田都、张家层机层、半岩都、牛耳田、石包地等地块。为支持其主张，申请人提供了如下证据：

申请人户第二轮《土地承包经营权证》。用以证明涉案土地是申请人户的承包地。

申请人户的农业税纳税卡及四张农业税完税凭证。用以证明申请人一直按照农业税缴纳的有关规定按时缴纳了承包地的农业税，包括涉案土地的农业税费。

（二）被申请人主张及依据

二被申请人认为在其父亲的生养死葬中也出力出资，因此其父亲承包的土地应分为四份，被申请人有权参与耕种管理父亲承包的那一份土地。但未在法定期限内向仲裁委提供任何合法有效证据支持自己的主张。

三、本案争议焦点

被申请人对父母尽到了生养死葬的义务，是否就有权耕管其父亲承包的土地。

四、本案查明的事实

第一轮土地承包时，被申请人姜子志和姜子仁作为独立户主在G镇A村承包有土地，二申请人及其父母四人作为一个家庭承包户也在该村承包了土地。1995年，申请人的父亲姜顺义病故，申请人与被申请人共同将其安葬后，二被申请人便强行耕管了申请人户承包的部分土地。经现场勘验：争议地块牛耳田为1979年开荒地，并作为申请人户自留地，后被被申请人强行耕管；争议地块"半岩都"现被另一被申请人姜子志耕管；争议地块"大田都"由申请人耕管；其他争议地块已被征收。

五、裁决依据及结果

本案经调解不成，依据2003年施行的《中华人民共和国农村土地承包法》第三条"农村土地承包采取农村集体经济组织内部的家庭承包方式"、第四条"农村土地承包后，土地的所有权性质不变"及第九条"国家保护集体土地所有者的合法权益，保护承包方的土地承包经营权，任何组织和个人不得侵犯"之规定，作出裁决如下：

"牛耳田"自留地、"半岩都"地块、"大田都"地块的承包经营权归申请人姜子文、姜得方享有。

驳回两申请人的其他仲裁请求。

六、案例评析

农村土地以户为单位承包，户内共同享有，而被申请人不在父母的这个承包户内；承包地并非私有财产，且农村土地承包经营权属于用益物权，依登记而取得，不能继承。本案被申请人认为其对父母尽到了赡养义务，可以对其父亲承包土地进行继承，被申请人的做法违反了农村土地承包是以家庭承包经营为基础的政策规定，应以户为单位进行承包，且土地承包经营权不能被当作遗产继承。

案例 33　超过仲裁或诉讼时效土地纠纷的处理

一、案情简介

申请人郑元芬与被申请人郑元贵、周恩情系S区L镇M村村民。申请人请求依法裁决两被申请人立即归还申请人观音沟承包的土地，以及恢复承包地里的李子树。

申请人郑元芬与被申请人郑元贵为亲姐弟关系。1995年，父母组织家庭成员对承包的土地进行分割。申请人分得涉案土地并耕种管理，后因外出打工，回来后发现涉案土地被郑元贵转让给周恩情耕种管理。申请人即向S区农村土地承包仲裁委员会申请仲裁，请求确认对涉案土地享有承包经营权。

二、当事人诉辩主张及依据

（一）申请人主张及依据

1995年，全部家庭成员都在场的情况下，由父母主持召开家庭会议，将家庭承包土地分给子女管理，各自承担分得承包土地的税费。其中明确在郑元芬名下的承包地包括涉案土地观音沟三分之二的土地（面积大约2亩）。之后，申请人一直都在管理属于自己的承包地，并栽种李子树，种植花生、黄豆等农作物，后外出务工。申请人几个月后回家时发现观音沟土地已经被周恩情耕种，并且是由郑元贵以1000元的价格私自转让给周恩情耕种管理。申请人随后打电话给郑元贵要求归还观音沟土地，经调解无效情况下，为维护申请人的合法权益不受侵犯，申请人特向仲裁委申请仲裁。

为证明其主张，申请人提供了郭光明出具证明一份，拟证明被申请人郑元贵在石板井有土地，在观音沟没有土地；郑元学出具证明一份，拟证明申请人在小屯组分得有观音沟三分之二的土地；申请人在小屯组几次修公路都参与的证明一份，拟证明申请人在小屯组分得土地；家庭成员郑元学、郑林等出具的一份证明，拟证明申请人在观音沟分有三分之二的土地。

（二）被申请人主张及依据

被申请人郑元贵认为，申请人所述均不符合事实，分土地的时候只有父母亲和死了的那个兄弟在场，其他人都没有在场，观音沟三分之二的土地不只是属于申请人耕种管理，且申请人早已知道该土地流转给周恩情种植多年，早已超过仲裁或诉讼时效。

被申请人郑元贵当庭无证据提供。

被申请人周恩情认为，①本人和申请人无任何土地纠纷；②本人租种的土地系M村的，申请人已不属于M村村民；③申请人提供的土地权属证据不足；④本人于2008年2月13日与郑元贵签订了一个关于地名为观音沟承包地的流转合同，转租费为1 000元，期限为长期并直至国家政策变动时结束；⑤该土地转租给本人时灌木丛生，本人租用后到现在，该土地已发展成为多品种水果共存的水果林；⑥争议土地是郑元贵通过协议转让给本人的。

为证明其主张，被申请人周恩情提供了郑元贵于2008年与周恩情流转土地的一份协议，拟证明争议土地是郑元贵流转给周恩情的。

三、本案争议焦点

1. 被申请人是否应该返还涉案土地给申请人。
2. 申请人的诉讼是否已经过了诉讼时效。

四、本案查明的事实

申请人郑元芬与被申请人郑元贵、周恩情原是L镇M村小屯组村民，郑元芬与郑元贵是亲姐弟，在第一轮土地承包时作为以父亲郑关东为户主的家庭成员承包了该村土地，1995年春节期间，在家庭成员都在场的情况下，商议将家庭承包土地明确分户经营管理，各自承担分得承包土地的税费。争议地观音沟明确给申请人郑元芬三分之二的土地份额（面积大约2亩），郑林耕种争议地观音沟三分之一。申请人分得争议地耕种管理土地几年之后便疏于管理，2008年被申请人郑元贵把争议地流转给另一被申请人周恩情，现周恩情已耕种管理该争议土地八年，并栽种了多种水果树。2016年申请人知悉修沿河路要征收争议地，随之要求两被申请人归还其争议地，经村委调解无效后向S区农村土地承包仲裁委员会申请仲裁。

五、裁决依据及结果

本案经调解不成，根据《农村土地承包经营纠纷调解仲裁法》第十八条"农村土地承包经营纠纷申请仲裁的时效期间为二年，自当事人知道或者应当知道其权利被侵害之日起计算"、《农村土地承包经营纠纷仲裁规则》第十一条"当事人申请农村土地承包经营纠纷仲裁的时效期间为二年，自当事人知道或者应当知道其权利被侵害之日起计算。仲裁时效因申请调解、申请仲裁、当事人一方提出要求或者同意履行义务而中断。从中断时起，仲裁时效重新计算。在仲裁时效期间的最后六个月内，因不可抗力或者其他事由，当事人不能申请仲裁的，仲裁时效中止。从中止时效的原因消除之日起，仲裁时效期间继续计算。侵害农村土地承包经营权行为持续发生的，仲裁时效从侵权行为终了时计算"之规定，裁决如下：

驳回申请人的仲裁请求。

六、案例评析

本案系土地疏于管理，被家庭内部成员流转给其他人引发的土地纠纷。

本案中以郑关东为户主向M村集体承包了包括小地名观音沟的承包地进行经营。在第一轮土地承包期间，通过召开家庭会议，把本户承包土地明确分配给每个家庭成员经营管理，申请人郑元芬与家庭成员郑林分得争议地观音沟承包地，并明确各自承担分得承包土地的税费。2008年被申请人郑元贵把争议地流转给另一被申请人周恩情，且周恩情耕种管理该争议地已有八年之久，申请人才于2017年2月17日向S区农村土地承包纠纷仲裁委员会申请仲裁。根据《农村土地承包经营纠纷调解仲裁法》第十八条、《农村土地承包经营纠纷仲裁规则》第十一条等规定，申请人的仲裁申请超过了有效时效，即申请人丧失了依法申请仲裁机构解决其土地承包经营纠纷的权利。

案例34 因调地修建民办学校"以地补资"纠纷的处理

一、案情简介

申请人周学芳与被申请人李创世、张先林等人属C县T镇H村集体经济组织成员。在1970年，为解决本地孩子读书问题，T镇H村陈家寨、燕家寨、垮土三个生产小队共同出资兴办民办T镇水岩小学，并各自调出部分土地给该小学使用。申请人周学芳及其丈夫李明达在该校任民办老师，学校内部协调将各小组调出的土地给周学芳户耕种，土地遂由申请人周学芳户耕种作为发放教师工资方式补偿。2013年因修高速公路征用到该土地，双方遂产生争议。申请人向仲裁委提请仲裁，请求依法裁决涉案土地承包经营权归申请人享有。

二、当事人诉辩主张及依据

（一）申请人主张及依据

申请人认为，在1970年为解决申请人居住地相邻的三个生产队孩子读书问题，经三个生产队的干部及村民协商一致，修建T镇水岩小学，并聘任两名教师，其中一名是申请人的丈夫李明达，并采用"以地补资"的方式解决教师工资，即由上述三个生产队抽调出部分土地作为教师工资给教师耕种，本案所争议的土地就是当时学校内部协商给申请人家耕种的土地。到1976年，申请人的丈夫李明达被调任生产队队长，把申请人调换去担任上述小学的教学工作。因此，争议土地一直由申请人户耕种管理。第一轮土地承包时，生产队并未收回重新发包，而是继续以"以地补资"的形式由申请人户耕种管理至2013年，耕种期间无任何人提出异议。2013年因修建高速路征用该争议土地，牵涉到补偿问题，被申请人李创世、张先林称该争议土地是集体的，要求申请人将涉案土地退还给H村陈家寨小队。申请人遂向C县农村土地承包仲裁委员会提请仲裁，请求裁决涉案土地的承包经营权归其享有。

（二）被申请人主张及依据

被申请人认为，申请人周学芳称教师的工资是采用"以地补资"的方式解决，其所述不实。当时三个生产队抽出土地是作为学校的"学农教育基地"使用，而教师工资由村民集资。2008 年 T 镇水岩小学合并到中坪小学前，燕家寨队、垮土队均收回了当时抽给该学校的土地，只有陈家寨队抽出的土地至今未归还，申请人周学芳户一直强占陈家寨队的集体土地。申请人无权享有涉案土地的承包经营权，该土地应依法归还原陈家寨队集体。被申请人向仲裁委提出反申请，请求依法收回 1970 年陈家寨生产队为民办小学（T 镇水岩小学）抽出的土地共计 17 亩；依法追补 2008 年学校撤并后，申请人强占上述集体土地四年半时间获得的收益共计 38 250 元。

三、本案争议焦点

1. 办 T 镇水岩小学时，教师的工资是否是"以地补资"的形式给付。

2. 2008 年学校撤并后，申请人周学芳是否应将涉案土地归还陈家寨队集体。

3. 涉案土地的承包经营权归谁。

四、本案查明的事实

本案经庭审审查及现场勘验，查清如下事实。

申请人周学芳户为 C 县 T 镇 H 村六组农村土地承包经营户。1970 年，为解决当地孩子读书困难，T 镇 H 村陈家寨、燕家寨、垮土三个生产小队共同出资举办民办 T 镇水岩小学，并各自抽出部分土地给该小学使用。由于周学芳的丈夫李明达在该校任民办老师，上述土地即被该学校内部协调给周学芳户耕种。

1980 年第一轮土地承包时，当地村集体组织未对上述土地收回重新发包，仍然由周学芳户耕种。2008 年，T 镇 H 村水岩小学撤并。上述土地一直未改变耕种管理现状，至今仍由周学芳户耕种管理。

李创世、张先林作为 H 村陈家寨队的集体经济组织成员，认为上述土地应为陈家寨小队集体所有，称该土地从未合法发包给周学芳户经营，周学芳户的经营行为构成侵权，土地应由 H 村陈家寨队集体收回。

五、裁决依据及结果

C县农村土地承包仲裁委员会依法受理后，进行了调解。调解不成，根据《中华人民共和国农村土地承包法》第一条"为稳定和完善以家庭承包经营为基础、统分结合的双层经营体制，赋予农民长期而有保障的土地使用权，维护农村土地承包当事人的合法权益，促进农业、农村经济发展和农村社会稳定，根据宪法，制定本法"；第三条"国家实行农村土地承包经营制度。农村土地承包采取农村集体经济组织内部的家庭承包方式，不宜采取家庭承包方式的荒山、荒沟、荒丘、荒滩等农村土地，可以采取招标、拍卖、公开协商等方式承包"；第四条"国家依法保护农村土地承包关系的长期稳定"；第五条"农村集体经济组织成员有权依法承包由本集体经济组织发包的农村土地。任何组织和个人不得剥夺和非法限制农村集体经济组织成员承包土地的权利"；《中华人民共和国农村土地承包纠纷调解仲裁法》第二条"农村土地承包经营纠纷调解和仲裁，适用本法。农村土地承包经营纠纷包括：（一）因订立、履行、变更、解除和终止农村土地承包合同发生的纠纷；（三）因收回、调整承包地发生的纠纷；（四）因确认农村土地承包经营权发生的纠纷；（五）因侵害农村土地承包经营权发生的纠纷"等规定，裁决如下：

C县T镇H村金银山一山坡上地块（本案争议之地）承包经营权由周学芳户享有。

六、案例评析

涉案土地为当时集体组织出让给学校的用地，学校便把涉案土地内部协调给周学芳户耕种。农村土地下放时，当地集体及村民未对上述土地收回另行发包，而事实上一直由周学芳户耕种。可见，周学芳户对涉案土地的事实承包经营行为客观存在。集体经济组织没有法律依据可以收回家庭承包经营户的承包土地，即涉案土地的承包经营权为周学芳户享有。另外，由于被申请人的参与仲裁行为不能明确识别为反申请仲裁行为，也不能明确识别李创世、张先林受到T镇H村六组集体或集体成员依法委托，所以，本案只能基于申请人的请求进行审理。

　　本案有两个关键：一是土地下放时的时间节点，在这个时间节点上村集体组织未将涉案土地收回重新发包，而继续由申请人户耕种管理，证明集体经济组织事实上承认涉案土地已由申请人承包；二是事实上的耕种管理，涉案土地从学校内部协商给申请人户耕种管理后一直到土地征用时，已形成了事实上的承包经营行为。故涉案土地的承包经营权应归申请人享有。

第二章 | DIERZHANG

其他途径化解土地纠纷案例

信访复核案例

案例1 村集体荒山收回重新发包移民纠纷如何处理

一、案情简介

申请人代表：吉大贵、张学军、张学国，代表Q县L乡B村八一片区七组35户151人上访，不服Q县L乡关于B村的小尖山和大厂坝土地的信访答复意见，及Q县人民政府作出的信访事项复查意见（×政信复〔2012〕××号），向××市人民政府提出复核请求。根据《信访条例》有关规定，按照贵州省信访局、××市人民政府有关领导的批示精神，××市农委联合市国土资源局、市信访局、市法制办组成复核组，代××市人民政府进行复核。复核组深入Q县L乡，针对信访人反映的问题，对相关涉及人员、当事人及知情人员进行了点对点、人对人、实对实的走访调查，查看了相关依据，听取了相关意见，并根据信访调查程序对相关人员、当事人及知情人员做了调查笔录，现场宣读，当事人认可后签字、盖手印。

二、复核情况

1. 小尖山、大厂坝属于Q县L乡B村村委会集体荒坡，农田基本建设大会战时（1977年左右）开垦成荒地。1980年包产到户时，由村委会分给村民组，村民组将荒地分到户进行管护。当时没有进行丈量，用手指、竹竿计量分给各家各户管护，没有载入承包合同，土地权属属于村集体的荒地。村委会号召大家发展经果林，1989年栽种梨树，1991年种桑养蚕，1995年作为村集体四荒地进行公开拍卖，并于1995年4月30日与村民张文书、江小白等签订四荒地拍卖合同。L乡政府、B村村委会把这两块荒坡作为村集体荒地进行处理，当时的乡政府、B村村委会并没有把该地视为承包地发包，村民也未提出异议。1996年，L乡政府、B村村委会按照国家建设、安置移民需要，经与承包荒山的张文书、江小白等村民协商，退还他们所付的承包金，并按所付金额的50%进行了补偿，将小尖山和大厂坝土地收回村委会，发包给搬迁到本村安置的移民耕种，于1996年11月25日与移民签订了《急迁移民安置协议》，移民耕种土地至今。乡、村进行移民安置是按照《Q县人民政府关于认真做好三峡库区库岸滑坡移民急迁安置工作的意见》（×政发〔1996〕××号）文件要求实施。当时三峡库区6户34人移民搬迁至B村，县移民局拨付给L乡三笔费用共80 240元，分别是土地补偿费48 280元，村安置费27 540元，乡工作经费4 420元。文件对三笔费用均有明确使用规定，当时乡、村都按照规定进行拨付、支出使用。

2. 在小尖山、大厂坝两块地之外，B村八一片区七组35户151位村民，在包产到户时就已经获得B村村委会发包的承包耕地，并载入承包合同，履行了上缴公余粮、缴纳农业税义务。包产到户时小尖山、大厂坝两块地都属于村集体的二荒地，土地肥力较弱，当时管护这两块荒地的农户也不愿将其作为承包地进行承包，没有在农村土地承包合同上进行登记，也没有按照当时的政策履行承包义务、缴纳公余粮和农业税。两个方面说明小尖山、大厂坝并非申请人的承包耕地。

3. 1995年B村村委会组织村民在八一小学，对小尖山、大厂坝、黄家松林三块荒坡地进行公开拍卖，于1996年10月收回小尖山、大厂坝地，于1996年11月发包给移民，当时村民没有提出任何异议。而现在申请人提出异议，主要是因为当时乡政府、村委会在工作中政策宣传不到位，致使后来村民产生误解，误认为当时分给各家各户管护的荒地就是自己的承包地，安置移民时对于土地的补偿费、安置费及工作经费使用情况公示公开宣传不到位，加上现在土地价值提升，引发该起群众上访事件。

三、复核意见

1. 申请人L乡B村八一片区七组村民与移民所争议的土地属于村集体所

有的荒地，不属于申请人的承包耕地，事实清楚，权属明确。申请人关于要求返还发包给移民的小尖山和大厂坝所属土地给原来 B 村七组各承包农户的请求，不予支持。

2．乡政府、村委会根据（×署发〔1994〕××号）及 1995 年地区三干会议（××地发〔1995〕××号）文件精神，于 1995 年对村集体的小尖山、大厂坝进行公开拍卖，根据《Q 县人民政府关于认真做好三峡库区库岸滑坡移民急迁安置工作的意见》（×政发〔1996〕××号）文件精神，终止了村委会同张文书、江小白等村民的荒山承包合同，收回村集体后发包给三峡库区迁入的移民经营，响应国家号召，符合当时政策，证据充分，程序合法。现在土地承包经营权应属于移民。

3．当时乡政府、村委会在工作中，存在对家庭联产承包相关法律法规宣传不到位的问题。应加强政策法规宣传，及时告知村民，交由他们管护的荒地属于村集体的荒地，是分给他们管护，并不是发包给他们作为承包地耕种。

4．对于安置移民时移民局拨付的补偿费、安置费及工作经费使用情况公示公开不到位的问题，乡、村应加强政务公示公开，提高群众知晓率。

据此，××市联合复核组建议：维持 Q 县人民政府信访事项复查意见（×政信复〔2012〕××号）的复查意见。

根据国务院《信访条例》第三十五条规定，本复核意见为信访事项的最终意见。信访人如同意本复核意见，应停访息诉；信访人如对复核意见不服，仍然以同一事实和理由提出投诉请求的，各级人民政府信访机构和其他行政机关不再受理。

四、案例评析

该案例主要是展示农村土地纠纷信访事项的三级终结。信访事项三级终结就是信访人以同一信访事项，按照法定程序，经过三级行政机关依次做出处理（答复）意见、复查意见、复核意见后，有权处理的行政机关按照《信访条例》第三十四条规定，终止受理该信访事项，该信访事项处理终结。信访人仍以同一事实和理由提出投诉请求的，各级人民政府信访工作机构和其他行政机关不再受理。

《信访条例》第三十四条规定：信访人对行政机关作出的信访事项处理意见不服的，可以自收到书面答复之日起 30 日内请求原办理行政机关的上一级行政机关复查。收到复查请求的行政机关应当自收到复查请求之日起 30 日内提出复查意见，并予以书面答复。信访人反映的诉求进入信访程序以后，对乡镇人民政府答复意见不服的，可以自收到书面答复之日起 30 日内向上一级行政机关申请复查；信访人对信访事项的复查意见不服的，可以向复查机关的上一级行政机关申请复核。信访人如对最终复核意见不服，仍然以同一事实和理由提出投诉请求的，各级人民政府信访机构和其他行政机关不再受理，表示信访人的该起信访事项已终结。

案例 2 ▶ 农转非承包土地收回重新发包纠纷的调查处理

一、案情简介

申请人陈仕达，1977 年 1 月出生于 N 县 P 乡，大学本科。户籍所在地为 L 市 Z 县 J 镇。不服《N 县人民政府关于陈仕达信访事项的复查意见》（×府函〔2015〕115 号），向××市人民政府提出复核请求，要求 N 县人民政府撤销 2015 年 1 月 13 日作出的《N 县人民政府关于陈仕达信访事项的复查意见》，对原承包地和山林荒山被 A 村委会侵占进行复核调查。根据申请人诉求，按照××市人民政府有关领导的要求，××市农委联合市林业局组成复核组，针对 N 县 P 乡 A 村村民陈仕达反映的信访事项，于 2015 年 10 月 28 日到 N 县信访局、P 乡政府查阅信访人陈仕达信访事项的卷宗资料，到 A 村委会对现任和前任的村委会负责人进行了走访调查。

二、复核情况

复核组通过到 N 县信访局和 P 乡政府查阅陈仕达信访事项卷宗资料，了解到：陈仕达的母亲张时秀，原属于 N 县 P 乡 A 村乌鲁开组村民，是第一轮农村土地承包户主，家庭承包成员包括张时秀、陈仕飞、陈仕菊和陈仕达共 4 人，共承包 A 村约 4 亩土地。承包后一直耕种至 1988 年。由于陈仕达的父亲是贵州省L市Z县某国营煤矿工人，张时秀承包户当时符合全家农转非政策，于是张时秀向户籍管理部门申请将全家户口从农业户口转为非农户口，当时陈仕菊已嫁出，张时秀、陈仕飞和陈仕达就迁到贵州省L市Z县J镇居住，A村村委会将张时秀户的承包耕地收回进行统一管理。直到2012年8月，张时秀又将其户口迁回N县P乡C村街上组。

复核组到A村对现任及前任的支部书记、主任进行调查，了解到：1988年为完成家庭联产承包责任制，乡镇领导开会宣传"死亡绝户、搬迁户、五保户及农转非人员"（"三户一员"）的有关政策精神，要求村委会对死亡绝户、搬迁户、五保户及农转非人员的土地收回，进行统一管理。村委会把张时秀户的承包地收回，从1988年至2007年承包给陈仕玉耕种，承包费一年200元。由于2005年至2007年陈仕玉未交纳承包费用，所以2008年、2009年村委会以相同的承包费用承包给黄顺达耕种。到2010年，张时秀回来说土地是她家的，村委会无权管理，由于这种承包方式属于短期承包，本村其他村民不愿意继续承包，该土地大部分就被张时秀经营管种。原张时秀承包地的农业税从1989年开始由村委会利用收取的承包费进行交纳。据两任村领导讲，A村村委会只收回张时秀的承包耕地，没有收回荒山和林地。

三、复核意见

张时秀全家户口已于1988年转为非农业户口，并且迁居到L市Z县J镇，A村委会于1988年收回张时秀承包户的承包土地具有政策依据。到第二轮农村土地承包时，张时秀全家已不属于A村集体经济组织成员。按照《中共××地委办公室××地区行署办公室关于延长农村土地承包期工作中有关问题的解答》（×地办发〔1998〕54号）文件中第四条"经公安部门同意正式转为城市户口的人员承包的土地可以收回，由村民委员会发包"及第五条"农转非人员的承包土地，按政策应收回重新发包"的规定，在农村土地第二轮承包时，张时秀全家户口不属于A村，所以A村村委会按照政策规定在第二轮土地承包时有权收回张时秀户农村承包土地，重新发包给黄顺达户耕种具有政策依据。

信访人要求撤销2015年1月13日作出的《信访事项答复意见书》缺乏

法律依据和事实依据，不予支持。A村委会收回张时秀的承包耕地，具有政策依据。N县人民政府对陈仕达的信访事项作出的《N县人民政府关于陈仕达信访事项的复查意见》（×府函〔2015〕115号）文件事实清楚，建议予以维持。

根据国务院《信访条例》第三十五条规定，本复核意见为信访事项的最终意见。信访人如同意本复核意见，应停访息诉；信访人如对复核意见不服，仍然以同一事实和理由提出投诉请求的，各级人民政府信访机构和其他行政机关不再受理。

四、案例评析

该案例主要展示第一轮农村土地承包期间，农转非农户的农村土地承包经营权被村委会收回后重新发包的纠纷处理。根据《中华人民共和国农村土地承包法》第二十六条"承包期内，承包方全家迁入设区的市，转为非农业户口的，应当将承包的耕地和草地交回发包方。承包方不交回的，发包方可以收回承包的耕地和草地"以及×地办发〔1998〕54号"农转非人员的承包土地，按政策应收回重新发包"规定，在农村土地第二轮承包时，村委会作为农村承包土地发包方，可以依法收回已全家农转非、非本村集体经济组织成员的承包土地，并进行重新发包给本村集体经济组织成员耕种管理。

案例3 征地补偿纠纷的处理

一、案情简介

信访人赵忠向、周小题系S县D乡E村村民，反映S县××烟草站1985年占用其2.6亩土地修建烟叶收购站，要求收回土地并赔偿损失。

根据××市信访局《关于转办市政府副市长××同志批示的函》（×市信复〔2015〕56号）要求，××市农委抽派有关工作人员，对S县D乡赵忠向、周小题反映的信访事项，到S县信访局、D乡政府，对有关负责人员进行了走访调查。

二、复核情况

经查，1985 年 2 月，S 县×× 烟草站为修建收烟仓库，征收了 E 村管家寨村民赵忠向承包土地 1.5 亩，E 村街上组村民周小题承包土地 1.1 亩，征收土地共计 2.6 亩，烟草站按照当年的物价进行六年的补偿（相当于统一年产值的 6 倍），征地补偿费共计 3 993.3 元，并全部支付给赵忠向和周小题两户农户。1991 年 3 月，赵忠向与周小题以征地六年期满为由，要求烟草站重新补偿耕地损失费。1991 年 6 月，赵忠向和周小题将×× 烟草站诉诸法庭，由×× 司法办牵头，×× 区公所、D 乡政府、E 村村委会、E 村管家寨组及街上组协助，于 1991 年 11 月 29 日组织双方进行调解，并达成一致协议：为考虑物价上升因素，在原协议征地补偿费 3 993.3 元的基础上，再由×× 烟草站一次性支付赵忠向、周小题两户农户耕地补偿费 1 326.7 元，赵忠向和周小题两户应承担的农业税及乡、村、组各种提留由其自己负责，如拒交农业税等费用所引起的一切后果自负，不能再找烟草站、区乡政府、司法机关麻烦。

三、复核意见

信访人与×× 烟草站经×× 区司法办调解后，签订的协议合法有效，信访人本人也在协议上按了手印认可，该土地使用权归 S 县×× 烟草站所有。因此，信访人反映 1985 年 S 县×× 烟草站占用其 2.6 亩土地修建烟叶收购站，要求收回土地并赔偿损失的诉求不予支持。S 县人民政府《关于赵忠向、周小题信访事项的复查意见》（×府发〔2014〕87 号）事实基本清楚，建议予以维持。

四、案例评析

本案属于当地政府部门根据当时建设需要，征收农户承包土地而产生纠纷的情况。但是由于当时征地补偿费用较低，信访人申请重新补偿耕地损失费符合常理，经政府组织相关部门及信访人双方进行调解，达成一致意见，双方签订了协议，信访人也得到了相应的补偿费用。因此，对信访人的再次诉求不予支持。

案例 4 ▶ 农村土地征地补偿纠纷的处理

一、案情简介

信访人孙大井，为××市G区F乡Y村八组村民，向××市人民政府提出复核请求，请求对王慧所持孙大军（已故，系信访人之三弟）土地承包证违法登记事实进行复核，要求撤销G区《关于孙大井信访事项的复查答复》，明确该土地的权属究竟归谁所有。根据《关于转办市政府副市长××批示的函》（×市信复〔2015〕62号）要求，××市农业委员会联合市国土资源局组成复核组，对G区F乡Y村八组孙大井反映的信访事项进行走访调查，查阅了相关档案资料。

二、复核情况

经查，第一轮农村土地承包时，申请人孙大井家一共六口人，孙大井系长子，其父孙中华（第一轮土地承包户主，于2002年病故），其母周云芳，二弟孙大庆，三弟孙大军，四妹孙大飞。孙大军于1999年去世后，其妻子王慧外嫁并移居L市C县，生前生有一女名叫孙佳佳。从Y村村委会调阅《××市G区F乡Y村土地承包登记表》显示：第二轮农村土地承包时，孙中华一家承包土地共分成三个户头，孙中华、周云芳、孙大井及孙大飞四口人为一户承包农户，承包土地3.6亩；孙大庆一家四口人为一户承包农户，承包土地1.5亩；孙大军一家三口人为一户承包农户，承包土地1.5亩。其中，孙大军所承包的土地有两块，名叫"小山脚"和"张合之档头"，地块地名、面积及四至与王慧提供的《土地承包经营权证》上记录的内容基本一致。2009年G区交通部门修建运煤大道时征用土地，涉及老街至火烟洞一段的两块土地，张家寨一块，小山脚一块，面积3.075 2亩，这两块土地正是孙大军所承包的土地。

自从1999年孙大军去世后，孙大军所承包的土地一直由孙大井及其母亲耕种、管护，直到2009年土地被征用。由于孙大井到现在未成家，和其母亲同属一个户口，所以，从1999年到2005年期间的农业税缴纳也是由孙大井及其母亲共同承担。复核组到F乡财政所查阅1999年至2005年期间孙中华一家，包括孙大井、孙大庆及孙大军缴纳农业税情况，乡财政所有关人员告知，由于负责档案人员几经变换，现已无法查阅2005年以前有关农业税缴纳的档案资料。

综上所述：在2009年修建运煤大道以前，以孙中华为老户主的承包农户，已经分成孙中华、孙大庆及孙大军三个独立的家庭承包农户，承包地也分成三份，并由各户对自己的土地进行耕种和管护。修建运煤大道被征用土地中，发生争议的地块属于孙大军的承包土地，由于无法联系王慧，从信访人提供的王慧所持的《土地承包经营权证》复印件来看，证上记录的内容与Y村村委会提供的《G区F乡Y村农村土地承包登记表》上记载内容基本一致，是合法有效的。

由于孙大军已于1999年去世，其承包土地的征地补偿款应归本家庭内其他承包共有人享有，即归王慧及其女儿孙佳佳享有。鉴于孙大军去世后，王慧外嫁并移居到L市C县，被征用土地一直由孙大井及其母亲进行耕种和管护到2009年征用。因此，根据《土地管理法实施条例》第二十六条"地上附着物及青苗补偿费归地上附着物及青苗的所有者所有"以及《贵州省土地管理条例》第二十条的有关规定，征地补偿款（包括土地补偿费、安置补助费、青苗及地上附着物补偿费）中的青苗补偿费应归实际耕种管理土地之人所有。但是，征地补偿款打在王慧账户上，信访人及其母亲没有得到相应的青苗及地上附着物补偿费。

三、复核意见

1. 修建运煤大道被征用土地中发生争议的地块权属归孙大军户所有，由于孙大军已去世，由其妻子王慧及其女儿共同享有。

2. 王慧提供的《土地承包经营权证》内容真实，符合实际情况，不存在信访人反映的"王慧所持孙大军土地承包证违法登记"的情况。

3. G区《关于孙大井信访事项的复查答复》的答复意见，对被征用土地的征地补偿款的分配处理不清楚，建议发回重新复查，明确2009年G区交通部门修建运煤大道时征用孙大军（张家寨及小山脚两块）土地的青苗补偿费给孙大井及其母亲。

四、案例评析

本案系农村土地征地补偿引发的纠纷。信访人及其母亲耕种管理已去世兄弟孙大军的承包土地多年，直到该土地被国家征用。虽然孙大军之妻王慧已外嫁，但是涉案土地承包经营权应归王慧及女儿共同所有，涉案土地的征地补偿费除地上附着物及青苗补偿费外，其余应归信访人兄弟孙大军之妻王慧所有；根据《土地管理法实施条例》第二十六条"地上附着物及青苗补偿费归地上附着物及青苗的所有者所有"以及《贵州省土地管理条例》第二十条的有关规定，涉案土地被征用后，地上附着物及青苗补偿费归地上附着物及青苗的所有者所有，即归信访人及其母亲所有。

但是，在 G 区复查处理此信访事项时，并没有考虑将涉案土地征地补偿费中青苗及地上附着物补偿费划归申请人及其母亲，其处理存在瑕疵，因此建议发回 G 区重新复查清楚后再答复信访人，此件信访案件即可化解。

省长直通车案例

案例 5 ▶ 农村土地承包经营权流转纠纷的调查处理

一、信访事由

信访人张某某系J县××农业农民专业合作社法人，该合作社是2012年J县E乡人民政府招商引资项目的建设经营主体。信访人反映的问题是：2012年，××农业农民专业合作社与E乡政府签订了为期四十年的土地流转协议，用于合作社发展产业。该土地属当地村民移民搬迁前的原居住地，因E乡政府没有付清移民搬迁相关款项，导致合作社长期受到原当地居民阻挠，不能正常经营。

根据××市人民政府转来"省长直通车转办通知"关于张某某反映的农村土地纠纷问题，××市农业农村局组织人员成立调查组，于2019年1月25日到J县E乡、J县××农业农民专业合作社办公室，对张某某反映的问题走访调查了有关人员，查阅了相关资料，并与信访人进行了沟通。

二、调查情况

1. 经查看J县××农业农民专业合作社与E乡A村（群众及代表大会）签订的《土地流转协议》，××农业农民专业合作社与乡政府签订的《J县E乡生态农业种植观光园综合开发项目合同书》《J县E乡生态农业产业园建设项目土地流转合同》等资料，张某某反映"2012年合作社与E乡政府签订的为期四十年的土地流转协议"情况属实。

2. 根据《中共××地委 ××地区行署引发实施关于认真做好××水电

站库区移民搬迁安置的意见》："2004 年 12 月底前完成水库 1 140 米高水位线以上移民 0.8 万人左右搬迁安置工作"；"移民迁出后，库区淹没涉及乡、村要及时收回淹没剩余土地，办理移交转包手续收交移民土地，解除移民在原居住地的土地承包关系，加强剩余土地的管理"，以及《J 县人民关于××引子渡电站水库 J 县移民搬迁安置工作的实施意见》"移民拆房基本结束后，电站水库线上的土地全部交付处理"等文件规定及要求，E 乡已按照"人平法"对 A 村进行补偿，张某某反映"E 乡政府没有付清移民搬迁相关款项"问题，只是听来堵工的老百姓口头所说，没有相关佐证资料或依据，反映问题不属实。

3. A 村村民推选村民代表的《委托书》显示受委托代表人为张忠艳、李丽云、张忠春、张忠进四人，全权代表村民百姓群众处理。但是，2017 年 6 月 28 日在 E 乡政府组织召开协调会议形成的《E 乡 A 村 1140 水位线上土地纠纷信访问题调处会议备忘录》上签字代表人是李转车、张忠艳等五人，属于 A 村村民受委托代表人员的只有张忠艳一人，实际受委托人员签字人数未达到有效受委托代表人数的三分之二，因此，2017 年 6 月 28 日《E 乡 A 村 1 140 水位线上土地纠纷信访问题调处会议备忘录》里面形成的"对已改变土地用途被 J 县××农业农民专业合作社占用或待使用的土地，由 J 县××农业农民专业合作社参照 E 乡范围内煤化工项目现行征地补偿标准予以补偿；对未改变土地用途，但 J 县××农业农民专业合作社已在该土地上种植的附着物权属归 A 村（全体村民）集体所有，由双方共同进行耕管，产生的效益由 J 县××农业农民专业合作社与 A 村（全体村民）按照三七比例进行分成（J 县××农业农民专业合作社占三成，A 村全体村民占七成）"等内容并非 A 村村民委托代表人的真实意见，形成的内容无效。

4. 张某某反映，由于 A 村部分村民到合作社基地种地、放牛、葬坟等，阻挠合作社正常生产经营。张某某反映问题的实质是土地流转纠纷问题。但是，信访人张某某本人没有收集相关老百姓堵工、阻挠生产经营等照片或影像资料，也未向调查组提供这些照片或影像资料。

以上事实有如下调查资料在卷证实：《J 县××农业农民专业合作社营业执照》及合作社法人身份证复印件；××农业农民专业合作社与 E 乡 A 村（群众及代表大会）签订的《土地流转协议》；《J 县 E 乡生态农业种植观光园

综合开发项目合同书》;《J县E乡生态农业产业园建设项目土地流转合同》;
2012年7月26日J县人民政府《关于引进E乡生态农业种植观光园综合开
发项目的通知》;J县发展和改革局《关于E乡农业产业园建设项目备案的通
知》;《E乡人民政府关于J县××农业农民专业合作社中药材、农作物种子
晾晒场等用地的报告》;2013年7月12日J县人民政府《关于同意J县××
农业农民专业合作社中药材、农作物种子晾晒场等用地的批复》;《J县国土资
源局关于同意J县××农业农民专业合作社中药材/农作物种子晾晒场等用
地的批复》;《中共××地委××地区行署印发实施关于认真做好××水电
站库区移民搬迁安置的意见》;《J县人民关于××引子渡电站水库J县移民搬
迁安置工作的实施意见》;A村村民推选村民代表的《委托书》;2017年6月
28日《E乡A村1140水位线上土地纠纷问题调处会议备忘录》;市调查组对
张某某的调查笔录。

三、处理意见

市级调查组根据信访人反映的真实诉求及收集的相关依据,依法提出以下
处理意见或建议:

1. 张某某反映的问题,属于土地流转纠纷问题,根据《中华人民共和国
农村土地承包经营纠纷调解仲裁法》第二条、第三条有关规定,应由当事人
收集相关资料,按照相关程序依法向J县农村土地承包仲裁委员会申请调解仲
裁,或向J县人民法院依法提起民事诉讼,以解决有关纠纷问题,维护自身合
法权利。此事已告知张某某,本人也同意该调查处理意见。

2. 针对张某某反映"希望E乡人民政府给予合作社修建的附属设施办理
产权"这一诉求,已建议其收集资料依法按相关程序到有关部门申请办理。

四、案例评析

处理这件土地纠纷的关键,在于要在调查中认真倾听信访人反映的问题,
深入分析,切实把握信访人反映问题的核心和实质。这起农村土地信访纠纷,
是信访人想通过信访渠道反映土地流转问题的同时,希望得到J县E乡人民政
府有关部门的重视,给予他为负责人的农民专业合作社修建的附属设施办理相

关产权。信访人真实的诉求超出了农村土地承包经营权流转管理的范畴，需要信访人提交相关资料依法到有关部门进行办理。

案例 6 农村土地流转经营权证的办理问题

一、信访事由

根据××市人民政府转来《省长直通车转办通知》（黔府直转字〔2020〕×××号）关于张山川反映的农村土地流转经营权证办理问题，由××市农业农村局牵头，H县人民政府配合进行核实处理。

2020年5月9日，H县农业农村局副局长潘吹与反映人张山川通过电话取得联系，反映人当时在外省，但介绍了反映事项的具体情况：2018年反映人向贵阳银行申请绿色产业基金贷款500万元，银行要求提供1000万元的抵押担保，但反映人只能提供500万元的房产等不动产作为抵押担保，剩余500万元的抵押担保反映人向银行提出用其在H县T乡流转土地的经营权作为抵押担保，银行要求提供经营权证，但反映人不能提供。潘吹同志向其解释了因受现有法律法规所限，H县暂时不能颁发土地流转经营权证。反映人对暂时不能颁发土地流转经营权证表示理解，但希望借这个机会，能引起省级层面的重视，解决土地流转经营权证办理的问题。5月14日，H县农业农村局就反映事项对反映人进行了政策性答复，经向反映人核实，反映人表示以上情况属实，反映人表示满意，反映事项得以圆满解决。

二、调查情况

信访人反映，2013年7月，贵州××农业发展有限公司分别与H县T乡A村和B村签订了《T乡荒山（土地森林）流转合同》，流转土地共640亩，合同约定土地流转时限为30年，每亩210元。当年已全部发放完成30年的流转金。2019年初，县发展改革局、县农业局告知贵州××农业发展有限公司可申请绿色产业基金贷款；同年7月，信访人将申请材料交到县发展改革局，并到贵阳银行××分行对接贷款，银行告知贷款需提供经营权证，但贵州××

农业发展有限公司只有流转土地的流转合同没有经营权，希望帮助协调解决。

调查核实情况：信访人所反映事项基本属实。5月11日，H县农业农村局相关同志到贵阳银行××支行，向该行了解张山川向贵阳银行申办绿色产业发展资金贷款相关事宜。据了解，张山川在获知扶贫产业子基金（2018年9月27日后更改为"绿色产业扶贫投资基金"）相关政策后，于2018年初向该行申请办理扶贫产业子基金贷款500万元。张山川当时向银行提供了贷款资料，主要是企业营业执照、银行流水账、土地流转合同。银行方面提出《土地流转合同》作为抵押物不足值，建议企业到担保公司寻求帮助。H县农业农村局相关同志随即向H县汇金信用融资担保有限公司了解相关情况，H县汇金信用融资担保有限公司负责人反映，2018年4月，张山川向公司寻求贷款担保或抵押服务，该公司告知当事人需要提供反担保物，因当事人仅有土地流转合同，没有经营权证明，故不能提供担保。

三、处理意见

《中共中央办公厅 国务院办公厅关于完善农村土地所有权承包权经营权分置办法的意见》总体要求中指出："三权"分置应坚持循序渐进的原则，要充分认识农村土地制度改革的长期性和复杂性，保持足够历史耐心，审慎稳妥推进改革，由点及面开展，不宜操之过急。2014年10月，在农村土地承包经营权确权登记颁证的基础上，为盘活农村资源资产，充分发挥农村承包土地抵押贷款功能，××市农业农村局联合市金融办公室起草了《××市农村土地承包经营权抵押贷款管理办法（试行）》，因国家层面没有授权××市开展此项改革试点工作，法不授权不可为，××市暂停了此项改革探索工作，故不能办理土地流转经营权证。

四、案例评析

2014年中央1号文件关于"赋予农民对承包地占有、使用、收益、流转及承包经营权抵押、担保权能。在落实农村土地集体所有权的基础上，稳定农户承包权、放活土地经营权，允许承包土地的经营权向金融机构抵押融资"规定出台后，要求各地积极探索农村土地承包经营权抵押贷款试点。根据国家层面的政策规定，××市2014年在某县L镇Q村开展农村土地承包经营权确权登记颁证试点工作，拟在确权登记颁证的基础上，积极探索农村土地承包经营权抵押贷款试点工作，但因国家层面没有授权××市作为试点，法不授权不可为，××市暂停了此项改革探索工作。

开展农村土地承包经营权确权登记颁证的目的，除了解决农村土地权属不清、四至不明、面积不准等问题，更多的是赋予农村土地抵押、担保贷款功能，解决农民及农业经营主体融资难问题。本案中信访人张山川作为农业产业企业的法人代表，期望通过农村土地经营权实现抵押贷款，达到融资目的。信访人的诉求，是当前农村土地制度改革的痛点、堵点问题，也是今后农村土地制度改革的方向。下一步，将加强与金融机构合作，搭建农村产权流转交易市场，积极探索农村土地承包经营权抵押贷款试点，打通堵点，解决农村土地经营权抵押、担保贷款问题。

案例7　农村土地流转租金支付纠纷的调查处理

一、信访事由

××市农业农村局收到××市人民政府转来，网民通过"省政府门户网群众直通交流台"反映《拖欠农民血汗钱两年多，无人问津》的信访案件。信访人张某喻、张某金，系贵州省R县L镇M村光明组村民，反映：2016年R县L镇引进贵州××公司来本镇发展农业产业，涉及L镇五个村3 000多亩土，其中M村1 530多亩，种植猕猴桃。把土地原貌破坏后，简单种了部分种苗，把国家政策补助款骗走后，便无人问和管理，农民务工工资几十万没付（涉及信访人的有3万多元）。土地流转费按协议先付款后使用，至今尚欠两年流转费。农民无法要回土地（边界被破坏），现农民无土地生存、无务工养家，听村里、镇里的人说连县政府都没办法，不知啥时能解决。根据信访人反映情况，××市农业农村局立即将案件转至R县农业农村局核实办理。

二、核实情况

根据R县猕猴桃产业发展规划，经公司和乡镇自行协商达成合作意向，贵州××公司在L镇猕猴桃栽培，共计3 727亩。其中，2015年实施2 715亩，2017年实施912亩。根据项目实施方案，补助标准为每亩1 200元，完成植苗立架后进行项目验收。由于贵州××公司资金出现问题，大部分地块完成植苗后没有及时立杆和管护，导致项目无法进行验收。为了合理使用项目资金，帮助解决××公司资金问题，及时解决拖欠工人工资及土地流转费问题，并帮助公司恢复正常生产和管护，R县委、县人民政府多次召开会议，明确给予贵州××公司项目进行据实验收，兑现奖补资金。

截止到调查组调查时，贵州××公司在L镇猕猴桃项目实施及验收情况如下：一是2015年中央财政现代农业生产发展资金精品果业猕猴桃发展项目贵州××公司实施面积共计实施2 715亩，经验收合格面积659亩，兑现补助79.08万元。二是2017年农业产业化生产发展资金精品果业猕猴桃种植项目贵州××公司实施面积912亩，912亩全部拨付40%进度款，在40%进度款后验收合格面积282亩，兑现补助64.08万元。公司共获得143.16万元补助资金全部用于支付L镇务工农民工资，信访人所反映的骗取国家政策补助款情况不属实。同时，经L镇人民政府调查核实，由于贵州××公司经营管理不善，导致资金链断裂，信访人所反映拖欠农民务工费和土地流转费情况属实。

三、处理意见

1. 建议L镇人民政府负责对接贵州××公司，督促其及时解决相关农户土地流转费和农民工工资。公司若不按照合同兑付相关土地流转费用及工人工资，将按照相关法律法规通过司法程序处理。

2. 关于土地被破坏的问题，如贵州××公司不再经营，在解决相关农户土地流转费和务工工资后，建议由L镇人民政府根据公司流转农户土地面积，对土地进行丈量，逐户划分相应土地面积返还给农户。

四、案例评析

本案中，公司流转农户承包土地发展农业产业，由于公司经营管理不善，导致资金链断裂，拖欠农民务工工资和土地流转租金引发纠纷。这种纠纷的化解重点在于当地政府对引进企业实施项目的监管。各地引进有实力的农业企业到当地发展农业产业，是当前推进农村产业革命、助推脱贫攻坚的重要举措，做法无可厚非，但是必须加强对引进企业实施项目的监督管理，在实施好项目的同时，带动当地农民群众增加产业发展收入及基地务工收入。

来信来访案例

案例 8 对农业部批转土地纠纷上访案件的调查处理

一、案情简介

本案属于案中案，即本案是对本案涉及的仲裁案件进行调查处理。本案的信访人是肖文龙；本案涉及的仲裁案件的申请人是A村十三组集体，被申请人是肖文龙。

肖文龙系贵州省L市P县J镇A村十三组村民，是肖云中（肖文龙之父）为户主的家庭成员。他在向农业部部长的来信来访材料反映，因P县农业局枉法裁决，把本属于他们信访人十户家庭的耕地（荞地）仲裁给A村十三组集体，导致属于信访人的土地补偿款被扣留。信访诉求：一是责令P县J镇A村村委会妥善处理十户农民土地承包问题；二是督促相关部门将信访人的土地补偿款发放到位。

某某农委收到农业部信访办转来的信访信件后，针对信访人反映的问题及诉求，抽调了精干人员专门组成了以李某某同志任组长、张某某等7位同志为成员的信访工作调查组。调查组通过与P县农业局、国土资源局、信访局及J镇人民政府座谈，查阅J镇A村第二轮土地承包档案和A村第十三组部分农户的第二轮《土地承包经营权证》原件及复印件；调阅×农仲案〔2016〕×××号（简称3号仲裁裁决，下同）卷宗；询问3号仲裁裁决仲裁庭成员及A村相关干部、寨老、纠纷知情人、仲裁申请人代表等，组织十三组中凡是《土地承包经营权证》上记载有"荞地"的农户到争议地现场当众指认各自耕种的土地，并到信访人肖文龙家询问了解情况。对该信访件所反映的问题进行了仔细调查和核实。

二、调查的事实

（一）争议产生的原因

2014年11月，某风力发电项目征用了A村十三组老路顶至老路坪间部分"荞地"，面积为15.99亩，耕种该"荞地"的包括肖文龙在内的十户农户。征用土地过程中，以李元朝等为代表的十三组村民以被征用地没有发包、承包经营权证上没有四至界线为由，认为被征用土地的承包经营权应属于A村十三组集体所有，征地补偿款也应属十三组集体所有。而肖文龙为代表的十户农户声称第一轮土地承包以来就耕种管理该"荞地"已34年，且有承包经营权证，认为被征用的土地承包经营权应属于耕种管理的农户，征地补偿款应补偿耕种管理的农户，双方由此发生"荞地"的承包经营权权属争议，导致征地补偿款还未发放。

（二）纠纷的调处过程

2015年1月27日，A村村委会组织双方进行调解，建议征地补偿款按耕种土地的村民占80%，组集体占20%进行分配，争议双方均不同意。2015年3月16日，J镇政府组织镇综治办、司法所、国土所等参与纠纷调解，建议该争议土地的权属应属于十三组集体所有，争议双方也没有达成一致意见。2015年4月15日，J镇政府召开政府办公会议，专题讨论争议土地问题，并给肖文龙等农户作出争议地收归集体所有的书面答复，肖文龙等农户不服。2015年4月23日，J镇政府再次组织村委会和政府驻村挂职人员、国土所参加的联合调解小组，在A村组织争议双方调解，但争议双方仍未达成调解协议。2015年7月10日，肖文龙向P县人民政府信访事项复查复核委员会申请复查，P县信访局于2015年9月24日下发×信复字〔2015〕××号文件，以J镇人民政府作出的信访答复中未对争议土地历史和现状进行详细说明，且未对证据进行核实为由，要求J镇人民政府重新调查，作出处理。J镇人民政府组织相关单位再次调查核实，以肖文龙等农户的《土地承包经营权证》及"L市延长农村土地承包期调查情况登记表一"均无登记有老路坪地块为由，于2016年1月29日下发×府处〔2016〕×号文，决定争议地的所有权和使用权归A村十三组集体所有。肖文龙等农户不服，于2016年2月5日向当时的市委书记反映P县农业局在对争议土地进行确权工作时存在推诿扯皮及不作为的情况。L市信访局于 2016 年 2 月 23 日作出×信函〔2016〕××号文件，要求 P 县人民政府根据《信访条例》和相关法律法规办理肖文龙等反映的问题。随后李元朝等被告之走仲裁程序。2016 年 3 月 28 日，以李元朝为代表的十三组村民向 P 县农村土地承包仲裁委员会申请仲裁，2016 年 4 月 13 日仲裁委作出 3 号仲裁裁决。

（三）仲裁委员会仲裁裁决存在的问题

1．仲裁裁决的证据不足

仲裁委作出 3 号仲裁裁决的证据不足。裁决书记载"申请人同时提供了 A 村村委会证明两份"，调查组在 3 号仲裁裁决卷宗中未找到该两份证明。调查组要求仲裁庭提供 3 号仲裁裁决文件，仲裁委至今未提供。

本案的仲裁案件中，申请人 A 村十三组集体在申请仲裁时附两份证据，即《村民对 A 村十三组土地权属的陈述》、《土地权属争议案件行政决定书》（×府行决字〔1999〕××号）。按仲裁规则第四十四条规定，仲裁庭应对这两份证据进行是否认定并在仲裁裁决书中作出说明，但仲裁庭未说明是否认定。按《中华人民共和国农村土地承包经营纠纷调解仲裁法》第四十四条规定，未经仲裁庭认定的证据不能作为认定事实的依据。

本案的仲裁案件卷宗附资料：①询问调查笔录（复印件）23 份；②《P 县农业局关于 J 镇肖文龙等人反映土地权属争议信访事项办理报告》1 份；③P 县 J 镇筹备委员会×府处〔2016〕×号文 1 份；④P 县农业局 2016 年 2 月 27 日作出的《关于 J 镇肖文龙等户与 A 村十三组集体承包土地争议的处理情况补充说明》1 份；⑤文小松等 6 户的《L 市延长农村土地承包期调查情况登记表一》（复印件）6 份；⑥潘大中等 7 户《土地承包经营权证》（复印件）7 份。

按仲裁规则第四十四、四十五条规定，仲裁庭应对上述证据的来源作出说明，并当庭质证，还应在裁决书中确认是否认定，否则不能作为定案依据。仲裁庭未说明上述证据的来源，也未确认是否认定上述证据，因此，不能作为认定事实的依据。

2．仲裁裁决超越仲裁委职责范围

P 县农村土地承包仲裁委员会作出的 3 号仲裁裁决，超越仲裁委职责范围。《土地承包经营权证》是人民政府依法颁发给取得农村土地承包经营权的农户的法律凭证，是人民政府的具体行政行为，非经行政复议或行政诉讼不得撤销、变更或宣告其无效。3号仲裁裁决第一项，宣告肖云中《土地承包经营权证》中地名"荞地"的1.2亩承包土地承包合同条款无效，属于超越职权的裁决。

本案仲裁案件的被申请人是肖文龙，被裁决的主体却是肖云中（肖文龙之父），且肖云中已去世。自然人死亡，也丧失民事权利能力，不能裁决其承担民事义务。

仲裁案件的申请人的仲裁请求是"追究J镇A村十三组村民肖文龙的土地侵权违法行为，并追回肖文龙非法占用的土地，归还土地权益于J镇A村十三组集体"。3号仲裁裁决对申请人的请求不予理会，却对申请人请求事项以外的事项进行裁决。

3号仲裁裁决第二项"争议地J镇A村十三组老路坪至老路顶土地经营权属于申请人J镇A村十三组集体"。事实上，位于老路坪至老路顶的部分土地（约15.99亩）在2014年仲裁裁决作出前已被国家征用，其所有权已属国家所有，不再是农村集体土地。依据《农村土地承包经营纠纷调解仲裁法》第二条规定，P县农村土地承包仲裁委员会无权对国有土地经营权的归属作出仲裁裁决。

3．仲裁程序不当

首先，作出3号仲裁裁决的仲裁庭组成不符合规定要求，本案中的仲裁庭组成人员是张三、李四、王五，其中张三担任首席仲裁员。按《农村土地承包经营纠纷调解仲裁法》第二十七条、《农村土地承包经营纠纷仲裁规则》二十二条规定，首席仲裁员由当事人共同选定，其他两名仲裁员由当事人各自选定，当事人不能选定的，由农村土地承包仲裁委员会主任指定。本案调查组在3号仲裁裁决卷宗中未找到当事人选定仲裁员、首席仲裁员的选定书，也未找到仲裁委员会主任指定首席仲裁员、仲裁员的指定书。

其次，按《农村土地承包经营纠纷仲裁规则》第五十一条第2项规定："首席仲裁员组织仲裁庭对案件进行评议，裁决依多数仲裁员意见作出。少数仲裁员的不同意见可以记入笔录。"本案调查组在3号仲裁裁决卷宗中未找到仲裁庭对3号仲裁裁决的评议笔录。本案调查组向仲裁案件的首席仲裁员张三询问了解组织仲裁庭评议本案情况，张三回答："仲裁庭组成人员在仲裁裁决书上签名就表示对仲裁结果一致同意。"

（四）A村与A村十三组农户就老路顶至老路坪间"荞地"存在二轮延包关系

1. A村"荞地"名称的由来及承包过程

位于P县J镇A村十三组地名为老路顶至老路坪，面积约为600亩的耕地，土地肥力差，只能种植荞麦，所以当地人把这种类似的耕地都统称为"荞地"。第一轮土地承包时，A村将"荞地"发包到各村民小组，再由各村民小组分包到户。除A村十三组外，其他各组都将本组"荞地"分包到户，并明确了面积及四至界线，并清楚记载在《土地承包经营权证》上。由于第一轮土地承包相关合同、档案材料等灭失，本案调查组无法查证第一轮土地承包时，A村十三组是否将老路顶至老路坪的"荞地"分包填写在十三组承包户承包合同书上。第一轮土地承包时，A村十三组肖云中、肖云华、李继洪、李云龙等农户相继耕种老路顶至老路坪间的"荞地"。大概在20世纪80年代中后期（因相关档案灭失，知情人相继去世，A村十三组组长肖云华声称时间长记不清了等原因，具体时间无法查证），曹县华、孙天人、肖云华分别担任当时A村村支书、村长、十三组组长。据A村老村民李继洪（现年69岁，曾任A村民兵排长）反映，当时是曹县华、孙天人、肖云华三个人，按照"老户分、新户不分"的原则，挨家挨户估摸着将老路顶至老路坪的"荞地"分填在A村十三组农户的《土地承包经营权证》上，因王中益是师范生、文化高，就由王中益具体填写《土地承包经营权证》。在《土地承包经营权证》上只填写了亩数，并没填写四至界线。本案调查组在查阅、调取相关当事人的《土地承包经营权证》及第二轮延包档案证实，A村十三组农户的《土地承包经营权证》承包栏上记载有"荞地"及亩数，但四至界限无记载；记载在《土地承包经营权证》上的"荞地"亩数与P县档案局保存的同户《L市延长农村土地承包期调查情况登记表一》中"承包户基本情况登记表（1-1）表"内"耕地面积"的其他栏记载的亩数一致；但《L市延长农村土地承包期调查情况登记表一》中"承包户土地明细登记表（1-2）表"内却无"荞地"及四至界线记载。

2. 各户耕种管理"荞地"的面积固定，四至界线清楚的现实状况

在1999年4月4日，肖文龙之父肖云中与同组村民李云龙为耕种老路顶

至老路坪的"荞地"发生纠纷，P县J镇人民政府进行调解处理，作出(×府行决字〔1999〕××号)行政决定，决定争议地块收归集体所有，任何一方不得擅自耕种。本案调查组认为该决定并未对肖云中是否享有承包经营权作出决定。之后，肖云中继续耕种争议地。为核实争议地块四至界线，本案调查组请A村委通知十三组凡是《土地承包经营权证》上登记有"荞地"的农户于2017年3月31日，携带《土地承包经营权证》到老路顶至老路坪间的"荞地"现场，当众指认其在该"荞地"的耕种面积及四至界线。在各耕种管理者指认其在该"荞地"耕种的面积及四至界限时，调查组未发现其他农户提出异议。可见，A村十三组农户在长期耕种老路顶至老路坪间"荞地"时，已形成耕种管理面积固定、四至界线清楚的现实状况。

以上事实有如下佐证资料证实：①J镇A村十三组部分农户的《农村土地承包经营权证》；②从P县档案局查阅的肖云中等农户的"L市延长农村土地承包期调查情况登记表一"；③×信复字〔2015〕××号；④L市国土资源局关于P县J镇A村肖文龙等十户土地承包经营权争议相关事宜的函，J镇A村十三组十户农户土地相关位置图；⑤J镇关于肖文龙信访事项的情况说明；⑥本案仲庭组成人员的录音；⑦纠纷双方当事人及村组干部的调查笔录及录音；⑧3号仲裁裁决卷宗；⑨纠纷现场召开的群众会。

三、处理意见

根据调查情况，本案调查组对信访人反映的问题提出如下的处理意见：

1. 信访人反映的问题基本属实。建议P县人民政府依法督促相关部门及时将征地补偿款发放到承包农户。

2. A村十三组老路顶至老路坪间"荞地"存在事实上的发包和四至界线不明的二轮延包。建议P县人民政府结合正在开展的农村承包地确权登记颁证整省试点工作，实事求是，依照《农村土地承包法》和省领导有关承包地确权工作讲话中提到的"能确尽确，应确尽确"的原则要求，把包括十三组在内的A村"荞地"确权给现耕种的农户，避免类似纠纷发生，确保农村社会稳定。

3. P县农村土地承包仲裁委员会作出的3号仲裁裁决中存在严重的不当行为。建议P县人民政府督促县农村土地承包仲裁委员会：一是组织力量对本次上访案件涉及的仲裁进行复核复查，并将结果专题上报省、市农委。二是结合仲裁案件，有针对性地组织仲裁员加大学习《农村土地承包法》《农村土地承包纠纷调解仲裁法》《农村土地承包经营纠纷仲裁规则》等相关法律法规的力度，增强依法仲裁的意识，提高仲裁工作能力。三是要积极选送仲裁员参加全国、省、市组织的仲裁培训活动。四是加大对农村承包地仲裁工作的宣传力度，努力营造宽松、适宜的仲裁环境。

4. 按信访要求答复信访人。建议P县人民政府在收到本处理意见后，按农业部信访办要求及时直接答复信访人，30日内，上报处理情况到省农委。

四、案例评析

在农村社会存在以多数人对少数人的"暴政"。本案中以李元朝为代表的十三组村民因所耕种管理的"茶地"未被征收，进而以肖文龙等被征收的"茶地"没有发包、《土地承包经营权证》上没有四至界限为由，并认为被征用土地的承包经营权应属于J镇A村十三组集体所有，征地补偿款也应属J镇A村十三组集体所有，随之向P县农村土地承包仲裁委申请仲裁，请求"追究J镇A村十三组村民肖文龙的土地侵权违法行为，并追回肖文龙非法占用的土地，归还土地权益于J镇A村十三组集体"。本案中的仲裁案件，属于因被申请人缺席仲裁审理，无视法律，导致仲裁裁决书生效后申请人不依法向法院申请执行，即使申请也无法执行的案件。本案中办案人员无视承包证上登记的计税面积，搞不清第二轮土地延包及第一轮土地承包的关系，不尊重事实，不依法进行裁决，致使当事人的合法权益得不到保护，农村社会和谐稳定得不到有效维护。因此说"枉法裁决"一点也不为过。

案例9 涉法涉诉土地纠纷信访案件的处理

一、案情简介

为贯彻落实2015年3月4日××市信访工作专题会议精神，根据《××市2015年市级领导包案化解矛盾纠纷和信访问题工作方案》有关"市级领导包案化解"要求，××市农业委员会牵头负责X县F镇W村王玉山反映的土地纠纷问题。为充分了解信访人反映的有关问题，××市农委积极采取措施，组成了调查组，深入X县F镇进行了走访调查，查阅了有关此案的相关资料。

该件信访案件是信访人王玉山与王思齐之间的土地权属纠纷。产生土地权属纠纷的地名叫"丫口田"，位于X县F镇W村，在X县城东326国道10公里处公路坎下。该地块以前是本村王思义的承包地，为方便修建运肥通道，1994年9月王思义将这块地与王玉山位于梁家冲的承包地调换。1995年王思齐经营洗车业务，因为缺水源，于是与王玉山达成口头协议：王玉山将位于丫口田的地块提供给王思齐修蓄水池，王思齐许诺每年给王玉山500元补偿费。后因王玉山一直使用并擅自允许多家村民使用该蓄水池的水，王思齐多年未付给王玉山补偿费。随后王玉山向王思齐提出要回这块土地，但是王思齐以使用十三年为由，不退还给王玉山。后来，由于326国道基础设施的修建，涉及丫口田的征收补偿费的享有问题，因而王玉山与王思齐产生了丫口田的土地权属纠纷。

二、调查情况

1. F镇政府第一次答复明确争议地块属王玉山，第一次撤销后，第二次答复明确争议地块属王思齐。王玉山与王思齐双方于2008年4月向F镇政府申请解决丫口田土地权属纠纷，F镇综合治理办公室、司法所于2008年6月经过调查、取证，组织双方当事人进行调解未果，F镇政府于2008年7月2日下达《F镇人民政府关于W村王玉山与王思齐土地权属纠纷的处理意见》，明确丫口田承包经营权属归王玉山。后来因为王思齐提供新的证据，F镇政府于2008年10月10日作出《F镇人民政府关于撤销〈F镇人民政府关于W村王玉山与王思齐土地权属纠纷的处理意见〉的决定》，经过重新调查，于2008年12月8日作出《F镇人民政府关于W村王玉山与王思齐土地权属纠纷的处理决定》，明确丫口田承包经营权属归王思齐。王玉山不服，向X县政府申请复议，X县政府于2010年2月4日作出《X县人民政府行政复议决定书》（×行政复决定〔2010〕××号），维持F镇政府2008年12月8日作出的"处理决定"。

2. F镇政府第二次撤销答复意见，第三次答复明确争议地块属王思齐。由于双方当事人提供的《土地承包经营权证》均载有争议的土地"丫口田"，

F镇人民政府于2010年6月2日作出《关于撤销〈F镇人民政府关于W村王玉山与王思齐土地权属纠纷的处理决定〉的通知》，撤销了2008年12月8日作出的"处理决定"，X县政府的行政复议决定也随之失效。F镇政府重新组织人员对王玉山和王思齐分别提供的《土地承包经营权证》进行核实，并进一步调查取证，确定王玉山提供的《土地承包经营权证》中有伪造的内容，确认王思齐提供的《土地承包经营权证》真实有效，F镇政府于2011年12月20日作出了《F镇人民政府关于W村村民王玉山与王思齐土地权属纠纷行政处理决定书》（×府行处字〔2011〕第××号），确定丫口田争议土地的经营权属归王思齐。王玉山不服本决定，向X县政府申请行政复议，X县政府于2012年8月30日作出了《行政复议决定书》（×府行复决字〔2012〕××号），维持F镇政府作出的"×府行处字〔2011〕第××号"的处理决定。

3. 王玉山不服，向X县法院提请诉讼，X县法院撤销F镇政府第三次答复意见；王思齐不服，向××市中院提请上诉，××市中级人民法院维持原判。王玉山于2012年9月17日向X县法院提起诉讼，X县法院因王思齐提供的《土地承包经营权证》中出现的"堰"地名来源不清，与丫口田的关系不明，认为F镇政府对事实的调查不清，证据不足。X县法院于2012年11月28日下达了《贵州省X县人民法院行政判决书》（××行初字〔2012〕第××号），撤销F镇政府作出的"×府行处字〔2011〕第××号"的行政行为。王思齐不服X县法院的判决，向××市中级人民法院提起上诉，××市中院于2013年3月26日下达《贵州省××市中级人民法院行政判决书》（××中行终字〔2013〕第××号），维持原判。

4. F镇政府第四次答复，明确争议地块属于王思齐。王思齐、王玉山分别于2013年10月10日、18日再次向F镇政府提出申请，要求对丫口田争议地进行确权。F镇政府再一次组织人员进行调查取证，查阅村委会二轮承包土地的底册和《土地承包经营权证》，找到本村村民调查询问，于2013年11月25日作出《F镇人民政府关于W村村民王玉山与王思齐土地权属纠纷行政处理决定书》（×府行处字〔2013〕第××号），确定争议地丫口田的承包经营权属归王思齐所有。

综上，该起土地纠纷案件从2008年到2013年，经过F镇政府、X县政府、X县人民法院及××市中级人民法院作出多次处理答复，情况比较复杂。F镇政府最后一次答复，即于2013年11月25日作出的"×府行处字〔2013〕第××号"的处理决定，一是没有解释清楚王思齐提供的《土地承包经营权证》中的"堰"地名的来源及与丫口田的关系，即"堰"和丫口田是否指同一块地，或"堰"是丫口田地块的边界，答复并未说清楚；二是王思齐和王玉山两人的《土地承包经营权证》上都有"丫口田"这块地，是发包方（村委会）工作失误，还是承包方其中一方造假，F镇政府的调查答复也没有说清楚；三是1995年王玉山拿丫口田这块地给王思齐修蓄水池，每年王思齐给王玉山500元补偿费，属于有偿使用，相当于王思齐租用王玉山丫口田这块地，王玉山并没有将丫口田这块地转让给王思齐。因此，F镇政府于2013年11月25日作出的"×府行处字〔2013〕第××号"处理决定，将该争议的土地承包经营权归于王思齐，仍然存在调查情况不清、调查证据不足的情况，处理决定缺乏说服力。

三、处理意见

根据以上调查情况，提出以下处理意见：

1. 建议F镇人民政府进一步核实清楚王思齐与王玉山提供的《土地承包经营权证》，达到去伪存真的目的，把以上问题调查清楚，再作出处理决定。

2. 由于该起土地纠纷案件涉法涉诉，按照《信访条例》第二十一条"对已经或者依法应当通过诉讼、仲裁、行政复议等法定途径解决的，不予受理"之规定，该起信访事项信访渠道不予受理，建议双方当事人继续走司法渠道，以维护自己的合法权益。

四、案例评析

本案涉及的争议土地登记在两个均为合法有效的承包证上，解决途径：一是告知双方可向发证机关的上级行政部门申请行政复议，或直接向法院提起行政诉讼来撤销另外一个的登记；二是任意一方当事人根据《中华人民共和国农村土地承包经营权证管理条例》规定向农业行政管理部门提起变更登记的申请；三是当事人双方均可向X县农村土地承包仲裁委员会申请仲裁。

案例 10 如何处理林地与承包土地地界破坏的土地纠纷

一、案情简介

K县N镇为发展农业产业，根据招商引资有关要求，引进了贵州省某某市××公司的投资，公司落地该镇A村四组、五组范围内的"青杠林"处，公司与A村四组、五组相关村民签订了《土地流转合同》，共流转902.4亩土地发展茶叶种植。土地流转后，公司遂动工实施地块平整。在作业过程中，A村二组、三组村民认为公司平整的土地是该村二组、三组、四组、五组共有地名为"青杠林"的荒山，共计1 000余亩。而四组、五组村民则认为××公司是按照本组农户《农村土地承包经营权证》登记的地块四至界限进行开挖，并未开挖"青杠林"荒山，未侵害二组、三组村民的权利。为此，二组、三组部分村民多次到"青杠林"茶叶种植现场进行堵工，公司因此而停工。N镇政府、派出所曾多次组织具有争议的几组村民与××公司进行调解未果。之后，K县林业局根据二组、三组村民举报××公司毁林开荒的有关线索，对××公司展开调查，并下达了《责令停止违法行为告知书》，责令其立即停止擅自开挖林地的违法行为，但仍未能化解纠纷。于是N镇政府向K县人民政府提交《K县N镇人民政府关于N镇A村矛盾纠纷的情况报告》，请求帮助解决该起纠纷。

二、调查情况

根据县人民政府转办的《K县N镇人民政府关于N镇A村矛盾纠纷的情况报告》，K县农业农村局与县林业局、县自然资源局、县司法局组成联合调查组赴N镇进行调查。调查组首先到N镇A村纠纷地现场查勘，之后到N镇政府听取了N镇政府《关于N镇A村矛盾纠纷的情况报告》，A村村委会、××公司以及二组、三组、四组、五组的村民代表参会。会议中当事人双方就N镇政府报告的内容是否属实予以确认，并提出各自补充意见。经林业局专业技术人员通过技术手段现场实地核实，将农村土地承包经营权确权矢量数据与林保规划图斑及××公司开挖范围勘验数据进行比对，结合涉案土地现场勘察情况，得出已开挖地块范围内林地与承包地界限及相应的面积数据。

调查组调取了《K县N镇人民政府关于N镇A村矛盾纠纷的情况报告》《关于N镇A村二组、三组与四组、五组土地纠纷调查情况》《责令停止违法行为告知书》《农村土地承包经营权证》《某某市K县林业局林木林地鉴定意见书》等证据。

三、查明事实

1. 涉案土地现场已被破坏，承包地与荒山林地界限不清晰。截至调查时，该公司实际开挖并种植茶叶面积为442.13亩，其中属于四组、五组已经进行农村土地承包经营确权并登记在《农村土地承包经营权证》内的承包地367.5亩；属于四组、五组《农村土地承包经营权证》登记范围外的面积74.63亩。

2. 被挖掉的承包地范围内地块，四组、五组农户已取得《农村土地承包经营权证》，而被挖掉的荒山林地部分，当事人双方均无《林权证》。二组、三组农户向联合调查组提出对四组、五组《农村土地承包经营权证》中"青杠林"处范围内土地登记行为有异议的主张。

3. 二组、三组村民以××公司开挖了二组、三组、四组、五组共有的荒山为由在茶叶种植现场堵工，且在××公司停工后将挖土机运出A村时进行拦截。

四、处理意见

1. 由于涉案土地现场已被破坏，荒山林地与四组、五组承包地界线已不清晰，由县农业农村局、县林业局、县自然资源局协调N镇政府将已经界定的承包地与荒山林地界线通过技术手段，从矢量图上定位到涉案土地现场，将荒山林地与承包地界线标记出来。根据《中华人民共和国农村土地承包经营权证管理办法》第二条"农村土地承包经营权证是农村土地承包合同生效后，国家依法确认承包方享有土地承包经营权的法律凭证，农村土地承包经营权证只限承包方使用"、第三条"承包耕地、园地、荒山、荒沟、荒丘、荒滩等农村土地从事种植业生产活动，承包方依法取得农村土地承包经营权后，应颁发农村土地承包经营权证予以确认"。故属于承包土地部分的农村土地承包经营权应归有《农村土地承包经营权证》的农户，其余属于林地的部分由K县林业局依据林业法律法规查处，也可以依法向农村土地承包仲裁委员会提请仲裁。

2．因二组、三组对四组、五组农村土地确权后颁发的《农村土地承包经营权证》中"青杠林"处范围内土地登记行为有异议，根据《中华人民共和国行政复议法》第十三条"对地方各级人民政府的具体行政行为不服的，向上一级地方人民政府申请行政复议"之规定向某某市人民政府申请行政复议；或依据《中华人民共和国行政诉讼法》第二条"公民、法人或者其他组织认为行政机关和行政机关工作人员的行政行为侵犯其合法权益，有权依照本法向人民法院提起诉讼之规定向人民法院提起行政诉讼"。建议经行政复议或行政诉讼后再根据《中华人民共和国农村土地承包纠纷调解仲裁法》向K县农村土地承包仲裁委员会提请仲裁。

3．二组、三组村民以××公司开挖了二组、三组、四组、五组共有的荒山为由在茶叶种植现场堵工行为，若当事人双方或××公司有构成侵权行为的，待涉案土地争议解决后，建议受侵权方依法向人民法院提起侵权诉讼。

五、案例评析

本案重点有两个：

一是划分承包土地与荒山林地的界线。因荒山林地与承包地界线已被破坏，需要分别对荒山林地和承包地明确权属，此类纠纷必须先将二者界线划分出来。具体方法为：通过有资质的单位将农村土地承包经营权确权矢量数据与林业部门林保规划图斑及××公司开挖范围勘验数据进行比对，得出已开挖地块范围内林地与承包地界限及相应的面积；

二是如何判定权属。土地受《中华人民共和国物权法》规范，首先看双方是否有权属证书，有证书的自然有土地权属，若对方对证书有异议可以依法提起行政复议或行政诉讼，之后再根据结果提请仲裁；若双方均无权属证书，则可以依法向农村土地承包仲裁委员会提起仲裁。

本案被挖的承包地部分，四组、五组村民有《农村土地承包经营权证》，而荒山部分双方均无权属证书，故荒山部分应依照《中华人民共和国土地管理法》第十六条第二款规定向县级以上的人民政府申请确权，向农村土地承包仲裁委员会提请仲裁。

确权登记纠纷案例

案例 11 如何保护特殊人群的承包经营权

一、案情简介

申请人王祥书系某某县 O 镇 R 村村民，于 2020 年 3 月 24 日向市确权办提交申请，请求将申请人的二伯王中华（已故，系 R 村村民）耕种的位于 O 镇 R 村大丫口的土地确权给申请人，并颁发农村土地承包经营权证书。

1964 年，王中华因患麻风病医治后被公社及大队安排隔离居住，并指定土地给其耕种，农村土地承包到户及第二轮土地延包时未对其颁发农村土地承包经营权证书。2013 年，B 村村民李元能、李元高在王中华被指定耕种的部分土地上修建房屋。经村、镇协调处理未果，因上述土地存在权属争议，申请人遂向市确权办公室提出确权申请。市确权办为此成立了调查组，对这件农村土地承包纠纷进行调查处理。

二、调查情况

1964 年，王中华因患麻风病在某某麻风病医院就医回到本公社，公社及大队为避免其麻风病传染他人，协商后将其安排到无人居住的大丫口隔离居住，并指定土地给其耕种。实行农村土地承包到户及第二轮土地延包时，因王中华是麻风病人，R 村（原公社）未与王中华就上述指定耕种的土地签订承包合同和颁发承包证书。

申请人王祥书系王中华的侄子，在王中华被安排到大丫口隔离居住期间，申请人与孤寡年老的王中华达成生养死葬协议，并尽到对王中华赡养义务直至

2002年8月王中华去世，后王祥书继续耕种上述土地。

2013年，李元能、李元高在王中华被指定耕种的土地范围内修建房屋，修建房屋处原为O镇页岩砖厂，砖厂占用土地并按年向王中华支付矿山开采青苗补偿费。在李元能、李元高侵占土地修建房屋过程中，申请人向O镇政府、派出所、R村村委会等反映，未得到有效解决。

三、处理意见

根据查明的事实，结合对麻风病人处理的历史实情，依据《民法总则》中"公序良俗"原则、2019年施行的《中华人民共和国农村土地承包法》第五条"农村集体经济组织成员有权依法承包由本集体经济组织发包的农村土地"、第二十四条"国家对耕地、林地和草地等实行统一登记，登记机构应当向承包方颁发土地承包经营权证或者林权证等证书，并登记造册，确认土地承包经营权"、第五十四条"依照本章规定通过招标、拍卖、公开协商等方式取得土地经营权的，该承包人死亡，其应得的承包收益，依照继承法的规定继承；在承包期内，其继承人可以继续承包"、第五十五条"因土地承包经营发生纠纷的，双方当事人可以通过协商解决，也可以请求村民委员会、乡（镇）人民政府等调解解决。当事人不愿协商、调解或者协商、调解不成的，可以向农村土地承包仲裁机构申请仲裁，也可以直接向人民法院起诉"、《农村土地承包经营纠纷调解仲裁法》第二条第一款"因确认农村土地承包经营权发生的纠纷、因侵害农村土地承包经营权发生的纠纷属于农村土地承包经营纠纷"等法律规定，对某某县提出如下处理意见。

1. 申请人王祥书享有原公社指定给王中华耕种土地的承包经营权，依法由某某县进行登记并发证。

2. 李元能、李元高在王中华被指定耕种的土地上修建房屋，系"因侵害农村土地承包经营权发生的纠纷"，属农村土地承包经营纠纷调解仲裁法适用范围，指导申请人向某某县农村土地承包仲裁委员会申请仲裁，也可以待权属确认后向人民法院起诉。

四、案例评析

本案争议的焦点为王中华的侄子王祥书是否享有上述土地的经营权。

王祥书、王中华属于R村集体经济组织成员。王中华年老时，因膝下无子，无人照管、无法生存，作为侄子的王祥书与其达成生养死葬协议，并尽到对其赡养和死葬的义务，符合《民法通则》第七条和《民法总则》第八条中公序良俗原则要求，享有继承王中华遗产的继承权利；根据《国务院批转农业部关于稳定和完善土地承包关系意见的通知》第六条保护继承人的合法权益和依照《中华人民共和国农村土地承包法》第五十四条，王中华作为承包人，通过公开协商承包的土地，在其死亡后，该承包期内依法由其继承人王祥书继续承包。依照《中华人民共和国农村土地承包法》第五条，王祥书作为R村集体经济组织成员，有权承包R村发包的农村土地；按照《中共中央国务院关于保持土地承包关系稳定并长久不变的意见》，本次农村土地承包经营权确权，并非打乱重新分配，而是在第二轮土地延包到期后再延长三十年，实行"长久不变"。因此，王祥书应享有原公社指定给王中华耕种的土地的经营权，并按照省对农村土地确权中"应确尽确"的要求，进行确权登记，保障承包方合法权益。

案例 12 依法保护外嫁女农村土地承包经营权权益

一、案情简介

申请人黄家兰与被申请人黄家贵（申请人的大哥）、罗宗先（申请人的大嫂）、黄山石（申请人的父亲）家庭内部农村土地承包经营权纠纷一案，经村、镇调解无果，申请人以侵权为由向Z县人民法院起诉，县法院以土地权属不清，应由人民政府处理而裁定驳回诉讼，二审维持一审裁定；随后，黄家兰以信访方式向县信访局反映，信访局将案件转县农牧局办理，对县农牧局的答复黄家兰不服，遂于2018年8月29日向××市确权办提出申请：

1. 请求确认申请人黄家兰与被申请人黄山石共同享有黄山石户原在Z县

Q乡T村十一组所承包的全部土地的承包经营权。

2. 请求确认被申请人黄家贵和罗宗先夫妻俩不享有和不再享有被申请人黄山石户原在Z县Q乡T村十一组所承包的全部土地的承包经营权。

××市确权办公室为及时化解此农村土地承包纠纷，成立了专案组，对此件纠纷进行调查处理。

二、调查情况

1980年，农村土地承包到户时，以被申请人黄山石（申请人父亲）为户主，成员包括被申请人黄山石、吴桂兰（申请人的母亲）、罗宗先（黄家贵的妻子，申请人的嫂子）、申请人黄家兰等四人，在Q乡T村十一组承包了四个人的土地。

被申请人黄家贵自1976年起参加工作，是Z县药材公司正式工作人员（现已退休），所以在第一轮农村土地承包到户时未参加承包土地；被申请人罗宗先第一轮参加承包土地后，于1983年参加工作（为Z县国税局正式工作人员，现已退休），农改非，户口随即迁至Z县B镇。

1982年，申请人黄家兰结婚到Z县B镇社区，其夫是非农户，申请人黄家兰在嫁入地未得土地。婚后，申请人黄家兰的户口并未迁移，仍旧在户主黄山石户下，直至2004年11月16日。根据《国务院批转公安部关于推进小城镇户籍管理制度改革意见的通知》、公安部《关于推进小城镇户籍管理制度改革的意见》等文件精神，Z县公安局于2004年7月作出《关于批准王二等327户985人由农业户口转为小城镇户口的通知》（×公通〔2004〕治字第××号），批准申请人黄家兰转为Z县B镇小城镇户口。

1998年第二轮土地延包，即原承包地延包时，根据《中共贵州省委贵州省人民政府关于贯彻〈中共中央办公厅、国务院办公厅关于进一步稳定和完善农村土地承包关系的通知〉的意见》（省发〔1997〕24号）、中共Z县委文件《中共Z县委Z县人民政府关于转发省委、省政府〈关于贯彻中共中央办公厅、国务院办公厅关于进一步稳定和完善农村土地承包关系的通知的意见〉的通知》精神，原黄山石户所承包的土地就由黄山石、吴桂兰、黄家兰三人继续承包，而被申请人罗宗先因Z县国税局正式工作人员，且农转非，不再承包土地。

2001 年，申请人的母亲吴桂兰去世后，黄山石户所承包的土地实际就是由申请人的父亲黄山石、申请人黄家兰二人继续承包。

认定上述事实，有以下证据：①申请人家庭户口本；②黄山石户农村承包地基本情况登记表；③ 2002 年 5 月 Z 县农村税费改革前后到户基础数据表；④《关于批准王二等 327 户 985 人由农业户口转为小城镇户口的通知》（×公通〔2004〕治字第××号）；⑤《国务院批转公安部关于推进小城镇户籍管理制度改革意见的通知》；⑥公安部《关于推进小城镇户籍管理制度改革的意见》；⑦对被申请人黄山石的询问笔录 1 份；⑧对村主任的询问笔录 1 份；⑨对被申请人罗宗先的走访记录 1 份；⑩ Q 乡 T 村村民委员会出具的证明 1 份。

三、处理意见

××市确权办根据调查情况经请示省确权办同意后，依据 2003 年施行的《中华人民共和国农村土地承包法》第三十条规定：承包期内，妇女结婚，在新居住地未取得承包地的，发包方不得收回其原承包地。作出处理意见如下：

1．确认申请人黄家兰与被申请人黄山石共同享有黄山石户原在 Z 县 Q 乡 T 村十一组所承包的全部土地的承包经营权。

2．确认被申请人黄家贵和罗宗先夫妻俩不享有和不再享有被申请人黄山石户原在 Z 县 Q 乡 T 村十一组所承包的全部土地的承包经营权。

3．根据农村土地承包经营权确权登记颁证要求及程序，依法由 Z 县人民政府对黄山石户进行确权登记颁证，将被申请人黄山石户原在 Z 县 Q 乡 T 村十一组所承包的全部土地的承包经营权确权在黄山石和黄家兰二人名下。

四、案例评析

本案是外嫁女合法权益保护的典型案例。申请人黄家兰在 Q 乡 T 村十一组参与第一轮土地承包后，于 1982 年嫁至 Z 县 B 镇的社区，且在嫁入地未分得土地，依照《中华人民共和国农村土地承包法》第三十条和《中共中央办公厅国务院办公厅关于切实维护农村妇女土地承包权益的通知》（中办厅字〔2001〕9 号）第二条、第三条规定，外嫁妇女对原承包地继续享有承包经营权；同时，原发包方Q乡T村也从未收回申请人黄家兰的承包地，并在第二轮土地延包时，继续参加原承包户的土地延包；申请人黄家兰的母亲吴桂兰于2001年去世后，现在原黄山石户参加承包土地的成员实际仅有申请人的父亲黄山石、申请人黄家兰2人，该户原有承包地实际只能由申请人的父亲黄山石、申请人黄家兰2人继续延包。

所以，申请人黄家兰不仅依法仍为黄山石户的承包成员，而且与被申请人黄山石共同享有该户在Z县Q乡T村十一组所承包的全部土地的承包经营权。被申请人黄家贵因原本就没有参与承包土地，所以不享有被申请人黄山石户在Z县Q乡T村十一组所承包的全部土地的承包经营权；被申请人罗宗先虽参与第一轮土地承包，但因成为Z县国税局正式工作人员，在第二轮土地延包时就已经不再承包土地，所以罗宗先现不再享有被申请人黄山石户在Z县Q乡T村十一组所承包的全部土地的承包经营权。

本案件经由村、镇调解，人民法院判决驳回后，县级两次调查答复黄家兰。依据黄山石户常住人口登记表认为，黄家兰1982年嫁入B镇社区后，1989年将户口迁出，农转非。经调查组到县公安局调取黄家兰户籍档案确认，县公安局于2004年按公安部对小城镇户籍政策，作出《关于批准王二等327户985人由农业户口转为小城镇户口的通知》，同意黄家兰转为小城镇户口。××市确权办根据调查情况，依据法律，参照政策文件，向Z县人民政府作出处理意见，县人民政府依照处理意见有效化解了该件纠纷。

第三章 | DISANZHANG

涉及农村土地的有关法律法规和政策

一、有关法律法规

中华人民共和国
农村土地承包经营纠纷调解仲裁法

（2009 年 6 月 27 日第十一届全国人民代表大会常务委员会第九次会议通过）

第一章　总则

第一条　为了公正、及时解决农村土地承包经营纠纷，维护当事人的合法权益，促进农村经济发展和社会稳定，制定本法。

第二条　农村土地承包经营纠纷调解和仲裁，适用本法。

农村土地承包经营纠纷包括：

（一）因订立、履行、变更、解除和终止农村土地承包合同发生的纠纷；

（二）因农村土地承包经营权转包、出租、互换、转让、入股等流转发生的纠纷；

（三）因收回、调整承包地发生的纠纷；

（四）因确认农村土地承包经营权发生的纠纷；

（五）因侵害农村土地承包经营权发生的纠纷；

（六）法律、法规规定的其他农村土地承包经营纠纷。

因征收集体所有的土地及其补偿发生的纠纷，不属于农村土地承包仲裁委员会的受理范围，可以通过行政复议或者诉讼等方式解决。

第三条　发生农村土地承包经营纠纷的，当事人可以自行和解，也可以请求村民委员会、乡（镇）人民政府等调解。

第四条　当事人和解、调解不成或者不愿和解、调解的，可以向农村土地承包仲裁委员会申请仲裁，也可以直接向人民法院起诉。

第五条　农村土地承包经营纠纷调解和仲裁，应当公开、公平、公正，便民高效，根据事实，符合法律，尊重社会公德。

第六条　县级以上人民政府应当加强对农村土地承包经营纠纷调解和仲裁工作的指导。

县级以上人民政府农村土地承包管理部门及其他有关部门应当依照职责分工，支持有关调解组织和农村土地承包仲裁委员会依法开展工作。

第二章　调解

第七条　村民委员会、乡（镇）人民政府应当加强农村土地承包经营纠纷的调解工作，帮助当事人达成协议解决纠纷。

第八条　当事人申请农村土地承包经营纠纷调解可以书面申请，也可以口头申请。口头申请的，由村民委员会或者乡（镇）人民政府当场记录申请人的基本情况、申请调解的纠纷事项、理由和时间。

第九条　调解农村土地承包经营纠纷，村民委员会或者乡（镇）人民政府应当充分听取当事人对事实和理由的陈述，讲解有关法律以及国家政策，耐心疏导，帮助当事人达成协议。

第十条　经调解达成协议的，村民委员会或者乡（镇）人民政府应当制作调解协议书。

调解协议书由双方当事人签名、盖章或者按指印，经调解人员签名并加盖调解组织印章后生效。

第十一条　仲裁庭对农村土地承包经营纠纷应当进行调解。调解达成协议的，仲裁庭应当制作调解书；调解不成的，应当及时作出裁决。

调解书应当写明仲裁请求和当事人协议的结果。调解书由仲裁员签名，加盖农村土地承包仲裁委员会印章，送达双方当事人。

调解书经双方当事人签收后，即发生法律效力。在调解书签收前当事人反悔的，仲裁庭应当及时作出裁决。

第三章　仲裁

第一节　仲裁委员会和仲裁员

第十二条　农村土地承包仲裁委员会，根据解决农村土地承包经营纠纷的实际需要设立。农村土地承包仲裁委员会可以在县和不设区的市设立，也可以在设区的市或者其市辖区设立。

农村土地承包仲裁委员会在当地人民政府指导下设立。设立农村土地承包仲裁委员会的，其日常工作由当地农村土地承包管理部门承担。

第十三条　农村土地承包仲裁委员会由当地人民政府及其有关部门代表、有关人民团体代表、农村集体经济组织代表、农民代表和法律、经济等相关专业人员兼任组成，其中农民代表和法律、经济等相关专业人员不得少于组成人员的二分之一。

农村土地承包仲裁委员会设主任一人、副主任一至二人和委员若干人。主任、副主任由全体组成人员选举产生。

第十四条　农村土地承包仲裁委员会依法履行下列职责：

（一）聘任、解聘仲裁员；

（二）受理仲裁申请；

（三）监督仲裁活动。

农村土地承包仲裁委员会应当依照本法制定章程，对其组成人员的产生方式及任期、议事规则等作出规定。

第十五条　农村土地承包仲裁委员会应当从公道正派的人员中聘任仲裁员。

仲裁员应当符合下列条件之一：

（一）从事农村土地承包管理工作满五年；

（二）从事法律工作或者人民调解工作满五年；

（三）在当地威信较高，并熟悉农村土地承包法律以及国家政策的居民。

第十六条　农村土地承包仲裁委员会应当对仲裁员进行农村土地承包法律以及国家政策的培训。省、自治区、直辖市人民政府农村土地承包管理部门应当制定仲裁员培训计划，加强对仲裁员培训工作的组织和指导。

第十七条　农村土地承包仲裁委员会组成人员、仲裁员应当依法履行职责，遵守农村土地承包仲裁委员会章程和仲裁规则，不得索贿受贿、徇私舞弊，不得侵害当事人的合法权益。

仲裁员有索贿受贿、徇私舞弊、枉法裁决以及接受当事人请客送礼等违法违纪行为的，农村土地承包仲裁委员会应当将其除名；构成犯罪的，依法追究刑事责任。

县级以上地方人民政府及有关部门应当受理对农村土地承包仲裁委员会组成人员、仲裁员违法违纪行为的投诉和举报，并依法组织查处。

第二节　申请和受理

第十八条　农村土地承包经营纠纷申请仲裁的时效期间为二年，自当事人知道或者应当知道其权利被侵害之日起计算。

第十九条　农村土地承包经营纠纷仲裁的申请人、被申请人为当事人。家庭承包的，可以由农户代表人参加仲裁。当事人一方人数众多的，可以推选代表人参加仲裁。

与案件处理结果有利害关系的，可以申请作为第三人参加仲裁，或者由农村土地承包仲裁委员会通知其参加仲裁。当事人、第三人可以委托代理人参加仲裁。

第二十条　申请农村土地承包经营纠纷仲裁应当符合下列条件：

（一）申请人与纠纷有直接的利害关系；

（二）有明确的被申请人；

（三）有具体的仲裁请求和事实、理由；

（四）属于农村土地承包仲裁委员会的受理范围。

第二十一条　当事人申请仲裁，应当向纠纷涉及的土地所在地的农村土地承包仲裁委员会递交仲裁申请书。仲裁申请书可以邮寄或者委托他人代交。仲裁申请书应当载明申请人和被申请人的基本情况，仲裁请求和所根据的事实、理由，并提供相应的证据和证据来源。

书面申请确有困难的，可以口头申请，由农村土地承包仲裁委员会记入笔录，经申请人核实后由其签名、盖章或者按指印。

第二十二条　农村土地承包仲裁委员会应当对仲裁申请予以审查，认为符合本法第二十条规定的，应当受理。有下列情形之一的，不予受理；已受理的，终止仲裁程序：

（一）不符合申请条件；

（二）人民法院已受理该纠纷；

（三）法律规定该纠纷应当由其他机构处理；

（四）对该纠纷已有生效的判决、裁定、仲裁裁决、行政处理决定等。

第二十三条　农村土地承包仲裁委员会决定受理的，应当自收到仲裁申请之日起五个工作日内，将受理通知书、仲裁规则和仲裁员名册送达申请人；决定不予受理或者终止仲裁程序的，应当自收到仲裁申请或者发现终止仲裁程序情形之日起五个工作日内书面通知申请人，并说明理由。

第二十四条　农村土地承包仲裁委员会应当自受理仲裁申请之日起五个工作日内，将受理通知书、仲裁申请书副本、仲裁规则和仲裁员名册送达被申请人。

第二十五条　被申请人应当自收到仲裁申请书副本之日起十日内向农村土地承包仲裁委员会提交答辩书；书面答辩确有困难的，可以口头答辩，由农村土地承包仲裁委员会记入笔录，经被申请人核实后由其签名、盖章或者按指印。农村土地承包仲裁委员会应当自收到答辩书之日起五个工作日内将答辩书副本送达申请人。被申请人未答辩的，不影响仲裁程序的进行。

第二十六条　一方当事人因另一方当事人的行为或者其他原因，可能使裁决不能执行或者难以执行的，可以申请财产保全。

当事人申请财产保全的，农村土地承包仲裁委员会应当将当事人的申请提交被申请人住所地或者财产所在地的基层人民法院。申请有错误的，申请人应当赔偿被申请人因财产保全所遭受的损失。

第三节　仲裁庭的组成

第二十七条　仲裁庭由三名仲裁员组成，首席仲裁员由当事人共同选定，其他二名仲裁员由当事人各自选定；当事人不能选定的，由农村土地承包仲裁委员会主任指定。事实清楚、权利义务关系明确、争议不大的农村土地承包经营纠纷，经双方当事人同意，可以由一名仲裁员仲裁。仲裁员由当事人共同选定或者由农村土地承包仲裁委员会主任指定。农村土地承包仲裁委员会应当自仲裁庭组成之日起二个。作日内将仲裁庭组成情况通知当事人。

第二十八条　仲裁员有下列情形之一的，必须回避，当事人也有权以口头或者书面方式申请其回避：

（一）是本案当事人或者当事人、代理人的近亲属；

（二）与本案有利害关系；

（三）与本案当事人、代理人有其他关系，可能影响公正仲裁；

（四）私自会见当事人、代理人，或者接受当事人、代理人的请客送礼。当事人提出回避申请，应当说明理由，在首次开庭前提出。回避事由在首次开庭后知道的，可以在最后一次开庭终结前提出。

第二十九条　农村土地承包仲裁委员会对回避申请应当及时作出决定，以口头或者书面方式通知当事人，并说明理由。

仲裁员是否回避，由农村土地承包仲裁委员会主任决定；农村土地承包仲裁委员会主任担任仲裁员时，由农村土地承包仲裁委员会集体决定。仲裁员因回避或者其他原因不能履行职责的，应当依照本法规定重新选定或者指定仲裁员。

第四节　开庭和裁决

第三十条　农村土地承包经营纠纷仲裁应当开庭进行。开庭可以在纠纷涉及的土地所在地的乡（镇）或者村进行，也可以在农村土地承包仲裁委员会所在地进行。当事人双方要求在乡（镇）或者村开庭的，应当在该乡（镇）或者村开庭。

开庭应当公开，但涉及国家秘密、商业秘密和个人隐私以及当事人约定不公开的除外。

第三十一条　仲裁庭应当在开庭五个工作日前将开庭的时间、地点通知当事人和其他仲裁参与人。当事人有正当理由的，可以向仲裁庭请求变更开庭的时间、地点。是否变更，由仲裁庭决定。

第三十二条　当事人申请仲裁后，可以自行和解。达成和解协议的，可以请求仲裁庭根据和解协议作出裁决书，也可以撤回仲裁申请。

第三十三条　申请人可以放弃或者变更仲裁请求。被申请人可以承认或者反驳仲裁请求，有权提出反请求。

第三十四条　仲裁庭作出裁决前，申请人撤回仲裁申请的，除被申请人提出反请求的外，仲裁庭应当终止仲裁。

第三十五条 申请人经书面通知，无正当理由不到庭或者未经仲裁庭许可中途退庭的，可以视为撤回仲裁申请。

被申请人经书面通知，无正当理由不到庭或者未经仲裁庭许可中途退庭的，可以缺席裁决。

第三十六条 当事人在开庭过程中有权发表意见、陈述事实和理由、提供证据、进行质证和辩论。对不通晓当地通用语言文字的当事人，农村土地承包仲裁委员会应当为其提供翻译。

第三十七条 当事人应当对自己的主张提供证据。与纠纷有关的证据由作为当事人一方的发包方等掌握管理的，该当事人应当在仲裁庭指定的期限内提供，逾期不提供的，应当承担不利后果。

第三十八条 仲裁庭认为有必要收集的证据，可以自行收集。

第三十九条 仲裁庭对专门性问题认为需要鉴定的，可以交由当事人约定的鉴定机构鉴定；当事人没有约定的，由仲裁庭指定的鉴定机构鉴定。根据当事人的请求或者仲裁庭的要求，鉴定机构应当派鉴定人参加开庭。当事人经仲裁庭许可，可以向鉴定人提问。

第四十条 证据应当在开庭时出示，但涉及国家秘密、商业秘密和个人隐私的证据不得在公开开庭时出示。仲裁庭应当依照仲裁规则的规定开庭，给予双方当事人平等陈述、辩论的机会，并组织当事人进行质证。

经仲裁庭查证属实的证据，应当作为认定事实的根据。

第四十一条 在证据可能灭失或者以后难以取得的情况下，当事人可以申请证据保全。当事人申请证据保全的，农村土地承包仲裁委员会应当将当事人的申请提交证据所在地的基层人民法院。

第四十二条 对权利义务关系明确的纠纷，经当事人申请，仲裁庭可以先行裁定维持现状、恢复农业生产以及停止取土、占地等行为。一方当事人不履行先行裁定的，另一方当事人可以向人民法院申请执行，但应当提供相应的担保。

第四十三条 仲裁庭应当将开庭情况记入笔录，由仲裁员、记录人员、当事人和其他仲裁参与人签名、盖章或者按指印。当事人和其他仲裁参与人认为对自己陈述的记录有遗漏或者差错的，有权申请补正。如果不予补正，应当记录该申请。

第四十四条　仲裁庭应当根据认定的事实和法律以及国家政策作出裁决并制作裁决书。裁决应当按照多数仲裁员的意见作出，少数仲裁员的不同意见可以记入笔录。仲裁庭不能形成多数意见时，裁决应当按照首席仲裁员的意见作出。

第四十五条　裁决书应当写明仲裁请求、争议事实、裁决理由、裁决结果、裁决日期以及当事人不服仲裁裁决的起诉权利、期限，由仲裁员签名，加盖农村土地承包仲裁委员会印章。

农村土地承包仲裁委员会应当在裁决作出之日起三个工作日内将裁决书送达当事人，并告知当事人不服仲裁裁决的起诉权利、期限。

第四十六条　仲裁庭依法独立履行职责，不受行政机关、社会团体和个人的干涉。

第四十七条　仲裁农村土地承包经营纠纷，应当自受理仲裁申请之日起六十日内结束；案情复杂需要延长的，经农村土地承包仲裁委员会主任批准可以延长，并书面通知当事人，但延长期限不得超过三十日。

第四十八条　当事人不服仲裁裁决的，可以自收到裁决书之日起三十日内向人民法院起诉。逾期不起诉的，裁决书即发生法律效力。

第四十九条　当事人对发生法律效力的调解书、裁决书，应当依照规定的期限履行。一方当事人逾期不履行的，另一方当事人可以向被申请人住所地或者财产所在地的基层人民法院申请执行。受理申请的人民法院应当依法执行。

第四章　附则

第五十条　本法所称农村土地，是指农民集体所有和国家所有依法由农民集体使用的耕地、林地、草地，以及其他依法用于农业的土地。

第五十一条　农村土地承包经营纠纷仲裁规则和农村土地承包仲裁委员会示范章程，由国务院农业、林业行政主管部门依照本法规定共同制定。

第五十二条　农村土地承包经营纠纷仲裁不得向当事人收取费用，仲裁工作经费纳入财政预算予以保障。

第五十三条　本法自 2010 年 1 月 1 日起施行。

中华人民共和国农村土地承包法

（2002 年 8 月 29 日第九届全国人民代表大会常务委员会第二十九次会议通过 2002 年 8 月 29 日中华人民共和国主席令第七十三号公布 根据 2009 年 8 月 27 日第十一届全国人民代表大会常务委员会第十次会议《关于修改部分法律的决定》第一次修正 根据 2018 年 12 月 29 日第十三届全国人民代表大会常务委员会第七次会议《关于修改〈中华人民共和国农村土地承包法〉的决定》第二次修正）

第一章 总则

第一条 为了巩固和完善以家庭承包经营为基础、统分结合的双层经营体制，保持农村土地承包关系稳定并长久不变，维护农村土地承包经营当事人的合法权益，促进农业、农村经济发展和农村社会和谐稳定，根据宪法，制定本法。

第二条 本法所称农村土地，是指农民集体所有和国家所有依法由农民集体使用的耕地、林地、草地，以及其他依法用于农业的土地。

第三条 国家实行农村土地承包经营制度。

农村土地承包采取农村集体经济组织内部的家庭承包方式，不宜采取家庭承包方式的荒山、荒沟、荒丘、荒滩等农村土地，可以采取招标、拍卖、公开协商等方式承包。

第四条 农村土地承包后，土地的所有权性质不变。承包地不得买卖。

第五条 农村集体经济组织成员有权依法承包由本集体经济组织发包的农村土地。

任何组织和个人不得剥夺和非法限制农村集体经济组织成员承包土地的权利。

第六条 农村土地承包，妇女与男子享有平等的权利。承包中应当保护妇女的合法权益，任何组织和个人不得剥夺、侵害妇女应当享有的土地承包经营权。

第七条　农村土地承包应当坚持公开、公平、公正的原则，正确处理国家、集体、个人三者的利益关系。

第八条　国家保护集体土地所有者的合法权益，保护承包方的土地承包经营权，任何组织和个人不得侵犯。

第九条　承包方承包土地后，享有土地承包经营权，可以自己经营，也可以保留土地承包权，流转其承包地的土地经营权，由他人经营。

第十条　国家保护承包方依法、自愿、有偿流转土地经营权，保护土地经营权人的合法权益，任何组织和个人不得侵犯。

第十一条　农村土地承包经营应当遵守法律、法规，保护土地资源的合理开发和可持续利用。未经依法批准不得将承包地用于非农建设。

国家鼓励增加对土地的投入，培肥地力，提高农业生产能力。

第十二条　国务院农业农村、林业和草原主管部门分别依照国务院规定的职责负责全国农村土地承包经营及承包经营合同管理的指导。

县级以上地方人民政府农业农村、林业和草原等主管部门分别依照各自职责，负责本行政区域内农村土地承包经营及承包经营合同管理。

乡（镇）人民政府负责本行政区域内农村土地承包经营及承包经营合同管理。

第二章　家庭承包

第一节　发包方和承包方的权利和义务

第十三条　农民集体所有的土地依法属于村农民集体所有的，由村集体经济组织或者村民委员会发包；已经分别属于村内两个以上农村集体经济组织的农民集体所有的，由村内各该农村集体经济组织或者村民小组发包。村集体经济组织或者村民委员会发包的，不得改变村内各集体经济组织农民集体所有的土地的所有权。

国家所有依法由农民集体使用的农村土地，由使用该土地的农村集体经济组织、村民委员会或者村民小组发包。

第十四条　发包方享有下列权利：

（一）发包本集体所有的或者国家所有依法由本集体使用的农村土地；

（二）监督承包方依照承包合同约定的用途合理利用和保护土地；

（三）制止承包方损害承包地和农业资源的行为；

（四）法律、行政法规规定的其他权利。

第十五条　发包方承担下列义务：

（一）维护承包方的土地承包经营权，不得非法变更、解除承包合同；

（二）尊重承包方的生产经营自主权，不得干涉承包方依法进行正常的生产经营活动；

（三）依照承包合同约定为承包方提供生产、技术、信息等服务；

（四）执行县、乡（镇）土地利用总体规划，组织本集体经济组织内的农业基础设施建设；

（五）法律、行政法规规定的其他义务。

第十六条　家庭承包的承包方是本集体经济组织的农户。

农户内家庭成员依法平等享有承包土地的各项权益。

第十七条　承包方享有下列权利：

（一）依法享有承包地使用、收益的权利，有权自主组织生产经营和处置产品；

（二）依法互换、转让土地承包经营权；

（三）依法流转土地经营权；

（四）承包地被依法征收、征用、占用的，有权依法获得相应的补偿；

（五）法律、行政法规规定的其他权利。

第十八条　承包方承担下列义务：

（一）维持土地的农业用途，未经依法批准不得用于非农建设；

（二）依法保护和合理利用土地，不得给土地造成永久性损害；

（三）法律、行政法规规定的其他义务。

第二节　承包的原则和程序

第十九条　土地承包应当遵循以下原则：

（一）按照规定统一组织承包时，本集体经济组织成员依法平等地行使承包土地的权利，也可以自愿放弃承包土地的权利；

（二）民主协商，公平合理；

（三）承包方案应当按照本法第十三条的规定，依法经本集体经济组织成员的村民会议三分之二以上成员或者三分之二以上村民代表的同意；

（四）承包程序合法。

第二十条　土地承包应当按照以下程序进行：

（一）本集体经济组织成员的村民会议选举产生承包工作小组；

（二）承包工作小组依照法律、法规的规定拟订并公布承包方案；

（三）依法召开本集体经济组织成员的村民会议，讨论通过承包方案；

（四）公开组织实施承包方案；

（五）签订承包合同。

第三节　承包期限和承包合同

第二十一条　耕地的承包期为三十年。草地的承包期为三十年至五十年。林地的承包期为三十年至七十年。

前款规定的耕地承包期届满后再延长三十年，草地、林地承包期届满后依照前款规定相应延长。

第二十二条　发包方应当与承包方签订书面承包合同。

承包合同一般包括以下条款：

（一）发包方、承包方的名称，发包方负责人和承包方代表的姓名、住所；

（二）承包土地的名称、坐落、面积、质量等级；

（三）承包期限和起止日期；

（四）承包土地的用途；

（五）发包方和承包方的权利和义务；

（六）违约责任。

第二十三条　承包合同自成立之日起生效。承包方自承包合同生效时取得土地承包经营权。

第二十四条　国家对耕地、林地和草地等实行统一登记，登记机构应当向承包方颁发土地承包经营权证或者林权证等证书，并登记造册，确认土地承包经营权。

土地承包经营权证或者林权证等证书应当将具有土地承包经营权的全部家

庭成员列入。

登记机构除按规定收取证书工本费外，不得收取其他费用。

第二十五条 承包合同生效后，发包方不得因承办人或者负责人的变动而变更或者解除，也不得因集体经济组织的分立或者合并而变更或者解除。

第二十六条 国家机关及其工作人员不得利用职权干涉农村土地承包或者变更、解除承包合同。

第四节 土地承包经营权的保护和互换、转让

第二十七条 承包期内，发包方不得收回承包地。

国家保护进城农户的土地承包经营权。不得以退出土地承包经营权作为农户进城落户的条件。

承包期内，承包农户进城落户的，引导支持其按照自愿有偿原则依法在本集体经济组织内转让土地承包经营权或者将承包地交回发包方，也可以鼓励其流转土地经营权。

承包期内，承包方交回承包地或者发包方依法收回承包地时，承包方对其在承包地上投入而提高土地生产能力的，有权获得相应的补偿。

第二十八条 承包期内，发包方不得调整承包地。

承包期内，因自然灾害严重毁损承包地等特殊情形对个别农户之间承包的耕地和草地需要适当调整的，必须经本集体经济组织成员的村民会议三分之二以上成员或者三分之二以上村民代表的同意，并报乡（镇）人民政府和县级人民政府农业农村、林业和草原等主管部门批准。承包合同中约定不得调整的，按照其约定。

第二十九条 下列土地应当用于调整承包土地或者承包给新增人口：

（一）集体经济组织依法预留的机动地；

（二）通过依法开垦等方式增加的；

（三）发包方依法收回和承包方依法、自愿交回的。

第三十条 承包期内，承包方可以自愿将承包地交回发包方。承包方自愿交回承包地的，可以获得合理补偿，但是应当提前半年以书面形式通知发包方。承包方在承包期内交回承包地的，在承包期内不得再要求承包土地。

第三十一条 承包期内，妇女结婚，在新居住地未取得承包地的，发包方

不得收回其原承包地；妇女离婚或者丧偶，仍在原居住地生活或者不在原居住地生活但在新居住地未取得承包地的，发包方不得收回其原承包地。

第三十二条　承包人应得的承包收益，依照继承法的规定继承。

林地承包的承包人死亡，其继承人可以在承包期内继续承包。

第三十三条　承包方之间为方便耕种或者各自需要，可以对属于同一集体经济组织的土地的土地承包经营权进行互换，并向发包方备案。

第三十四条　经发包方同意，承包方可以将全部或者部分的土地承包经营权转让给本集体经济组织的其他农户，由该农户同发包方确立新的承包关系，原承包方与发包方在该土地上的承包关系即行终止。

第三十五条　土地承包经营权互换、转让的，当事人可以向登记机构申请登记。未经登记，不得对抗善意第三人。

第五节　土地经营权

第三十六条　承包方可以自主决定依法采取出租（转包）、入股或者其他方式向他人流转土地经营权，并向发包方备案。

第三十七条　土地经营权人有权在合同约定的期限内占有农村土地，自主开展农业生产经营并取得收益。

第三十八条　土地经营权流转应当遵循以下原则：

（一）依法、自愿、有偿，任何组织和个人不得强迫或者阻碍土地经营权流转；

（二）不得改变土地所有权的性质和土地的农业用途，不得破坏农业综合生产能力和农业生态环境；

（三）流转期限不得超过承包期的剩余期限；

（四）受让方须有农业经营能力或者资质；

（五）在同等条件下，本集体经济组织成员享有优先权。

第三十九条　土地经营权流转的价款，应当由当事人双方协商确定。流转的收益归承包方所有，任何组织和个人不得擅自截留、扣缴。

第四十条　土地经营权流转，当事人双方应当签订书面流转合同。

土地经营权流转合同一般包括以下条款：

（一）双方当事人的姓名、住所；

（二）流转土地的名称、坐落、面积、质量等级；

（三）流转期限和起止日期；

（四）流转土地的用途；

（五）双方当事人的权利和义务；

（六）流转价款及支付方式；

（七）土地被依法征收、征用、占用时有关补偿费的归属；

（八）违约责任。

承包方将土地交由他人代耕不超过一年的，可以不签订书面合同。

第四十一条 土地经营权流转期限为五年以上的，当事人可以向登记机构申请土地经营权登记。未经登记，不得对抗善意第三人。

第四十二条 承包方不得单方解除土地经营权流转合同，但受让方有下列情形之一的除外：

（一）擅自改变土地的农业用途；

（二）弃耕抛荒连续两年以上；

（三）给土地造成严重损害或者严重破坏土地生态环境；

（四）其他严重违约行为。

第四十三条 经承包方同意，受让方可以依法投资改良土壤，建设农业生产附属、配套设施，并按照合同约定对其投资部分获得合理补偿。

第四十四条 承包方流转土地经营权的，其与发包方的承包关系不变。

第四十五条 县级以上地方人民政府应当建立工商企业等社会资本通过流转取得土地经营权的资格审查、项目审核和风险防范制度。

工商企业等社会资本通过流转取得土地经营权的，本集体经济组织可以收取适量管理费用。

具体办法由国务院农业农村、林业和草原主管部门规定。

第四十六条 经承包方书面同意，并向本集体经济组织备案，受让方可以再流转土地经营权。

第四十七条 承包方可以用承包地的土地经营权向金融机构融资担保，并向发包方备案。受让方通过流转取得的土地经营权，经承包方书面同意并向发包方备案，可以向金融机构融资担保。

担保物权自融资担保合同生效时设立。当事人可以向登记机构申请登记；未经登记，不得对抗善意第三人。

实现担保物权时，担保物权人有权就土地经营权优先受偿。

土地经营权融资担保办法由国务院有关部门规定。

第三章　其他方式的承包

第四十八条　不宜采取家庭承包方式的荒山、荒沟、荒丘、荒滩等农村土地，通过招标、拍卖、公开协商等方式承包的，适用本章规定。

第四十九条　以其他方式承包农村土地的，应当签订承包合同，承包方取得土地经营权。当事人的权利和义务、承包期限等，由双方协商确定。以招标、拍卖方式承包的，承包费通过公开竞标、竞价确定；以公开协商等方式承包的，承包费由双方议定。

第五十条　荒山、荒沟、荒丘、荒滩等可以直接通过招标、拍卖、公开协商等方式实行承包经营，也可以将土地经营权折股分给本集体经济组织成员后，再实行承包经营或者股份合作经营。

承包荒山、荒沟、荒丘、荒滩的，应当遵守有关法律、行政法规的规定，防止水土流失，保护生态环境。

第五十一条　以其他方式承包农村土地，在同等条件下，本集体经济组织成员有权优先承包。

第五十二条　发包方将农村土地发包给本集体经济组织以外的单位或者个人承包，应当事先经本集体经济组织成员的村民会议三分之二以上成员或者三分之二以上村民代表的同意，并报乡（镇）人民政府批准。

由本集体经济组织以外的单位或者个人承包的，应当对承包方的资信情况和经营能力进行审查后，再签订承包合同。

第五十三条　通过招标、拍卖、公开协商等方式承包农村土地，经依法登记取得权属证书的，可以依法采取出租、入股、抵押或者其他方式流转土地经营权。

第五十四条　依照本章规定通过招标、拍卖、公开协商等方式取得土地经营权的，该承包人死亡，其应得的承包收益，依照继承法的规定继承；在承包期内，其继承人可以继续承包。

第四章　争议的解决和法律责任

第五十五条　因土地承包经营发生纠纷的，双方当事人可以通过协商解决，也可以请求村民委员会、乡（镇）人民政府等调解解决。

当事人不愿协商、调解或者协商、调解不成的，可以向农村土地承包仲裁机构申请仲裁，也可以直接向人民法院起诉。

第五十六条　任何组织和个人侵害土地承包经营权、土地经营权的，应当承担民事责任。

第五十七条　发包方有下列行为之一的，应当承担停止侵害、排除妨碍、消除危险、返还财产、恢复原状、赔偿损失等民事责任：

（一）干涉承包方依法享有的生产经营自主权；

（二）违反本法规定收回、调整承包地；

（三）强迫或者阻碍承包方进行土地承包经营权的互换、转让或者土地经营权流转；

（四）假借少数服从多数强迫承包方放弃或者变更土地承包经营权；

（五）以划分"口粮田"和"责任田"等为由收回承包地搞招标承包；

（六）将承包地收回抵顶欠款；

（七）剥夺、侵害妇女依法享有的土地承包经营权；

（八）其他侵害土地承包经营权的行为。

第五十八条　承包合同中违背承包方意愿或者违反法律、行政法规有关不得收回、调整承包地等强制性规定的约定无效。

第五十九条　当事人一方不履行合同义务或者履行义务不符合约定的，应当依法承担违约责任。

第六十条　任何组织和个人强迫进行土地承包经营权互换、转让或者土地经营权流转的，该互换、转让或者流转无效。

第六十一条　任何组织和个人擅自截留、扣缴土地承包经营权互换、转让或者土地经营权流转收益的，应当退还。

第六十二条　违反土地管理法规，非法征收、征用、占用土地或者贪污、挪用土地征收、征用补偿费用，构成犯罪的，依法追究刑事责任；造成他人损害的，应当承担损害赔偿等责任。

第六十三条 承包方、土地经营权人违法将承包地用于非农建设的，由县级以上地方人民政府有关主管部门依法予以处罚。

承包方给承包地造成永久性损害的，发包方有权制止，并有权要求赔偿由此造成的损失。

第六十四条 土地经营权人擅自改变土地的农业用途、弃耕抛荒连续两年以上、给土地造成严重损害或者严重破坏土地生态环境，承包方在合理期限内不解除土地经营权流转合同的，发包方有权要求终止土地经营权流转合同。土地经营权人对土地和土地生态环境造成的损害应当予以赔偿。

第六十五条 国家机关及其工作人员有利用职权干涉农村土地承包经营，变更、解除承包经营合同，干涉承包经营当事人依法享有的生产经营自主权，强迫、阻碍承包经营当事人进行土地承包经营权互换、转让或者土地经营权流转等侵害土地承包经营权、土地经营权的行为，给承包经营当事人造成损失的，应当承担损害赔偿等责任；情节严重的，由上级机关或者所在单位给予直接责任人员处分；构成犯罪的，依法追究刑事责任。

第五章 附则

第六十六条 本法实施前已经按照国家有关农村土地承包的规定承包，包括承包期限长于本法规定的，本法实施后继续有效，不得重新承包土地。未向承包方颁发土地承包经营权证或者林权证等证书的，应当补发证书。

第六十七条 本法实施前已经预留机动地的，机动地面积不得超过本集体经济组织耕地总面积的百分之五。不足百分之五的，不得再增加机动地。

本法实施前未留机动地的，本法实施后不得再留机动地。

第六十八条 各省、自治区、直辖市人民代表大会常务委员会可以根据本法，结合本行政区域的实际情况，制定实施办法。

第六十九条 确认农村集体经济组织成员身份的原则、程序等，由法律、法规规定。

第七十条 本法自 2003 年 3 月 1 日起施行。

民法总则（节选）

（由中华人民共和国第十二届全国人民代表大会第五次会议于 2017 年 3 月 15 日通过，自 2017 年 10 月 1 日起施行）

第一章　基本规定

第一条　【立法目的和依据】为了保护民事主体的合法权益，调整民事关系，维护社会和经济秩序，适应中国特色社会主义发展要求，弘扬社会主义核心价值观，根据宪法，制定本法。

第二条　【调整范围】民法调整平等主体的自然人、法人和非法人组织之间的人身关系和财产关系。

第三条　【民事权益受法律保护】民事主体的人身权利、财产权利以及其他合法权益受法律保护，任何组织或者个人不得侵犯。

第四条　【平等原则】民事主体在民事活动中的法律地位一律平等。

第五条　【自愿原则】民事主体从事民事活动，应当遵循自愿原则，按照自己的意思设立、变更、终止民事法律关系。

第六条　【公平原则】民事主体从事民事活动，应当遵循公平原则，合理确定各方的权利和义务。

第七条　【诚信原则】民事主体从事民事活动，应当遵循诚信原则，秉持诚实，恪守承诺。

第八条　【守法与公序良俗原则】民事主体从事民事活动，不得违反法律，不得违背公序良俗。

第九条　【绿色原则】民事主体从事民事活动，应当有利于节约资源、保护生态环境。

第十条　【法律适用】处理民事纠纷，应当依照法律；法律没有规定的，可以适用习惯，但是不得违背公序良俗。

第十一条　【优先适用特别法】其他法律对民事关系有特别规定的，依照其规定。

第十二条　【效力范围】中华人民共和国领域内的民事活动，适用中华人民共和国法律。法律另有规定的，依照其规定。

第九章　诉讼时效

第一百八十八条　【普通诉讼时效、最长权利保护期间】向人民法院请求保护民事权利的诉讼时效期间为三年。法律另有规定的，依照其规定。

诉讼时效期间自权利人知道或者应当知道权利受到损害以及义务人之日起计算。法律另有规定的，依照其规定。但是自权利受到损害之日起超过二十年的，人民法院不予保护；有特殊情况的，人民法院可以根据权利人的申请决定延长。

第一百八十九条　【分期履行债务的诉讼时效】当事人约定同一债务分期履行的，诉讼时效期间自最后一期履行期限届满之日起计算。

第一百九十条　【对法定代理人请求权的诉讼时效】无民事行为能力人或者限制民事行为能力人对其法定代理人的请求权的诉讼时效期间，自该法定代理终止之日起计算。

第一百九十一条　【未成年人遭受性侵害的损害赔偿请求权的诉讼时效】未成年人遭受性侵害的损害赔偿请求权的诉讼时效期间，自受害人年满十八周岁之日起计算。

第一百九十二条　【诉讼时效期间届满法律后果】诉讼时效期间届满的，义务人可以提出不履行义务的抗辩。

诉讼时效期间届满后，义务人同意履行的，不得以诉讼时效期间届满为由抗辩；义务人已自愿履行的，不得请求返还。

第一百九十三条　【诉讼时效援引】人民法院不得主动适用诉讼时效的规定。

第一百九十四条　【诉讼时效中止】在诉讼时效期间的最后六个月内，因下列障碍，不能行使请求权的，诉讼时效中止：

（一）不可抗力；

（二）无民事行为能力人或者限制民事行为能力人没有法定代理人，或者法定代理人死亡、丧失民事行为能力、丧失代理权；

（三）继承开始后未确定继承人或者遗产管理人；

（四）权利人被义务人或者其他人控制；

（五）其他导致权利人不能行使请求权的障碍。

自中止时效的原因消除之日起满六个月，诉讼时效期间届满。

第一百九十五条 【诉讼时效中断】有下列情形之一的，诉讼时效中断，从中断、有关程序终结时起，诉讼时效期间重新计算：

（一）权利人向义务人提出履行请求；

（二）义务人同意履行义务；

（三）权利人提起诉讼或者申请仲裁；

（四）与提起诉讼或者申请仲裁具有同等效力的其他情形。

第一百九十六条 【不适用诉讼时效的情形】下列请求权不适用诉讼时效的规定：

（一）请求停止侵害、排除妨碍、消除危险；

（二）不动产物权和登记的动产物权的权利人请求返还财产；

（三）请求支付抚养费、赡养费或者扶养费；

（四）依法不适用诉讼时效的其他请求权。

第一百九十七条 【诉讼时效法定、时效利益不得预先放弃】诉讼时效的期间、计算方法以及中止、中断的事由由法律规定，当事人约定无效。

当事人对诉讼时效利益的预先放弃无效。

第一百九十八条 【仲裁时效】法律对仲裁时效有规定的，依照其规定；没有规定的，适用诉讼时效的规定。

第一百九十九条 【除斥时间】法律规定或者当事人约定的撤销权、解除权等权利的存续期间，除法律另有规定外，自权利人知道或者应当知道权利产生之日起计算，不适用有关诉讼时效中止、中断和延长的规定。存续期间届满，撤销权、解除权等权利消灭。

中华人民共和国信访条例（节选）

第五章　信访事项的办理和督办

第二十八条　行政机关及其工作人员办理信访事项，应当恪尽职守、秉公办事，查明事实、分清责任，宣传法制、教育疏导，及时妥善处理，不得推诿、敷衍、拖延。

第二十九条　信访人反映的情况，提出的建议、意见，有利于行政机关改进工作、促进国民经济和社会发展的，有关行政机关应当认真研究论证并积极采纳。

第三十条　行政机关工作人员与信访事项或者信访人有直接利害关系的，应当回避。

第三十一条　对信访事项有权处理的行政机关办理信访事项，应当听取信访人陈述事实和理由；必要时可以要求信访人、有关组织和人员说明情况；需要进一步核实有关情况的，可以向其他组织和人员调查。

对重大、复杂、疑难的信访事项，可以举行听证。听证应当公开举行，通过质询、辩论、评议、合议等方式，查明事实，分清责任。听证范围、主持人、参加人、程序等由省、自治区、直辖市人民政府规定。

第三十二条　对信访事项有权处理的行政机关经调查核实，应当依照有关法律、法规、规章及其他有关规定，分别作出以下处理，并书面答复信访人：

（一）请求事实清楚，符合法律、法规、规章或者其他有关规定的，予以支持；

（二）请求事由合理但缺乏法律依据的，应当对信访人做好解释工作；

（三）请求缺乏事实根据或者不符合法律、法规、规章或者其他有关规定的，不予支持。

有权处理的行政机关依照前款第（一）项规定作出支持信访请求意见的，应当督促有关机关或者单位执行。

第三十三条 信访事项应当自受理之日起 60 日内办结；情况复杂的，经本行政机关负责人批准，可以适当延长办理期限，但延长期限不得超过 30 日，并告知信访人延期理由。法律、行政法规另有规定的，从其规定。

第三十四条 信访人对行政机关作出的信访事项处理意见不服的，可以自收到书面答复之日起 30 日内请求原办理行政机关的上一级行政机关复查。收到复查请求的行政机关应当自收到复查请求之日起 30 日内提出复查意见，并予以书面答复。

第三十五条 信访人对复查意见不服的，可以自收到书面答复之日起 30 日内向复查机关的上一级行政机关请求复核。收到复核请求的行政机关应当自收到复核请求之日起 30 日内提出复核意见。

复核机关可以按照本条例第三十一条第二款的规定举行听证，经过听证的复核意见可以依法向社会公示。听证所需时间不计算在前款规定的期限内。

信访人对复核意见不服，仍然以同一事实和理由提出投诉请求的，各级人民政府信访工作机构和其他行政机关不再受理。

第三十六条 县级以上人民政府信访工作机构发现有关行政机关有下列情形之一的，应当及时督办，并提出改进建议：

（一）无正当理由未按规定的办理期限办结信访事项的；

（二）未按规定反馈信访事项办理结果的；

（三）未按规定程序办理信访事项的；

（四）办理信访事项推诿、敷衍、拖延的；

（五）不执行信访处理意见的；

（六）其他需要督办的情形。

收到改进建议的行政机关应当在 30 日内书面反馈情况；未采纳改进建议的，应当说明理由。

第三十七条 县级以上人民政府信访工作机构对于信访人反映的有关政策性问题，应当及时向本级人民政府报告，并提出完善政策、解决问题的建议。

第三十八条 县级以上人民政府信访工作机构对在信访工作中推诿、敷衍、拖延、弄虚作假造成严重后果的行政机关工作人员，可以向有关行政机关提出给予行政处分的建议。

　　第三十九条　县级以上人民政府信访工作机构应当就以下事项向本级人民政府定期提交信访情况分析报告：

　　（一）受理信访事项的数据统计、信访事项涉及领域以及被投诉较多的机关；

　　（二）转送、督办情况以及各部门采纳改进建议的情况；

　　（三）提出的政策性建议及其被采纳情况。

农村土地承包经营纠纷仲裁规则

（《农村土地承包经营纠纷仲裁规则》已于 2009 年 12 月 18 日经农业部第 10 次常务会议审议通过，并经国家林业局同意，现予公布，自 2010 年 1 月 1 日起施行。）

第一章　总则

第一条　为规范农村土地承包经营纠纷仲裁活动，根据《中华人民共和国农村土地承包经营纠纷调解仲裁法》，制定本规则。

第二条　农村土地承包经营纠纷仲裁适用本规则。

第三条　下列农村土地承包经营纠纷，当事人可以向农村土地承包仲裁委员会（以下简称仲裁委员会）申请仲裁：

（一）因订立、履行、变更、解除和终止农村土地承包合同发生的纠纷；

（二）因农村土地承包经营权转包、出租、互换、转让、入股等流转发生的纠纷；

（三）因收回、调整承包地发生的纠纷；

（四）因确认农村土地承包经营权发生的纠纷；

（五）因侵害农村土地承包经营权发生的纠纷；

（六）法律、法规规定的其他农村土地承包经营纠纷。

因征收集体所有的土地及其补偿发生的纠纷，不属于仲裁委员会的受理范围，可以通过行政复议或者诉讼等方式解决。

第四条　仲裁委员会依法设立，其日常工作由当地农村土地承包管理部门承担。

第五条　农村土地承包经营纠纷仲裁，应当公开、公平、公正，便民高效，注重调解，尊重事实，符合法律，遵守社会公德。

第二章　申请和受理

第六条　农村土地承包经营纠纷仲裁的申请人、被申请人为仲裁当事人。

第七条　家庭承包的，可以由农户代表人参加仲裁。农户代表人由农户成员共同推选；不能共同推选的，按下列方式确定：

（一）土地承包经营权证或者林权证等证书上记载的人；

（二）未取得土地承包经营权证或者林权证等证书的，为在承包合同上签字的人。

第八条　当事人一方为五户（人）以上的，可以推选三至五名代表人参加仲裁。

第九条　与案件处理结果有利害关系的，可以申请作为第三人参加仲裁，或者由仲裁委员会通知其参加仲裁。

第十条　当事人、第三人可以委托代理人参加仲裁。当事人或者第三人为无民事行为能力人或者限制民事行为能力人的，由其法定代理人参加仲裁。

第十一条　当事人申请农村土地承包经营纠纷仲裁的时效期间为二年，自当事人知道或者应当知道其权利被侵害之日起计算。

仲裁时效因申请调解、申请仲裁、当事人一方提出要求或者同意履行义务而中断。从中断时起，仲裁时效重新计算。

在仲裁时效期间的最后六个月内，因不可抗力或者其他事由，当事人不能申请仲裁的，仲裁时效中止。从中止时效的原因消除之日起，仲裁时效期间继续计算。

侵害农村土地承包经营权行为持续发生的，仲裁时效从侵权行为终了时计算。

第十二条　申请农村土地承包经营纠纷仲裁，应当符合下列条件：

（一）申请人与纠纷有直接的利害关系；

（二）有明确的被申请人；

（三）有具体的仲裁请求和事实、理由；

（四）属于仲裁委员会的受理范围。

第十三条　当事人申请仲裁，应当向纠纷涉及土地所在地的仲裁委员会递交仲裁申请书。申请书可以邮寄或者委托他人代交。

书面申请有困难的，可以口头申请，由仲裁委员会记入笔录，经申请人核实后由其签名、盖章或者按指印。

仲裁委员会收到仲裁申请材料，应当出具回执。回执应当载明接收材料的名称和份数、接收日期等，并加盖仲裁委员会印章。

第十四条 仲裁申请书应当载明下列内容：

（一）申请人和被申请人的姓名、年龄、住所、邮政编码、电话或者其他通讯方式；法人或者其他组织应当写明名称、地址和法定代表人或者主要负责人的姓名、职务、通讯方式；

（二）申请人的仲裁请求；

（三）仲裁请求所依据的事实和理由；

（四）证据和证据来源、证人姓名和联系方式。

第十五条 仲裁委员会应当对仲裁申请进行审查，符合申请条件的，应当受理。

有下列情形之一的，不予受理；已受理的，终止仲裁程序：

（一）不符合申请条件；

（二）人民法院已受理该纠纷；

（三）法律规定该纠纷应当由其他机构受理；

（四）对该纠纷已有生效的判决、裁定、仲裁裁决、行政处理决定等。

第十六条 仲裁委员会决定受理仲裁申请的，应当自收到仲裁申请之日起五个工作日内，将受理通知书、仲裁规则、仲裁员名册送达申请人，将受理通知书、仲裁申请书副本、仲裁规则、仲裁员名册送达被申请人。

决定不予受理或者终止仲裁程序的，应当自收到仲裁申请或者发现终止仲裁程序情形之日起五个工作日内书面通知申请人，并说明理由。

需要通知第三人参加仲裁的，仲裁委员会应当通知第三人，并告知其权利义务。

第十七条 被申请人应当自收到仲裁申请书副本之日起十日内向仲裁委员会提交答辩书。

仲裁委员会应当自收到答辩书之日起五个工作日内将答辩书副本送达申

请人。

被申请人未答辩的，不影响仲裁程序的进行。

第十八条　答辩书应当载明下列内容：

（一）答辩人姓名、年龄、住所、邮政编码、电话或者其他通讯方式；法人或者其他组织应当写明名称、地址和法定代表人或者主要负责人的姓名、职务、通讯方式；

（二）对申请人仲裁申请的答辩及所依据的事实和理由；

（三）证据和证据来源，证人姓名和联系方式。

书面答辩确有困难的，可以口头答辩，由仲裁委员会记入笔录，经被申请人核实后由其签名、盖章或者按指印。

第十九条　当事人提交仲裁申请书、答辩书、有关证据材料及其他书面文件，应当一式三份。

第二十条　因一方当事人的行为或者其他原因可能使裁决不能执行或者难以执行，另一方当事人申请财产保全的，仲裁委员会应当将当事人的申请提交被申请人住所地或者财产所在地的基层人民法院，并告知申请人因申请错误造成被申请人财产损失的，应当承担相应的赔偿责任。

第三章　仲裁庭

第二十一条　仲裁庭由三名仲裁员组成。

事实清楚、权利义务关系明确、争议不大的农村土地承包经营纠纷，经双方当事人同意，可以由一名仲裁员仲裁。

第二十二条　双方当事人自收到受理通知书之日起五个工作日内，从仲裁员名册中选定仲裁员。首席仲裁员由双方当事人共同选定，其他二名仲裁员由双方当事人各自选定；当事人不能选定的，由仲裁委员会主任指定。

独任仲裁员由双方当事人共同选定；当事人不能选定的，由仲裁委员会主任指定。

仲裁委员会应当自仲裁庭组成之日起二个工作日内将仲裁庭组成情况通知当事人。

第二十三条　仲裁庭组成后，首席仲裁员应当召集其他仲裁员审阅案件材料，了解纠纷的事实和情节，研究双方当事人的请求和理由，查核证据，整理争议焦点。

仲裁庭认为确有必要的，可以要求当事人在一定期限内补充证据，也可以自行调查取证。自行调查取证的，调查人员不得少于二人。

第二十四条 仲裁员有下列情形之一的，应当回避：

（一）是本案当事人或者当事人、代理人的近亲属；

（二）与本案有利害关系；

（三）与本案当事人、代理人有其他关系，可能影响公正仲裁；

（四）私自会见当事人、代理人，或者接受当事人、代理人请客送礼。

第二十五条 仲裁员有回避情形的，应当以口头或者书面方式及时向仲裁委员会提出。

当事人认为仲裁员有回避情形的，有权以口头或者书面方式向仲裁委员会申请其回避。

当事人提出回避申请，应当在首次开庭前提出，并说明理由；在首次开庭后知道回避事由的，可以在最后一次开庭终结前提出。

第二十六条 仲裁委员会应当自收到回避申请或者发现仲裁员有回避情形之日起二个工作日内作出决定，以口头或者书面方式通知当事人，并说明理由。

仲裁员是否回避，由仲裁委员会主任决定；仲裁委员会主任担任仲裁员时，由仲裁委员会集体决定主任的回避。

第二十七条 仲裁员有下列情形之一的，应当按照本规则第二十二条规定重新选定或者指定仲裁员：

（一）被决定回避的；

（二）在法律上或者事实上不能履行职责的；

（三）因被除名或者解聘丧失仲裁员资格的；

（四）因个人原因退出或者不能从事仲裁工作的；

（五）因徇私舞弊、失职渎职被仲裁委员会决定更换的。

重新选定或者指定仲裁员后，仲裁程序继续进行。当事人请求仲裁程序重新进行的，由仲裁庭决定。

第二十八条 仲裁庭应当向当事人提供必要的法律政策解释，帮助当事人自行和解。达成和解协议的，当事人可以请求仲裁庭根据和解协议制作裁决书；当事人要求撤回仲裁申请的，仲裁庭应当终止仲裁程序。

第二十九条 仲裁庭应当在双方当事人自愿的基础上进行调解。调解达成协议的，仲裁庭应当制作调解书。

调解书应当载明双方当事人基本情况、纠纷事由、仲裁请求和协议结果，由仲裁员签名，并加盖仲裁委员会印章，送达双方当事人。调解书经双方当事人签收即发生法律效力。

第三十条 调解不成或者当事人在调解书签收前反悔的，仲裁庭应当及时作出裁决。当事人在调解过程中的陈述、意见、观点或者建议，仲裁庭不得作为裁决的证据或依据。

第三十一条 仲裁庭作出裁决前，申请人放弃仲裁请求并撤回仲裁申请，且被申请人没有就申请人的仲裁请求提出反请求的，仲裁庭应当终止仲裁程序。

申请人经书面通知，无正当理由不到庭或者未经仲裁庭许可中途退庭的，可以视为撤回仲裁申请。

第三十二条 被申请人就申请人的仲裁请求提出反请求的，应当说明反请求事项及其所依据的事实和理由，并附具有
关证明材料。

被申请人在仲裁庭组成前提出反请求的，由仲裁委员会决定是否受理；在仲裁庭组成后提出反请求的，由仲裁庭决定是否受理。

仲裁委员会或者仲裁庭决定受理反请求的，应当自收到反请求之日起五个工作日内将反请求申请书副本送达申请人。申请人应当在收到反请求申请书副本后十个工作日内提交反请求答辩书，不答辩的不影响仲裁程序的进行。仲裁庭应当将被申请人的反请求与申请人的请求合并审理。

仲裁委员会或者仲裁庭决定不予受理反请求的，应当书面通知被申请人，并说明理由。

第三十三条 仲裁庭组成前申请人变更仲裁请求或者被申请人变更反请求的，由仲裁委员会作出是否准许的决定；仲裁庭组成后变更请求或者反请求

的，由仲裁庭作出是否准许的决定。

第四章　开庭

第三十四条　农村土地承包经营纠纷仲裁应当开庭进行。开庭应当公开，但涉及国家秘密、商业秘密和个人隐私以及当事人约定不公开的除外。

开庭可以在纠纷涉及的土地所在地的乡（镇）或者村进行，也可以在仲裁委员会所在地进行。当事人双方要求在乡（镇）或者村开庭的，应当在该乡（镇）或者村开庭。

第三十五条　仲裁庭应当在开庭五个工作日前将开庭时间、地点通知当事人、第三人和其他仲裁参与人。

当事人请求变更开庭时间和地点的，应当在开庭三个工作日前向仲裁庭提出，并说明理由。仲裁庭决定变更的，通知双方当事人、第三人和其他仲裁参与人；决定不变更的，通知提出变更请求的当事人。

第三十六条　公开开庭的，应当将开庭时间、地点等信息予以公告。

申请旁听的公民，经仲裁庭审查后可以旁听。

第三十七条　被申请人经书面通知，无正当理由不到庭或者未经仲裁庭许可中途退庭的，仲裁庭可以缺席裁决。

被申请人提出反请求，申请人经书面通知，无正当理由不到庭或者未经仲裁庭许可中途退庭的，仲裁庭可以就反请求缺席裁决。

第三十八条　开庭前，仲裁庭应当查明当事人、第三人、代理人和其他仲裁参与人是否到庭，并逐一核对身份。

开庭由首席仲裁员或者独任仲裁员宣布。首席仲裁员或者独任仲裁员应当宣布案由，宣读仲裁庭组成人员名单、仲裁庭纪律、当事人权利和义务，询问当事人是否申请仲裁员回避。

第三十九条　仲裁庭应当保障双方当事人平等陈述的机会，组织当事人、第三人、代理人陈述事实、意见、理由。

第四十条　当事人、第三人应当提供证据，对其主张加以证明。

与纠纷有关的证据由作为当事人一方的发包方等掌握管理的，该当事人应当在仲裁庭指定的期限内提供，逾期不提供的，应当承担不利后果。

第四十一条　仲裁庭自行调查收集的证据，应当在开庭时向双方当事人出示。

第四十二条　仲裁庭对专门性问题认为需要鉴定的，可以交由当事人约定的鉴定机构鉴定；当事人没有约定的，由仲裁庭指定的鉴定机构鉴定。

第四十三条　当事人申请证据保全，应当向仲裁委员会书面提出。仲裁委员会应当自收到申请之日起二个工作日内，将申请提交证据所在地的基层人民法院。

第四十四条　当事人、第三人申请证人出庭作证的，仲裁庭应当准许，并告知证人的权利义务。

证人不得旁听案件审理。

第四十五条　证据应当在开庭时出示，但涉及国家秘密、商业秘密和个人隐私的证据不得在公开开庭时出示。

仲裁庭应当组织当事人、第三人交换证据，相互质证。

经仲裁庭许可，当事人、第三人可以向证人询问，证人应当据实回答。

根据当事人的请求或者仲裁庭的要求，鉴定机构应当派鉴定人参加开庭。经仲裁庭许可，当事人可以向鉴定人提问。

第四十六条　仲裁庭应当保障双方当事人平等行使辩论权，并对争议焦点组织辩论。

辩论终结时，首席仲裁员或者独任仲裁员应当征询双方当事人、第三人的最后意见。

第四十七条　对权利义务关系明确的纠纷，当事人可以向仲裁庭书面提出先行裁定申请，请求维持现状、恢复农业生产以及停止取土、占地等破坏性行为。仲裁庭应当自收到先行裁定申请之日起二个工作日内作出决定。

仲裁庭作出先行裁定的，应当制作先行裁定书，并告知先行裁定申请人可以向人民法院申请执行，但应当提供相应的担保。

先行裁定书应当载明先行裁定申请的内容、依据事实和理由、裁定结果和日期，由仲裁员签名，加盖仲裁委员会印章。

第四十八条　仲裁庭应当将开庭情况记入笔录。笔录由仲裁员、记录人员、当事人、第三人和其他仲裁参与人签名、盖章或者按指印。

当事人、第三人和其他仲裁参与人认为对自己的陈述记录有遗漏或者差错的，有权申请补正。仲裁庭不予补正的，应当向申请人说明情况，并记录该申请。

第四十九条 发生下列情形之一的，仲裁程序中止：

（一）一方当事人死亡，需要等待继承人表明是否参加仲裁的；

（二）一方当事人丧失行为能力，尚未确定法定代理人的；

（三）作为一方当事人的法人或者其他组织终止，尚未确定权利义务承受人的；

（四）一方当事人因不可抗拒的事由，不能参加仲裁的；

（五）本案必须以另一案的审理结果为依据，而另一案尚未审结的；

（六）其他应当中止仲裁程序的情形。

在仲裁庭组成前发生仲裁中止事由的，由仲裁委员会决定是否中止仲裁；仲裁庭组成后发生仲裁中止事由的，由仲裁庭决定是否中止仲裁。决定仲裁程序中止的，应当书面通知当事人。

仲裁程序中止的原因消除后，仲裁委员会或者仲裁庭应当在三个工作日内作出恢复仲裁程序的决定，并通知当事人和第三人。

第五十条 发生下列情形之一的，仲裁程序终结：

（一）申请人死亡或者终止，没有继承人及权利义务承受人，或者继承人、权利义务承受人放弃权利的；

（二）被申请人死亡或者终止，没有可供执行的财产，也没有应当承担义务的人的；

（三）其他应当终结仲裁程序的。

终结仲裁程序的，仲裁委员会应当自发现终结仲裁程序情形之日起五个工作日内书面通知当事人、第三人，并说明理由。

第五章　裁决和送达

第五十一条 仲裁庭应当根据认定的事实和法律以及国家政策作出裁决，并制作裁决书。

首席仲裁员组织仲裁庭对案件进行评议，裁决依多数仲裁员意见作出。少数仲裁员的不同意见可以记入笔录。

仲裁庭不能形成多数意见时，应当按照首席仲裁员的意见作出裁决。

第五十二条　裁决书应当写明仲裁请求、争议事实、裁决理由和依据、裁决结果、裁决日期，以及当事人不服仲裁裁决的起诉权利和期限。

裁决书由仲裁员签名，加盖仲裁委员会印章。

第五十三条　对裁决书中的文字、计算错误，或者裁决书中有遗漏的事项，仲裁庭应当及时补正。补正构成裁决书的一部分。

第五十四条　仲裁庭应当自受理仲裁申请之日起六十日内作出仲裁裁决。受理日期以受理通知书上记载的日期为准。

案情复杂需要延长的，经仲裁委员会主任批准可以延长，但延长期限不得超过三十日。

延长期限的，应当自作出延期决定之日起三个工作日内书面通知当事人、第三人。

期限不包括仲裁程序中止、鉴定、当事人在庭外自行和解、补充申请材料和补正裁决的时间。

第五十五条　仲裁委员会应当在裁决作出之日起三个工作日内将裁决书送达当事人、第三人。直接送达的，应当告知当事人、第三人下列事项：

（一）不服仲裁裁决的，可以在收到裁决书之日起三十日内向人民法院起诉，逾期不起诉的，裁决书即发生法律效力；

（二）一方当事人不履行生效的裁决书所确定义务的，另一方当事人可以向被申请人住所地或者财产所在地的基层人民法院申请执行。

第五十六条　仲裁文书应当直接送达当事人或者其代理人。受送达人是自然人，但本人不在场的，由其同住成年家属签收；受送达人是法人或者其他组织的，应当由法人的法定代表人、其他组织的主要负责人或者该法人、组织负责收件的人签收。

仲裁文书送达后，由受送达人在送达回证上签名、盖章或者按指印，受送达人在送达回证上的签收日期为送达日期。

受送达人或者其同住成年家属拒绝接收仲裁文书的，可以留置送达。送达人应当邀请有关基层组织或者受送达人所在单位的代表到场，说明情况，在送达回证上记明拒收理由和日期，由送达人、见证人签名、盖章或者按指印，将仲裁文书留在受送达人的住所，即视为已经送达。

直接送达有困难的，可以邮寄送达。邮寄送达的，以当事人签收日期为送达日期。

当事人下落不明，或者以前款规定的送达方式无法送达的，可以公告送达，自发出公告之日起，经过六十日，即视为已经送达。

第六章　附则

第五十七条　独任仲裁可以适用简易程序。简易程序的仲裁规则由仲裁委员会依照本规则制定。

第五十八条　期间包括法定期间和仲裁庭指定的期间。

期间以日、月、年计算，期间开始日不计算在期间内。

期间最后一日是法定节假日的，以法定节假日后的第一个工作日为期间的最后一日。

第五十九条　对不通晓当地通用语言文字的当事人、第三人，仲裁委员会应当为其提供翻译。

第六十条　仲裁文书格式由农业部、国家林业局共同制定。

第六十一条　农村土地承包经营纠纷仲裁不得向当事人收取费用，仲裁工作经费依法纳入财政预算予以保障。

当事人委托代理人、申请鉴定等发生的费用由当事人负担。

第六十二条　本规则自 2010 年 1 月 1 日起施行。

农村土地承包经营纠纷调解仲裁工作规范

第一章 总则

第一条 为加强农村土地承包经营纠纷调解仲裁工作，实现调解仲裁工作的制度化、规范化，根据《中华人民共和国农村土地承包经营纠纷调解仲裁法》、《农村土地承包经营纠纷仲裁规则》、《农村土地承包仲裁委员会示范章程》等有关规定，制定本工作规范。

第二条 以科学发展观为指导，按照完善制度、统一规范、提升能力、强化保障的原则开展农村土地承包经营纠纷调解仲裁工作。

第三条 农村土地承包仲裁委员会（以下简称仲裁委员会）开展农村土地承包经营纠纷调解仲裁工作，应当执行本规范。

第四条 仲裁委员会在当地人民政府指导下依法设立，接受县级以上人民政府及土地承包管理部门的指导和监督。仲裁委员会设立后报省（自治区、直辖市）人民政府农业、林业行政主管部门备案。

第五条 涉农县（市、区）应普遍设立仲裁委员会，负责辖区内农村土地承包经营纠纷调解仲裁工作。涉农市辖区不设立仲裁委员会的，其所在市应当设立仲裁委员会，负责辖区内农村土地承包经营纠纷调解仲裁工作。

第六条 仲裁委员会根据农村土地承包经营纠纷调解仲裁工作及仲裁员培训实际需要，编制年度财务预算，报财政部门纳入财政预算予以保障。仲裁工作经费专款专用。

仲裁委员会可接受各级政府、司法部门、人民团体等人财物的支持和帮助。

第二章 仲裁委员会设立

第七条 市、县级农村土地承包管理部门负责制定仲裁委员会设立方案，协调相关部门，依法确定仲裁委员会人员构成，报请当地人民政府批准。

第八条 市、县级农村土地承包管理部门负责草拟仲裁委员会章程，拟定聘任仲裁员名册，拟定仲裁委员会工作计划及经费预算，筹备召开仲裁委员会成立大会。

第九条 市、县级农村土地承包管理部门提议，当地人民政府牵头，组织召开仲裁委员会成立大会。仲裁委员会成立大会由全体成员参加，审议通过仲裁委员会章程、议事规则和规章制度；选举仲裁委员会主任、副主任；审议通过仲裁员名册；审议通过仲裁委员会年度工作计划；任命仲裁委员会办公室主任。

仲裁委员会每年至少召开一次全体会议。符合规定情形时，仲裁委员会主任或其委托的副主任主持召开临时会议。

第十条 仲裁委员会组成人员应不少于9人，设主任1人，副主任1至2人。

第十一条 仲裁委员会的名称，由其所在"市、县（市、区）地名+农村土地承包仲裁委员会"构成。

仲裁委员会应设在当地人民政府所在地。

第十二条 仲裁委员会应根据解决农村土地承包经营纠纷的需要和辖区乡镇数聘任仲裁员，仲裁员人数一般不少于20人。

仲裁委员会对聘任的仲裁员颁发聘书。

第十三条 乡镇人民政府应设立农村土地承包经营纠纷调解委员会，调解工作人员一般不少于3人。村（居）民委员会应明确专人负责农村土地承包经营纠纷调解工作。

第三章 仲裁委员会办公室设立

第十四条 仲裁委员会日常工作由仲裁委员会办公室（以下简称仲裁办）承担。仲裁办设在当地农村土地承包管理部门。仲裁委员会可以办理法人登记，取得法人资格。

仲裁办应设立固定办公地点、仲裁场所。仲裁办负责仲裁咨询、宣传有关法律政策，接收申请人提出的仲裁申请，协助仲裁员开庭审理、调查取证工作，负责仲裁文书送达和仲裁档案管理工作，管理仲裁工作经费等。仲裁办应当设立固定专门电话号码，并在仲裁办公告栏中予以公告。

第十五条 仲裁办工作人员应定岗定责，不少于 5 人。根据仲裁委员会组成人员数、聘任仲裁员数、辖区范围和纠纷受理数量，可适当增加工作人员。其中，案件接收人员 2～3 名，书记员 1 名，档案管理员 1 名，文书送达人员 1 名。

第十六条 经仲裁委员会全体会议批准后，仲裁办制作仲裁员名册，并在案件受理场所进行公示。根据仲裁委员会全体会议批准的仲裁员变动情况，仲裁办及时调整仲裁员名册和公示名单。

第十七条 仲裁委员会编制仲裁员年度培训计划、组织开展培训工作。仲裁办按照培训计划，组织仲裁员参加仲裁培训，督促仲裁员在规定时间内取得仲裁员培训合格证书。对未取得培训合格证书的仲裁员，仲裁委员会不指定其单独审理和裁决案件，不指定其担任首席仲裁员。

第十八条 仲裁办受仲裁委员会委托对仲裁员进行年度工作考核。考核范围包括仲裁员执行仲裁程序情况、办案质量等。对考核不合格的仲裁员，仲裁委员会提出限期整改意见，仲裁办跟踪整改情况。对连续二次考核不合格的仲裁员，仲裁办提出解聘建议。

对严重违法违纪的仲裁员，仲裁办应及时提出解聘或除名建议。仲裁办将解聘或除名仲裁员名单，报仲裁委员会主任审查，经仲裁委员会全体会议讨论通过，予以解聘或除名。

第四章 调解仲裁工作流程

第一节 申请与受理

第十九条 仲裁办工作人员和仲裁员应当规范运用仲裁文书。对仲裁文书实行严格登记管理。

第二十条 仲裁办工作人员在接收仲裁申请时，根据申请的内容，向申请人宣传、讲解相关的法律政策；查验"仲裁申请书"、身份证明和证据等，对其进行登记和制作证据清单、证人情况表并向申请人出具回执。对书面申请确有困难的，由申请人口述，工作人员帮助填写"口头仲裁申请书"。"口头仲裁申请书"经申请人核实后签字、盖章或者按指印，工作人员登记并出具回执。

仲裁办接收邮寄、他人代交的"仲裁申请书"，工作人员应及时对仲裁申请书及相关资料、代交人身份信息等进行登记，并向代交人出具回执。

第二十一条 仲裁办指定专人对仲裁申请材料进行初审。对仲裁申请材料不齐全的，在2个工作日内通知当事人补充齐全。

经过审核，符合受理条件的，材料审核人员在2个工作日内制作仲裁立案审批表，报仲裁委员会主任（或授权委托人）审批。批准立案的，仲裁办指定专人在5个工作日内将受理通知书、仲裁规则、仲裁员名册、选定仲裁员通知书送达申请人，将受理通知书、仲裁申请书副本、仲裁规则、仲裁员名册、选定仲裁员通知书送达被申请人。需要通知第三人参加仲裁的，在5个工作日内通知第三人并送达相关材料，告知其权利义务。

对不符合受理条件或未批准立案的，仲裁办指定专人在5个工作日内书面通知申请人，并说明理由。

第二十二条 仲裁办指定专人通知被申请人自收到仲裁申请书副本之日起10日内向仲裁办提交答辩书。仲裁办自收到答辩书之日起5个工作日内将答辩书副本送达申请人。

被申请人不答辩的，仲裁程序正常进行。被申请人书面答辩有困难的，由被申请人口述，仲裁办工作人员帮助填写"仲裁答辩书"，经被申请人核实后签名、盖章或者按指印。被申请人提交证据材料的，工作人员填写"证据材料清单"；被申请人提供证人的，工作人员填写"证人情况"表。

仲裁办接收当事人提交的仲裁申请书、答辩书、有关证据材料及其他书面文件，一式三份。

第二十三条 当事人委托代理人参加仲裁活动的，仲裁办审核当事人提交的"授权委托书"，查验委托事项和权限。受委托人为律师的，查验律师事务所出具的指派证明；受委托人为法律工作者的，查验法律工作证。

当事人更换代理人，变更或解除代理权时，应提出申请。

第二十四条 仲裁办自仲裁庭组成之日起2个工作日内将仲裁庭组成情况通知当选仲裁员和当事人、第三人。

第二节　庭前准备

第二十五条 事实清楚、权利义务关系明确、争议不大的农村土地承包经营纠纷，经双方当事人同意，可以由一名仲裁员仲裁。仲裁员由当事人共同选定或由仲裁委员会主任（委托授权人）指定。

第二十六条　仲裁办应及时将当事人提交的仲裁申请书、答辩书、证据和"证据材料清单"、"证人情况表"等材料提交给仲裁庭。

第二十七条　首席仲裁员应召集组庭仲裁员认真审阅案件材料，了解案情，掌握争议焦点，研究当事人的请求和理由，查核证据，整理需要庭审调查的主要问题。

第二十八条　独任仲裁员召集当事人进行调解。达成协议的，由当事人签字、盖章或按指印，制成调解书，加盖仲裁委员会印章。调解不成的，开庭审理并做出裁决。审理过程中发现案情复杂的，独任仲裁员应当立即休庭，向仲裁委员会报告。经仲裁委员会主任（委托授权人）批准，由仲裁办组织当事人按照法律规定重新选定三名仲裁员组成仲裁庭，重新审理。

第二十九条　有下列情形的，仲裁庭向仲裁办提出实地调查取证的申请，经主任批准后，组织开展调查取证：

（一）当事人及其代理人因客观原因不能自行收集的；

（二）仲裁庭认为需要由有关部门进行司法鉴定的；

（三）双方当事人提供的证据互相矛盾、难以认定的；

（四）仲裁庭认为有必要采集的。

第三十条　仲裁办应协助仲裁员实地调查取证。实地调查的笔录，要由调查人、被调查人、记录人、在场人签名、盖章或者按指印。被调查人等拒绝在调查笔录上签名、盖章或者按指印的，调查人应在调查笔录上备注说明。

仲裁员询问证人时，应填写"证人情况表"，询问证人与本案当事人的关系，告知证人作证的权利和义务。询问证人时应制作笔录，由证人在笔录上逐页签名、盖章或者按指印。如果证人无自阅能力，询问人当面读笔录，询问证人是否听懂，是否属实，并将证人对笔录属实与否的意见记入笔录，由证人逐页签名、盖章或者按指印。

第三十一条　仲裁庭决定开庭时间和地点，并告知仲裁办。仲裁办在开庭前五个工作日内，向双方当事人、第三人及其代理人送达《开庭通知书》。

当事人请求变更开庭时间和地点的，必须在开庭前 3 个工作日内向仲裁办提出，并说明理由。仲裁办将变更请求交仲裁庭。仲裁庭决定变更的，仲裁办将"变更开庭时间（地点）通知书"，送达双方当事人、第三人和其他参与人；决定不变更的，仲裁办将"不同意变更开庭时间（地点）通知书"送达提出变更请求的当事人。

第三十二条 仲裁办工作人员应及时将开庭时间、地点、案由、仲裁庭组成人员在仲裁委员会公告栏进行公告。

仲裁办指定专人接受公民的旁听申请，登记旁听人员的身份信息、与案件当事人的关系，核发旁听证。

第三十三条 开庭前，仲裁庭询问当事人是否愿意调解，提出调解方案，并主持调解。达成调解协议的，仲裁庭制作调解书，由当事人签名或盖章。首席仲裁员将案件材料整理移交仲裁办归档，仲裁庭解散。调解不成的，开庭审理。

第三十四条 对当事人提出财产、证据保全申请的，仲裁庭进行审查，制作"财产保全移送函"、"证据保全移送函"，与当事人提出的保全申请一并提交保全物所在地的基层人民法院。

第三十五条 对当事人反映仲裁员违反回避制度的，仲裁办主任进行核实。属实的，报仲裁委员会主任或仲裁委员会按程序规定办理。不属实的，向当事人说明情况。

第三节 开庭审理

第三十六条 农村土地承包经营纠纷仲裁应当公开开庭审理。仲裁员庭审应统一服装，庭审用语应当准确、规范、文明。

第三十七条 仲裁办应当为仲裁庭开庭提供场所和庭审设施设备，安排工作人员协助仲裁员开庭审理。书记员配合仲裁员完成证据展示、笔录等庭审工作。工作人员负责操作开庭审理的录音、录像设备；有证人、鉴定人、勘验人到庭的，安排其在仲裁庭外指定场所休息候传，由专人引领其出庭。

第三十八条 仲裁办核查当事人身份，安排当事人入场；核查旁听证，安排旁听人员入场。

仲裁员在合议调解庭休息等候。

第三十九条 仲裁庭庭审程序如下：

（一）书记员宣读庭审纪律，核实申请人、被申请人、第三人以及委托代理人的身份及到庭情况，并报告首席仲裁员。

（二）首席仲裁员宣布开庭，向当事人、第三人及委托代理人宣告首席仲裁员、仲裁员身份，当事人和第三人的权利义务；询问当事人是否听明白，是否申请仲裁员回避。

（三）首席仲裁员请申请人或其委托代理人陈述仲裁请求、依据的事实和理由；请被申请人或其委托代理人进行答辩。首席仲裁员总结概括争论焦点。

（四）仲裁员向当事人及第三人简要介绍有关证据规定及应承担的法律责任。组织双方当事人对自己的主张进行举证、质证。对当事人提供证人、鉴定人的，传证人、鉴定人到庭作证。对当事人提供证据的真实性无法确认的，仲裁庭在休庭期间交鉴定机构进行鉴定，在继续开庭后由首席仲裁员当庭宣读鉴定书。仲裁庭自行取证的，交双方当事人质证。

（五）在开庭审理期间，仲裁庭发现需要追加第三人的，应宣布休庭。仲裁办通知第三人参加庭审。

（六）根据案件审理情况，当事人需要补充证据的或仲裁庭需要实地调查取证的，首席仲裁员宣布休庭。仲裁员征求双方当事人意见，确定补充证据提交期间。休庭期间，仲裁员和仲裁工作人员进行调查取证。

（七）辩论结束后，首席仲裁员根据陈述、举证、质证、辩论情况，进行小结；组织双方当事人、第三人做最后陈述。

（八）首席仲裁员询问当事人是否愿意进行调解。同意调解的，仲裁员根据双方的一致意见制作调解书，并由当事人签名或盖章、签收。不同意调解的，由仲裁庭合议后作出裁决，宣布闭庭。

（九）退庭前，书记员请双方当事人、第三人核实庭审笔录，并签字盖章或者按指印。对于庭审笔录有争议的，调取录像视频材料比对确认。

第四十条　仲裁庭在做出裁决前，对当事人提出的先行裁定申请进行审查，权利义务关系比较明确的，仲裁庭可以做出维持现状、恢复农业生产以及停止取土、占地等行为的先行裁定书，并告知当事人向法院提出执行申请。

第四节　合议与裁决

第四十一条　仲裁庭在庭审调查结束后，首席仲裁员宣布休庭，组织仲裁员在合议场所进行合议。仲裁员分别对案件提出评议意见，裁决按照多数仲裁员的意见作出，少数仲裁员的不同意见记入合议笔录。合议不能形成多数意见的，按首席仲裁员意见作出裁决。书记员对合议过程全程记录，由仲裁员分别在记录上签名。

仲裁庭合议过程保密，参与合议的仲裁员、书记员不得向外界透露合议情况。合议记录未经仲裁委员会主任批准任何人不得查阅。

第四十二条 仲裁庭合议后作出裁决。首席仲裁员可以当庭向双方当事人及第三人宣布裁决结果，也可以闭庭后送达裁决书，宣布裁决结果。

对于案情重大复杂、当事人双方利益冲突较大，涉案人员众多等不宜当庭宣布裁决结果的，应以送达裁决书方式告知当事人及第三人裁决结果。

第四十三条 裁决书由首席仲裁员制作，三名仲裁员在裁决书上签字，报仲裁委员会主任（委托授权人）审核，加盖仲裁委员会印章。仲裁员签字的裁决书归档。书记员按照当事人人数打印裁决书，核对无误后，加盖仲裁委员会印章，由仲裁办指定人员送达当事人及第三人。

第四十四条 裁决书应当事实清楚，论据充分，适用法律准确、全面，格式规范。

仲裁庭对裁决书存在文字、计算等错误，或者遗漏事项需要补正的，应及时予以补正，补正裁决书应及时送达双方当事人及第三人。

第四十五条 对案情重大、复杂的案件，仲裁庭调解不成的，应报告仲裁委员会主任决定开庭审理。必要时，仲裁委员会主任可召开临时仲裁委员会全体会议研究审议。决定开庭审理的，仲裁委员会协助仲裁庭完成庭审工作。

第五节 送达与归档

第四十六条 仲裁办根据仲裁案件的受理、调解、仲裁等进度，严格按照法律规定程序和时限要求，及时送达相关文书，通知当事人、第三人及代理人参加仲裁活动。

第四十七条 仲裁办工作人员采取直接送达的，保留被送达人签收的送达回证；邮寄送达的，保留邮局的挂号收条；电话通知的，保留通话录音。被送达人拒绝签收的，工作人员可以采取拍照、录像或者法律规定的3人以上在场签字等方式，证明已送达。公告送达的，仲裁办应当保留刊登公告的相关报刊、图片等，在电子公告栏公告的，拍照留证，保留相关审批资料。

第四十八条 仲裁案件结案后 10 个工作日内，首席仲裁员对案件仲裁过程中涉及的文书、证据等相关资料进行整理、装订、交仲裁办归档。

第四十九条 仲裁办设立档案室，对农村土地承包纠纷调解仲裁档案进行保管。确定专人负责档案验收归档、档案查阅、保管等。制定档案查阅管理办法，明确档案查阅范围和查阅方式。

第五章 仲裁基础设施建设

第五十条 农村土地承包仲裁委员会以满足仲裁工作需要为目标，按照统一建设标准，规范开展基础设施建设。

第五十一条 农村土地承包经营纠纷仲裁基础设施建设重点为"一庭三室"，包括仲裁庭、合议调解室、案件受理室、档案会商室等固定仲裁场所建设，配套音视频显示和安防监控系统等建筑设备建设。

配套仲裁日常办公设备、仲裁调查取证、流动仲裁庭设备等办案设备。

第五十二条 农村土地承包经营纠纷仲裁基础设施建设内容包括：

仲裁场所土建工程。新建或部分新建仲裁庭、合议调解室、案件受理室和档案会商室等仲裁场所，使用面积不低于 268 平方米。工程建设具体为门窗、墙地面、吊顶等建设及内部装修，暖通空调、供电照明和弱电系统等建筑设备安装，档案密集柜安装。

配备音视频显示系统。包括拾音、录音、扩音等音频信息采集和录播系统，文档图片视频播放、证据展示台等视频控制系统，电子公告牌、电子横幅、告示屏等显示系统及其集成。

配备安防监控系统。包括监控录像、应急安全报警联动、手机信号屏蔽、信息存储调用等系统及其集成。

配置仲裁设备。包括电子办公设备、录音录像及测绘设备和交通工具（配备具有统一标识的仲裁办案专用车）。

第五十三条 农村土地承包经营纠纷仲裁场所建设应尽可能独立成区，布局合理紧凑，以仲裁庭为中心，接待区域、庭审区域与办公区域相互隔离。具有独立的出入口，方便群众申请仲裁。

第五十四条　仲裁场所建筑设计、建造应符合经济、实用、美观的原则。建筑内部装修宜严肃、简洁、庄重，仲裁庭悬挂统一仲裁标志。建筑外观采用统一的形象标识。

第五十五条　编制仲裁委员会办公办案场所及物质装备建设计划，确定专人组织实施建设项目。

第六章　仲裁制度

第五十六条　制定印章管理办法。仲裁委员会印章由仲裁办明确专人管理。严格执行审批程序，印章使用需经仲裁办主任批准或授权。明确印章使用范围，印章管理人员应对加盖印章的各类仲裁文书及材料进行审查、留档，设立印章使用登记簿，并定期对登记清单进行整理、归档备查。

第五十七条　制定仲裁设施设备管理办法。仲裁办明确专人负责仲裁设施设备管理。设备领用应严格执行"申请—批准—登记—归还"的程序。仲裁设施设备不得挪作他用，未经仲裁办主任批准不得出借，严禁出租盈利。

第五十八条　加强仲裁员队伍管理。仲裁员在聘任期内，因各种原因不能正常办案的，应及时告知仲裁办；因故无法承办案件的，可提出不再担任仲裁员的申请，经仲裁委员会全体会议讨论通过，批准解聘。

仲裁办根据仲裁员的业务能力、工作经验和实际表现，逐步实行仲裁员分级管理。对仲裁员的仲裁活动予以监督，保证办案过程公正、廉洁、高效。建立仲裁员管理档案，准确记录仲裁员品行表现、办案情况、参加业务培训、年度考核结果及参加仲裁委员会其他活动的情况。

第五十九条　建立案件监督管理制度。仲裁办主任对仲裁案件实行统一监督管理。对仲裁案件进行期限跟踪，对办理期限即将届满的案件，予以警示催办；对超期限未办结的，应进行专案督办，限期结案。对仲裁案件进行后续跟踪，及时掌握调解裁决后执行情况及问题。

第六十条　建立法制宣传教育工作制度。仲裁委员会接受政府委托，利用农贸会、庙会和农村各种集市，组织仲裁员和调解员开展现场法律咨询，发放法制宣传资料。乡镇调解委员会在村内设置法律宣传栏，系统解读法律，深入解析典型案例。注重发挥庭审的宣传教育作用，鼓励和组织人民群众参加庭审旁听。

第六十一条　建立完善仲裁经费管理制度。仲裁办编制仲裁工作经费预算，明确经费开支范围和开支标准，并在核定的预算范围内严格执行。各地根据当地情况制定办案仲裁员补贴和仲裁工作人员劳务费用补助标准，妥善解决仲裁员补贴和仲裁工作人员的劳务费用。当事人委托进行证据专业鉴定的，鉴定费用由当事人承担。

第六十二条　建立仲裁档案管理制度。案件结案后仲裁员应及时将案件材料归档，应归必归，不得短缺和遗漏。规范档案整理装订。落实档案管理岗位责任制，强化档案保管安全，严格档案借阅、查阅手续。当事人及其他相关人员在档案管理员指定地点查阅、复印调解书、裁决书、证据等非保密档案资料。仲裁委员会及仲裁办内部人员调阅仲裁档案，须经仲裁办主任批准。

第七章　附则

第六十三条　本规范由农业部负责解释。

第六十四条　本规范自印发之日起实施。

土地权属争议调查处理办法

（《土地权属争议调查处理办法》已经 2002 年 12 月 20 日国土资源部第 7 次部务会议通过，自 2003 年 3 月 1 日起施行）

第一条　为依法、公正、及时地做好土地权属争议的调查处理工作，保护当事人的合法权益，维护土地的社会主义公有制，根据《中华人民共和国土地管理法》，制定本办法。

第二条　本办法所称土地权属争议，是指土地所有权或者使用权归属争议。

第三条　调查处理土地权属争议，应当以法律、法规和土地管理规章为依据。从实际出发，尊重历史，面对现实。

第四条　县级以上国土资源行政主管部门负责土地权属争议案件（以下简称争议案件）的调查和调解工作；对需要依法作出处理决定的，拟定处理意见，报同级人民政府作出处理决定。

县级以上国土资源行政主管部门可以指定专门机构或者人员负责办理争议案件有关事宜。

第五条　个人之间、个人与单位之间、单位与单位之间发生的争议案件，由争议土地所在地的县级国土资源行政主管部门调查处理。

前款规定的个人之间、个人与单位之间发生的争议案件，可以根据当事人的申请，由乡级人民政府受理和处理。

第六条　设区的市、自治州国土资源行政主管部门调查处理下列争议案件：

（一）跨县级行政区域的；

（二）同级人民政府、上级国土资源行政主管部门交办或者有关部门转送的。

第七条　省、自治区、直辖市国土资源行政主管部门调查处理下列争议案件：

（一）跨设区的市、自治州行政区域的；

（二）争议一方为中央国家机关或者其直属单位，且涉及土地面积较大的；

（三）争议一方为军队，且涉及土地面积较大的；

（四）在本行政区域内有较大影响的；

（五）同级人民政府、国土资源部交办或者有关部门转送的。

第八条　国土资源部调查处理下列争议案件：

（一）国务院交办的；

（二）在全国范围内有重大影响的。

第九条　当事人发生土地权属争议，经协商不能解决的，可以依法向县级以上人民政府或者乡级人民政府提出处理申请，也可以依照本办法第五、六、七、八条的规定，向有关的国土资源行政主管部门提出调查处理申请。

第十条　申请调查处理土地权属争议的，应当符合下列条件：

（一）申请人与争议的土地有直接利害关系；

（二）有明确的请求处理对象、具体的处理请求和事实根据。

第十一条　当事人申请调查处理土地权属争议，应当提交书面申请书和有关证据材料，并按照被申请人数提交副本。

申请书应当载明以下事项：

（一）申请人和被申请人的姓名或者名称、地址、邮政编码、法定代表人姓名和职务；

（二）请求的事项、事实和理由；

（三）证人的姓名、工作单位、住址、邮政编码。

第十二条　当事人可以委托代理人代为申请土地权属争议的调查处理。委托代理人申请的，应当提交授权委托书。授权委托书应当写明委托事项和权限。

第十三条　对申请人提出的土地权属争议调查处理的申请，国土资源行政主管部门应当依照本办法第十条的规定进行审查，并在收到申请书之日起7个工作日内提出是否受理的意见。

认为应当受理的，在决定受理之日起5个工作日内将申请书副本发送被申请人。被申请人应当在接到申请书副本之日起30日内提交答辩书和有关证据材料。逾期不提交答辩书的，不影响案件的处理。

认为不应当受理的，应当及时拟定不予受理建议书，报同级人民政府作出不予受理决定。

当事人对不予受理决定不服的，可以依法申请行政复议或者提起行政诉讼。

同级人民政府、上级国土资源行政主管部门交办或者有关部门转办的争议案件，按照本条有关规定审查处理。

第十四条 下列案件不作为争议案件受理：

（一）土地侵权案件；

（二）行政区域边界争议案件；

（三）土地违法案件；

（四）农村土地承包经营权争议案件；

（五）其他不作为土地权属争议的案件。

第十五条 国土资源行政主管部门决定受理后，应当及时指定承办人，对当事人争议的事实情况进行调查。

第十六条 承办人与争议案件有利害关系的，应当申请回避；当事人认为承办人与争议案件有利害关系的，有权请求该承办人回避。承办人是否回避，由受理案件的国土资源行政主管部门决定。

第十七条 承办人在调查处理土地权属争议过程中，可以向有关单位或者个人调查取证。被调查的单位或者个人应当协助，并如实提供有关证明材料。

第十八条 在调查处理土地权属争议过程中，国土资源行政主管部门认为有必要对争议的土地进行实地调查的，应当通知当事人及有关人员到现场。必要时，可以邀请有关部门派人协助调查。

第十九条 土地权属争议双方当事人对各自提出的事实和理由负有举证责任，应当及时向负责调查处理的国土资源行政主管部门提供有关证据材料。

第二十条 国土资源行政主管部门在调查处理争议案件时，应当审查双方当事人提供的下列证据材料：

（一）人民政府颁发的确定土地权属的凭证；

（二）人民政府或者主管部门批准征用、划拨、出让土地或者以其他方式批准使用土地的文件；

（三）争议双方当事人依法达成的书面协议；

（四）人民政府或者司法机关处理争议的文件或者附图；

（五）其他有关证明文件。

第二十一条 对当事人提供的证据材料，国土资源行政主管部门应当查证属实，方可作为认定事实的根据。

第二十二条 在土地所有权和使用权争议解决之前，任何一方不得改变土地利用的现状。

第二十三条 国土资源行政主管部门对受理的争议案件，应当在查清事实、分清权属关系的基础上先行调解，促使当事人以协商方式达成协议。调解应当坚持自愿、合法的原则。

第二十四条 调解达成协议的，应当制作调解书。调解书应当载明以下内容：

（一）当事人的姓名或者名称、法定代表人姓名、职务；

（二）争议的主要事实；

（三）协议内容及其他有关事项。

第二十五条 调解书经双方当事人签名或者盖章，由承办人署名并加盖国土资源行政主管部门的印章后生效。

生效的调解书具有法律效力，是土地登记的依据。

第二十六条 国土资源行政主管部门应当在调解书生效之日起 15 日内，依照民事诉讼法的有关规定，将调解书送达当事人，并同时抄报上一级国土资源行政主管部门。

第二十七条 调解未达成协议的，国土资源行政主管理部门应当及时提出调查处理意见，报同级人民政府作出处理决定。

第二十八条 国土资源行政主管部门应当自受理土地权属争议之日起 6 个月内提出调查处理意见。因情况复杂，在规定时间内不能提出调查处理意见的，经该国土资源行政主管部门的主要负责人批准，可以适当延长。

第二十九条 调查处理意见应当包括以下内容：

（一）当事人的姓名或者名称、地址、法定代表人的姓名、职务；

（二）争议的事实、理由和要求；

（三）认定的事实和适用的法律、法规等依据；

（四）拟定的处理结论。

第三十条 国土资源行政主管部门提出调查处理意见后，应当在 5 个工作日内报送同级人民政府，由人民政府下达处理决定。

国土资源行政主管部门的调查处理意见在报同级人民政府的同时，抄报上一级国土资源行政主管部门。

第三十一条 当事人对人民政府作出的处理决定不服的，可以依法申请行政复议或者提起行政诉讼。

在规定的时间内，当事人既不申请行政复议，也不提起行政诉讼，处理决定即发生法律效力。

生效的处理决定是土地登记的依据。

第三十二条 在土地权属争议调查处理过程中，国土资源行政主管部门的工作人员玩忽职守、滥用职权、徇私舞弊，构成犯罪的，依法追究刑事责任；不构成犯罪的，由其所在单位或者其上级机关依法给予行政处分。

第三十三条 乡级人民政府处理土地权属争议，参照本办法执行。

第三十四条 调查处理争议案件的文书格式，由国土资源部统一制定。

第三十五条 调查处理争议案件的费用，依照国家有关规定执行。

第三十六条 本办法自 2003 年 3 月 1 日起施行。1995 年 12 月 18 日原国家土地管理局发布的《土地权属争议处理暂行办法》同时废止。

最高人民法院关于审理涉及农村土地承包纠纷案件

适用法律问题的解释

法释〔2005〕6 号

中华人民共和国最高人民法院公告

《最高人民法院关于审理涉及农村土地承包纠纷案件适用法律问题的解释》已于 2005 年 3 月 29 日由最高人民法院审判委员会第 1346 次会议通过，现予公布，自 2005 年 9 月 1 日起施行。

二〇〇五年七月二十九日

根据《中华人民共和国民法通则》《中华人民共和国合同法》《中华人民共和国民事诉讼法》《中华人民共和国农村土地承包法》《中华人民共和国土地管理法》等法律的规定，结合民事审判实践，对审理涉及农村土地承包纠纷案件适用法律的若干问题解释如下：

一、受理与诉讼主体

第一条　下列涉及农村土地承包民事纠纷，人民法院应当依法受理：

（一）承包合同纠纷；

（二）承包经营权侵权纠纷；

（三）承包经营权流转纠纷；

（四）承包地征收补偿费用分配纠纷；

（五）承包经营权继承纠纷。

集体经济组织成员因未实际取得土地承包经营权提起民事诉讼的，人民法院应当告知其向有关行政主管部门申请解决。

集体经济组织成员就用于分配的土地补偿费数额提起民事诉讼的，人民法院不予受理。

第二条 当事人自愿达成书面仲裁协议的，受诉人民法院应当参照最高人民法院《关于适用〈中华人民共和国民事诉讼法〉若干问题的意见》第 145 条至第 148 条的规定处理。

当事人未达成书面仲裁协议，一方当事人向农村土地承包仲裁机构申请仲裁，另一方当事人提起诉讼的，人民法院应予受理，并书面通知仲裁机构。但另一方当事人接受仲裁管辖后又起诉的，人民法院不予受理。

当事人对仲裁裁决不服并在收到裁决书之日起三十日内提起诉讼的，人民法院应予受理。

第三条 承包合同纠纷，以发包方和承包方为当事人。

前款所称承包方是指以家庭承包方式承包本集体经济组织农村土地的农户，以及以其他方式承包农村土地的单位或者个人。

第四条 农户成员为多人的，由其代表人进行诉讼。

农户代表人按照下列情形确定：

（一）土地承包经营权证等证书上记载的人；

（二）未依法登记取得土地承包经营权证等证书的，为在承包合同上签字的人；

（三）前两项规定的人死亡、丧失民事行为能力或者因其他原因无法进行诉讼的，为农户成员推选的人。

二、家庭承包纠纷案件的处理

第五条 承包合同中有关收回、调整承包地的约定违反农村土地承包法第二十六条、第二十七条、第三十条、第三十五条规定的，应当认定该约定无效。

第六条 因发包方违法收回、调整承包地，或者因发包方收回承包方弃耕、撂荒的承包地产生的纠纷，按照下列情形，分别处理：

（一）发包方未将承包地另行发包，承包方请求返还承包地的，应予支持；

（二）发包方已将承包地另行发包给第三人，承包方以发包方和第三人为共同被告，请求确认其所签订的承包合同无效、返还承包地并赔偿损失的，应予支持。但属于承包方弃耕、撂荒情形的，对其赔偿损失的诉讼请求，不予支持。

前款第（二）项所称的第三人，请求受益方补偿其在承包地上的合理投入的，应予支持。

第七条　承包合同约定或者土地承包经营权证等证书记载的承包期限短于农村土地承包法规定的期限，承包方请求延长的，应予支持。

第八条　承包方违反农村土地承包法第十七条规定，将承包地用于非农建设或者对承包地造成永久性损害，发包方请求承包方停止侵害、恢复原状或者赔偿损失的，应予支持。

第九条　发包方根据农村土地承包法第二十六条规定收回承包地前，承包方已经以转包、出租等形式将其土地承包经营权流转给第三人，且流转期限尚未届满，因流转价款收取产生的纠纷，按照下列情形，分别处理：

（一）承包方已经一次性收取了流转价款，发包方请求承包方返还剩余流转期限的流转价款的，应予支持；

（二）流转价款为分期支付，发包方请求第三人按照流转合同的约定支付流转价款的，应予支持。

第十条　承包方交回承包地不符合农村土地承包法第二十九条规定程序的，不得认定其为自愿交回。

第十一条　土地承包经营权流转中，本集体经济组织成员在流转价款、流转期限等主要内容相同的条件下主张优先权的，应予支持。但下列情形除外：

（一）在书面公示的合理期限内未提出优先权主张的；

（二）未经书面公示，在本集体经济组织以外的人开始使用承包地两个月内未提出优先权主张的。

第十二条　发包方强迫承包方将土地承包经营权流转给第三人，承包方请求确认其与第三人签订的流转合同无效的，应予支持。

发包方阻碍承包方依法流转土地承包经营权，承包方请求排除妨碍、赔偿损失的，应予支持。

第十三条　承包方未经发包方同意，采取转让方式流转其土地承包经营权的，转让合同无效。但发包方无法定理由不同意或者拖延表态的除外。

第十四条 承包方依法采取转包、出租、互换或者其他方式流转土地承包经营权，发包方仅以该土地承包经营权流转合同未报其备案为由，请求确认合同无效的，不予支持。

第十五条 承包方以其土地承包经营权进行抵押或者抵偿债务的，应当认定无效。对因此造成的损失，当事人有过错的，应当承担相应的民事责任。

第十六条 因承包方不收取流转价款或者向对方支付费用的约定产生纠纷，当事人协商变更无法达成一致，且继续履行又显失公平的，人民法院可以根据发生变更的客观情况，按照公平原则处理。

第十七条 当事人对转包、出租地流转期限没有约定或者约定不明的，参照合同法第二百三十二条规定处理。除当事人另有约定或者属于林地承包经营外，承包地交回的时间应当在农作物收获期结束后或者下一耕种期开始前。

对提高土地生产能力的投入，对方当事人请求承包方给予相应补偿的，应予支持。

第十八条 发包方或者其他组织、个人擅自截留、扣缴承包收益或者土地承包经营权流转收益，承包方请求返还的，应予支持。

发包方或者其他组织、个人主张抵销的，不予支持。

三、其他方式承包纠纷的处理

第十九条 本集体经济组织成员在承包费、承包期限等主要内容相同的条件下主张优先承包权的，应予支持。但在发包方将农村土地发包给本集体经济组织以外的单位或者个人，已经法律规定的民主议定程序通过，并由乡（镇）人民政府批准后主张优先承包权的，不予支持。

第二十条 发包方就同一土地签订两个以上承包合同，承包方均主张取得土地承包经营权的，按照下列情形，分别处理：

（一）已经依法登记的承包方，取得土地承包经营权；

（二）均未依法登记的，生效在先合同的承包方取得土地承包经营权；

（三）依前两项规定无法确定的，已经根据承包合同合法占有使用承包地的人取得土地承包经营权，但争议发生后一方强行先占承包地的行为和事实，不得作为确定土地承包经营权的依据。

第二十一条　承包方未依法登记取得土地承包经营权证等证书，即以转让、出租、入股、抵押等方式流转土地承包经营权，发包方请求确认该流转无效的，应予支持。但非因承包方原因未登记取得土地承包经营权证等证书的除外。

承包方流转土地承包经营权，除法律或者本解释有特殊规定外，按照有关家庭承包土地承包经营权流转的规定处理。

四、土地征收补偿费用分配及土地承包经营权继承纠纷的处理

第二十二条　承包地被依法征收，承包方请求发包方给付已经收到的地上附着物和青苗的补偿费的，应予支持。

承包方已将土地承包经营权以转包、出租等方式流转给第三人的，除当事人另有约定外，青苗补偿费归实际投入人所有，地上附着物补偿费归附着物所有人所有。

第二十三条　承包地被依法征收，放弃统一安置的家庭承包方，请求发包方给付已经收到的安置补助费的，应予支持。

第二十四条　农村集体经济组织或者村民委员会、村民小组，可以依照法律规定的民主议定程序，决定在本集体经济组织内部分配已经收到的土地补偿费。征地补偿安置方案确定时已经具有本集体经济组织成员资格的人，请求支付相应份额的，应予支持。但已报全国人大常委会、国务院备案的地方性法规、自治条例和单行条例、地方政府规章对土地补偿费在农村集体经济组织内部的分配办法另有规定的除外。

第二十五条　林地家庭承包中，承包方的继承人请求在承包期内继续承包的，应予支持。

其他方式承包中，承包方的继承人或者权利义务承受者请求在承包期内继续承包的，应予支持。

五、其他规定

第二十六条　人民法院在审理涉及本解释第五条、第六条第一款第（二）

项及第二款、第十六条的纠纷案件时，应当着重进行调解。必要时可以委托人民调解组织进行调解。

第二十七条 本解释自 2005 年 9 月 1 日起施行。施行后受理的第一审案件，适用本解释的规定。

施行前已经生效的司法解释与本解释不一致的，以本解释为准。

农村土地承包经营权流转管理办法

（《农村土地承包经营权流转管理办法》已于 2005 年 1 月 7 日经农业部第 2 次常务会议审议通过，现予公布，自 2005 年 3 月 1 日起施行。）

第一章　总则

第一条　为规范农村土地承包经营权流转行为，维护流转双方当事人合法权益，促进农业和农村经济发展，根据《农村土地承包法》及有关规定制定本办法。

第二条　农村土地承包经营权流转应当在坚持农户家庭承包经营制度和稳定农村土地承包关系的基础上，遵循平等协商、依法、自愿、有偿的原则。

第三条　农村土地承包经营权流转不得改变承包土地的农业用途，流转期限不得超过承包期的剩余期限，不得损害利害关系人和农村集体经济组织的合法权益。

第四条　农村土地承包经营权流转应当规范有序。依法形成的流转关系应当受到保护。

第五条　县级以上人民政府农业行政主管（或农村经营管理）部门依照同级人民政府规定的职责负责本行政区域内的农村土地承包经营权流转及合同管理的指导。

第二章　流转当事人

第六条　承包方有权依法自主决定承包土地是否流转、流转的对象和方式。任何单位和个人不得强迫或者阻碍承包方依法流转其承包土地。

第七条　农村土地承包经营权流转收益归承包方所有，任何组织和个人不得侵占、截留、扣缴。

第八条　承包方自愿委托发包方或中介组织流转其承包土地的，应当由承包方出具土地流转委托书。委托书应当载明委托的事项、权限和期限等，并有委托人的签名或盖章。

没有承包方的书面委托，任何组织和个人无权以任何方式决定流转农户的承包土地。

第九条 农村土地承包经营权流转的受让方可以是承包农户，也可以是其他按有关法律及有关规定允许从事农业生产经营的组织和个人。在同等条件下，本集体经济组织成员享有优先权。

受让方应当具有农业经营能力。

第十条 农村土地承包经营权流转方式、期限和具体条件，由流转双方平等协商确定。

第十一条 承包方与受让方达成流转意向后，以转包、出租、互换或者其他方式流转的，承包方应当及时向发包方备案；以转让方式流转的，应当事先向发包方提出转让申请。

第十二条 受让方应当依照有关法律、法规的规定保护土地，禁止改变流转土地的农业用途。

第十三条 受让方将承包方以转包、出租方式流转的土地实行再流转，应当取得原承包方的同意。

第十四条 受让方在流转期间因投入而提高土地生产能力的，土地流转合同到期或者未到期由承包方依法收回承包土地时，受让方有权获得相应的补偿。具体补偿办法可以在土地流转合同中约定或双方通过协商解决。

第三章 流转方式

第十五条 承包方依法取得的农村土地承包经营权可以采取转包、出租、互换、转让或者其他符合有关法律和国家政策规定的方式流转。

第十六条 承包方依法采取转包、出租、入股方式将农村土地承包经营权部分或者全部流转的，承包方与发包方的承包关系不变，双方享有的权利和承担的义务不变。

第十七条 同一集体经济组织的承包方之间自愿将土地承包经营权进行互换，双方对互换土地原享有的承包权利和承担的义务也相应互换，当事人可以要求办理农村土地承包经营权证变更登记手续。

第十八条　承包方采取转让方式流转农村土地承包经营权的，经发包方同意后，当事人可以要求及时办理农村土地承包经营权证变更、注销或重发手续。

第十九条　承包方之间可以自愿将承包土地入股发展农业合作生产，但股份合作解散时入股土地应当退回原承包农户。

第二十条　通过转让、互换方式取得的土地承包经营权经依法登记获得土地承包经营权证后，可以依法采取转包、出租、互换、转让或者其他符合法律和国家政策规定的方式流转。

第四章　流转合同

第二十一条　承包方流转农村土地承包经营权，应当与受让方在协商一致的基础上签订书面流转合同。

农村土地承包经营权流转合同一式四份，流转双方各执一份，发包方和乡（镇）人民政府农村土地承包管理部门各备案一份。

承包方将土地交由他人代耕不超过一年的，可以不签订书面合同。

第二十二条　承包方委托发包方或者中介服务组织流转其承包土地的，流转合同应当由承包方或其书面委托的代理人签订。

第二十三条　农村土地承包经营权流转合同一般包括以下内容：

（一）双方当事人的姓名、住所；

（二）流转土地的四至、坐落、面积、质量等级；

（三）流转的期限和起止日期；

（四）流转方式；

（五）流转土地的用途；

（六）双方当事人的权利和义务；

（七）流转价款及支付方式；

（八）流转合同到期后地上附着物及相关设施的处理；

（九）违约责任。

农村土地承包经营权流转合同文本格式由省级人民政府农业行政主管部门确定。

第二十四条　农村土地承包经营权流转当事人可以向乡（镇）人民政府农村土地承包管理部门申请合同鉴证。

乡（镇）人民政府农村土地承包管理部门不得强迫土地承包经营权流转当事人接受鉴证。

第五章　流转管理

第二十五条　发包方对承包方提出的转包、出租、互换或者其他方式流转承包土地的要求，应当及时办理备案，并报告乡（镇）人民政府农村土地承包管理部门。

承包方转让承包土地，发包方同意转让的，应当及时向乡（镇）人民政府农村土地承包管理部门报告，并配合办理有关变更手续；发包方不同意转让的，应当于七日内向承包方书面说明理由。

第二十六条　乡（镇）人民政府农村土地承包管理部门应当及时向达成流转意向的承包方提供统一文本格式的流转合同，并指导签订。

第二十七条　乡（镇）人民政府农村土地承包管理部门应当建立农村土地承包经营权流转情况登记册，及时准确记载农村土地承包经营权流转情况。以转包、出租或者其他方式流转承包土地的，及时办理相关登记；以转让、互换方式流转承包土地的，及时办理有关承包合同和土地承包经营权证变更等手续。

第二十八条　乡（镇）人民政府农村土地承包管理部门应当对农村土地承包经营权流转合同及有关文件、文本、资料等进行归档并妥善保管。

第二十九条　采取互换、转让方式流转土地承包经营权，当事人申请办理土地承包经营权流转登记的，县级人民政府农业行政（或农村经营管理）主管部门应当予以受理，并依照《农村土地承包经营权证管理办法》的规定办理。

第三十条　从事农村土地承包经营权流转服务的中介组织应当向县级以上地方人民政府农业行政（或农村经营管理）主管部门备案并接受其指导，依照法律和有关规定提供流转中介服务。

第三十一条　乡（镇）人民政府农村土地承包管理部门在指导流转合同签订或流转合同鉴证中，发现流转双方有违反法律法规的约定，要及时予以纠正。

第三十二条 县级以上地方人民政府农业行政（或农村经营管理）主管部门应当加强对乡（镇）人民政府农村土地承包管理部门工作的指导。乡（镇）人民政府农村土地承包管理部门应当依法开展农村土地承包经营权流转的指导和管理工作，正确履行职责。

第三十三条 农村土地承包经营权流转发生争议或者纠纷，当事人应当依法协商解决。

当事人协商不成的，可以请求村民委员会、乡（镇）人民政府调解。

当事人不愿协商或者调解不成的，可以向农村土地承包仲裁机构申请仲裁，也可以直接向人民法院起诉。

第六章 附则

第三十四条 通过招标、拍卖和公开协商等方式承包荒山、荒沟、荒丘、荒滩等农村土地，经依法登记取得农村土地承包经营权证的，可以采取转让、出租、入股、抵押或者其他方式流转，其流转管理参照本办法执行。

第三十五条 本办法所称转让是指承包方有稳定的非农职业或者有稳定的收入来源，经承包方申请和发包方同意，将部分或全部土地承包经营权让渡给其他从事农业生产经营的农户，由其履行相应土地承包合同的权利和义务。转让后原土地承包关系自行终止，原承包方承包期内的土地承包经营权部分或全部灭失。

转包是指承包方将部分或全部土地承包经营权以一定期限转给同一集体经济组织的其他农户从事农业生产经营。转包后原土地承包关系不变，原承包方继续履行原土地承包合同规定的权利和义务。接包方按转包时约定的条件对转包方负责。承包方将土地交他人代耕不足一年的除外。

互换是指承包方之间为方便耕作或者各自需要，对属于同一集体经济组织的承包地块进行交换，同时交换相应的土地承包经营权。

入股是指实行家庭承包方式的承包方之间为发展农业经济，将土地承包经营权作为股权，自愿联合从事农业合作生产经营；其他承包方式的承包方将土地承包经营权量化为股权，入股组成股份公司或者合作社等，从事农业生产经营。

出租是指承包方将部分或全部土地承包经营权以一定期限租赁给他人从事农业生产经营。出租后原土地承包关系不变，原承包方继续履行原土地承包合同规定的权利和义务。承租方按出租时约定的条件对承包方负责。

本办法所称受让方包括接包方、承租方等。

第三十六条 本办法自 2005 年 3 月 1 日起正式施行。

最高人民法院关于民事诉讼证据的若干规定

法释〔2001〕33 号

《最高人民法院关于民事诉讼证据的若干规定》已于 2001 年 12 月 6 日由最高人民法院审判委员会第 1 2 0 1 次会议通过。现予公布，并自 2002 年 4 月 1 日起施行。

为保证人民法院正确认定案件事实公正、及时审理民事案件保障和便利当事人依法行使诉讼权利，根据《中华人民共和国民事诉讼法》（以下简称《民事诉讼法》）等有关法律的规定，结合民事审判经验和实际情况，制定本规定。

一、当事人举证

第一条　原告向人民法院起诉或者被告提出反诉　应当附有符合起诉条件的相应的证据材料。

第二条　当事人对自己提出的诉讼请求所依据的事实或者反驳对方诉讼请求所依据的事实有责任提供证据加以证明。

没有证据或者证据不足以证明当事人的事实主张的　由负有举证责任的当事人承担不利后果。

第三条　人民法院应当向当事人说明举证的要求及法律后果，促使当事人在合理期限内积极、全面、正确、诚实地完成举证。

当事人因客观原因不能自行收集的证据，可申请人民法院调查收集。

第四条　下列侵权诉讼　按照以下规定承担举证责任：

因新产品制造方法发明专利引起的专利侵权诉讼，由制造同样产品的单位或者个人对其产品制造方法不同于专利方法承担举证责任；

高度危险作业致人损害的侵权诉讼，由加害人就受害人故意造成损害的事实承担举证责任；

因环境污染引起的损害赔偿诉讼，由加害人就法律规定的免责事由及其行为与损害结果之间不存在因果关系承担举证责任；

建筑物或者其他设施以及建筑物上的搁置物、悬挂物发生倒塌、脱落、坠落致人损害的侵权诉讼，由所有人或者管理人对其无过错承担举证责任；

（五）饲养动物致人损害的侵权诉讼，由动物饲养人或者管理人就受害人有过错或者第三人有过错承担举证责任；

（六）因缺陷产品致人损害的侵权诉讼，由产品的生产者就法律规定的免责事由承担举证责任；

（七）因共同危险行为致人损害的侵权诉讼，由实施危险行为的人就其行为与损害结果之间不存在因果关系承担举证责任；

（八）因医疗行为引起的侵权诉讼，由医疗机构就医疗行为与损害结果之间不存在因果关系及不存在医疗过错承担举证责任。

有关法律对侵权诉讼的举证责任有特殊规定的，从其规定。

第五条 在合同纠纷案件中，主张合同关系成立并生效的一方当事人对合同订立和生效的事实承担举证责任；主张合同关系变更、解除、终止、撤销的一方当事人对引起合同关系变动的事实承担举证责任。

对合同是否履行发生争议的，由负有履行义务的当事人承担举证责任。

对代理权发生争议的，由主张有代理权一方当事人承担举证责任。

第六条 在劳动争议纠纷案件中，因用人单位作出开除、除名、辞退、解除劳动合同、减少劳动报酬、计算劳动者工作年限等决定而发生劳动争议的，由用人单位负举证责任。

第七条 在法律没有具体规定，依本规定及其他司法解释无法确定举证责任承担时，人民法院可以根据公平原则和诚实信用原则，综合当事人举证能力等因素确定举证责任的承担。

第八条 诉讼过程中，一方当事人对另一方当事人陈述的案件事实明确表示承认的，另一方当事人无需举证。但涉及身份关系的案件除外。

对一方当事人陈述的事实，另一方当事人既未表示承认也未否认，经审判人员充分说明并询问后，其仍不明确表示肯定或者否定的，视为对该项事实的承认。

当事人委托代理人参加诉讼的，代理人的承认视为当事人的承认。但未经特别授权的代理人对事实的承认直接导致承认对方诉讼请求的除外；当事人在场但对其代理人的承认不作否认表示的，视为当事人的承认。

当事人在法庭辩论终结前撤回承认并经对方当事人同意，或者有充分证据证明其承认行为是在受胁迫或者重大误解情况下作出且与事实不符的，不能免除对方当事人的举证责任。

第九条 下列事实 当事人无需举证证明：

（一）众所周知的事实；

（二）自然规律及定理；

（三）根据法律规定或者已知事实和日常生活经验法则 能推定出的另一事实；

（四）已为人民法院发生法律效力的裁判所确认的事实；

（五）已为仲裁机构的生效裁决所确认的事实；

（六）已为有效公证文书所证明的事实。

前款（一）、（三）、（四）、（五）、（六）项，当事人有相反证据足以推翻的除外。

第十条 当事人向人民法院提供证据应当提供原件或者原物。如需自己保存证据原件、原物或者提供原件、原物确有困难的可以提供经人民法院核对无异的复制件或者复制品。

第十一条 当事人向人民法院提供的证据系在中华人民共和国领域外形成的该证据应当经所在国公证机关予以证明并经中华人民共和国驻该国使领馆予以认证或者履行中华人民共和国与该所在国订立的有关条约中规定的证明手续。

当事人向人民法院提供的证据是在香港、澳门、台湾地区形成的，应当履行相关的证明手续。

第十二条 当事人向人民法院提供外文书证或者外文说明资料 应当附有中文译本。

第十三条 对双方当事人无争议但涉及国家利益、社会公共利益或者他人合法权益的事实人民法院可以责令当事人提供有关证据。

第十四条 当事人应当对其提交的证据材料逐一分类编号对证据材料的来源、证明对象和内容作简要说明签名盖章、注明提交日期，并依照对方当事人人数提出副本。

人民法院收到当事人提交的证据材料，应当出具收据注明证据的名称、份数和页数以及收到的时间由经办人员签名或者盖章。

二、人民法院调查收集证据

第十五条 《民事诉讼法》第六十四条规定的"人民法院认为审理案件需要的证据"，是指以下情形：

（一）涉及可能有损国家利益、社会公共利益或者他人合法权益的事实；

（二）涉及依职权追加当事人、中止诉讼、终结诉讼、回避等与实体争议无关的程序事项。

第十六条 除本规定第十五条规定的情形外，人民法院调查收集证据，应当依当事人的申请进行。

第十七条 符合下列条件之一的，当事人及其诉讼代理人可以申请人民法院调查收集证据：

（一）申请调查收集的证据属于国家有关部门保存并须人民法院依职权调取的档案材料；

（二）涉及国家秘密、商业秘密、个人隐私的材料；

（三）当事人及其诉讼代理人确因客观原因不能自行收集的其他材料。

第十八条 当事人及其诉讼代理人申请人民法院调查收集证据，应当提交书面申请。申请书应当载明被调查人的姓名或者单位名称、住所地等基本情况、所要调查收集的证据的内容、需要由人民法院调查收集证据的原因及其要证明的事实。

第十九条 当事人及其诉讼代理人申请人民法院调查收集证据，不得迟于举证期限届满前七日。

人民法院对当事人及其诉讼代理人的申请不予准许的，应当向当事人或其诉讼代理人送达通知书。当事人及其诉讼代理人可以在收到通知书的次日起三日内向受理申请的人民法院书面申请复议一次。人民法院应当在收到复议申请之日起五日内作出答复。

第二十条 调查人员调查收集的书证可以是原件也可以是经核对无误的副

本或者复制件。是副本或者复制件的应当在调查笔录中说明来源和取证情况。

第二十一条　调查人员调查收集的物证应当是原物。被调查人提供原物确有困难的以提供复制品或者照片。提供复制品或者照片的应当在调查笔录中说明取证情况。

第二十二条　调查人员调查收集计算机数据或者录音、录像等视听资料的应当要求被调查人提供有关资料的原始载体。提供原始载体确有困难的可以提供复制件。提供复制件的　调查人员应当在调查笔录中说明其来源和制作经过。

第二十三条　当事人依据《民事诉讼法》第七十四条的规定向人民法院申请保全证据，不得迟于举证期限届满前七日。

当事人申请保全证据的，人民法院可以要求其提供相应的担保。

法律、司法解释规定诉前保全证据的，依照其规定办理。

第二十四条　人民法院进行证据可以根据具体情况采取查封、扣押、拍照、录音、录像、复制、鉴定、勘验、制作笔录等方法。

人民法院进行证据保全，可以要求当事人或者诉讼代理人到场。

第二十五条　当事人申请鉴定，应当在举证期限内提出。符合本规定第二十七条规定的情形，当事人申请重新鉴定的除外。

对需要鉴定的事项负有举证责任的当事人，在人民法院指定的期限内无正当理由不提出鉴定申请或者不预交鉴定费用或者拒不提供相关材料　致使对案件争议的事实无法通过鉴定结论予以认定的　应当对该事实承担举证不能的法律后果。

第二十六条　当事人申请鉴定经人民法院同意后由双方当事人协商确定有鉴定资格的鉴定机构、鉴定人员协商不成的由人民法院指定。

第二十七条　当事人对人民法院委托的鉴定部门作出的鉴定结论有异议申请重新鉴定，提出证据证明存在下列情形之一的人民法院应予准许：

（一）鉴定机构或者鉴定人员不具备相关的鉴定资格的；

（二）鉴定程序严重违法的；

（三）鉴定结论明显依据不足的；

（四）经过质证认定不能作为证据使用的其他情形。

对有缺陷的鉴定结论，可以通过补充鉴定、重新质证或者补充质证等方法解决的，不予重新鉴定。

第二十八条 一方当事人自行委托有关部门作出的鉴定结论另一方当事人有证据足以反驳并申请重新鉴定的，人民法院应予准许。

第二十九条 审判人员对鉴定人出具的鉴定书，应当审查是否具有下列内容：

（一）委托人姓名或者名称、委托鉴定的内容；

（二）委托鉴定的材料；

（三）鉴定的依据及使用的科学技术手段；

（四）对鉴定过程的说明；

（五）明确的鉴定结论；

（六）对鉴定人鉴定资格的说明；

（七）鉴定人员及鉴定机构签名盖章。

第三十条 人民法院勘验物证或者现场，应当制作笔录记录勘验的时间、地点、勘验人、在场人、勘验的经过、结果由勘验人、在场人签名或者盖章。对于绘制的现场图应当注明绘制的时间、方位、测绘人姓名、身份等内容。

第三十一条 摘录有关单位制作的与案件事实相关的文件、材料 应当注明出处 并加盖制作单位或者保管单位的印章 摘录人和其他调查人员应当在摘录件上签名或者盖章。

摘录文件、材料应当保持内容相应的完整性，不得断章取义。

三、举证时限与证据交换

第三十二条 被告应当在答辩期届满前提出书面答辩，阐明其对原告诉讼请求及所依据的事实和理由的意见。

第三十三条 人民法院应当在送达案件受理通知书和应诉通知书的同时向当事人送达举证通知书。举证通知书应当载明举证责任的分配原则与要求、可以向人民法院申请调查取证的情形、人民法院根据案件情况指定的举证期限以及逾期提供证据的法律后果。

举证期限可以由当事人协商一致，并经人民法院认可。

由人民法院指定举证期限的，指定的期限不得少于三十日，自当事人收到案件受理通知书和应诉通知书的次日起计算。

第三十四条　当事人应当在举证期限内向人民法院提交证据材料，当事人在举证期限内不提交的，视为放弃举证权利。

对于当事人逾期提交的证据材料，人民法院审理时不组织质证。但对方当事人同意质证的除外。

当事人增加、变更诉讼请求或者提起反诉的，应当在举证期限届满前提出。

第三十五条　诉讼过程中，当事人主张的法律关系的性质或者民事行为的效力与人民法院根据案件事实作出的认定不一致的，不受本规定第三十四条规定的限制，人民法院应当告知当事人可以变更诉讼请求。

当事人变更诉讼请求的，人民法院应当重新指定举证期限。

第三十六条　当事人在举证期限内提交证据材料确有困难的　应当在举证期限内向人民法院申请延期举证，经人民法院准许　可以适当延长举证期限。当事人在延长的举证期限内提交证据材料仍有困难的可以再次提出延期申请是否准许由人民法院决定。

第三十七条　经当事人申请，人民法院可以组织当事人在开庭审理前交换证据。

人民法院对于证据较多或者复杂疑难的案件，应当组织当事人在答辩期届满后、开庭审理前交换证据。

第三十八条　交换证据的时间可以由当事人协商一致并经人民法院认可，也可以由人民法院指定。

人民法院组织当事人交换证据的，交换证据之日举证期限届满。当事人申请延期举证经人民法院准许的，证据交换日相应顺延。

第三十九条　证据交换应当在审判人员的主持下进行。在证据交换的过程中，审判人员对当事人无异议的事实、证据应当记录在卷；对有异议的证据　按照需要证明的事实分类记录在卷并记载异议的理由。通过证据交换　确定双方当事人争议的主要问题。

第四十条　当事人收到对方交换的证据后提出反驳并提出新证据的，人民法院应当通知当事人在指定的时间进行交换。

证据交换一般不超过两次。但重大、疑难和案情特别复杂的案件，人民法院认为确有必要再次进行证据交换的除外。

第四十一条　《民事诉讼法》第一百二十五条第一款规定的"新的证据"，是指以下情形：

（一）一审程序中的新的证据包括：当事人在一审举证期限届满后新发现的证据；当事人确因客观原因无法在举证期限内提供，经人民法院准许，在延长的期限内仍无法提供的证据。

（二）二审程序中的新的证据包括：一审庭审结束后新发现的证据；当事人在一审举证期限届满前申请人民法院调查取证未获准许，二审法院经审查认为应当准许并依当事人申请调取的证据。

第四十二条　当事人在一审程序中提供新的证据的，应当在一审开庭前或者开庭审理时提出。

当事人在二审程序中提供新的证据的，应当在二审开庭前或者开庭审理时提出；二审不需要开庭审理的，应当在人民法院指定的期限内提出。

第四十三条　当事人举证期限届满后提供的证据不是新的证据的，人民法院不予采纳。

当事人经人民法院准许延期举证但因客观原因未能在准许的期限内提供，且不审理该证据可能导致裁判明显不公的，其提供的证据可视为新的证据。

第四十四条　《民事诉讼法》第一百七十九条第一款第（一）项规定的"新的证据"，是指原审庭审结束后新发现的证据。

当事人在再审程序中提供新的证据的，应当在申请再审时提出。

第四十五条　一方当事人提出新的证据的，人民法院应当通知对方当事人在合理期限内提出意见或者举证。

第四十六条　由于当事人的原因未能在指定期限内举证，致使案件在二审或者再审期间因提出新的证据被人民法院发回重审或者改判的，原审裁判不属于错误裁判案件。一方当事人请求提出新的证据的另一方当事人负担由此增加的差旅、误工、证人出庭作证、诉讼等合理费用以及由此扩大的直接损失，人民法院应予支持。

四、质证

第四十七条 证据应当在法庭上出示由当事人质证。未经质证的证据，不能作为认定案件事实的依据。

当事人在证据交换过程中认可并记录在卷的证据 经审判人员在庭审中说明后 可以作为认定案件事实的依据。

第四十八条 涉及国家秘密、商业秘密和个人隐私或者法律规定的其他应当保密的证据不得在开庭时公开质证。

第四十九条 对书证、物证、视听资料进行质证时当事人有权要求出示证据的原件或者原物。但有下列情况之一的除外：

（一）出示原件或者原物确有困难并经人民法院准许出示复制件或者复制品的；

（二）原件或者原物已不存在，但有证据证明复制件、复制品与原件或原物一致的。

第五十条 质证时当事人应当围绕证据的真实性、关联性、合法性，针对证据证明力有无以及证明力大小进行质疑、说明与辩驳。

第五十一条 质证按下列顺序进行

（一）原告出示证据 被告、第三人与原告进行质证；

（二）被告出示证据 原告、第三人与被告进行质证；

（三）第三人出示证据 原告、被告与第三人进行质证。人民法院依照当事人申请调查收集的证据，作为提出申请的一方当事人提供的证据。

人民法院依照职权调查收集的证据应当在庭审时出示，听取当事人意见，并可就调查收集该证据的情况予以说明。

第五十二条 案件有两个以上独立的诉讼请求的 当事人可以逐个出示证据进行质证。

第五十三条 不能正确表达意志的人，不能作为证人。

待证事实与其年龄、智力状况或者精神健康状况相适应的无民事行为能力人和限制民事行为能力人，可以作为证人。

第五十四条 当事人申请证人出庭作证，应当在举证期限届满十日前提出，并经人民法院许可。

人民法院对当事人的申请予以准许的，应当在开庭审理前通知证人出庭作证，并告知其应当如实作证及作伪证的法律后果。

证人因出庭作证而支出的合理费用　由提供证人的一方当事人先行支付，由败诉一方当事人承担。

第五十五条 证人应当出庭作证　接受当事人的质询。

证人在人民法院组织双方当事人交换证据时出席陈述证言的，可视为出庭作证。

第五十六条 《民事诉讼法》第七十条规定的"证人确有困难不能出庭"，是指有下列情形：

（一）年迈体弱或者行动不便无法出庭的；

（二）特殊岗位确实无法离开的；

（三）路途特别遥远　交通不便难以出庭的；

（四）因自然灾害等不可抗力的原因无法出庭的；

（五）其他无法出庭的特殊情况。

前款情形，经人民法院许可，证人可以提交书面证言或者视听资料或者通过双向视听传输技术手段作证。

第五十七条 出庭作证的证人应当客观陈述其亲身感知的事实。证人为聋哑人的，可以其他表达方式作证。

证人作证时，不得使用猜测、推断或者评论性的语言。

第五十八条 审判人员和当事人可以对证人进行询问。证人不得旁听法庭审理；询问证人时，其他证人不得在场。人民法院认为有必要的，可以让证人进行对质。

第五十九条 鉴定人应当出庭接受当事人质询。

鉴定人确因特殊原因无法出庭的，经人民法院准许，可以书面答复当事人的质询。

第六十条 经法庭许可当事人可以向证人、鉴定人、勘验人发问。

询问证人、鉴定人、勘验人不得使用威胁、侮辱及不适当引导证人的言语和方式。

第六十一条　当事人可以向人民法院申请由一至二名具有专门知识的人员出庭就案件的专门性问题进行说明。人民法院准许其申请的，有关费用由提出申请的当事人负担。

审判人员和当事人可以对出庭的具有专门知识的人员进行询问。

经人民法院准许，可以由当事人各自申请的具有专门知识的人员就有案件中的问题进行对质。

具有专门知识的人员可以对鉴定人进行询问。

第六十二条　法庭应当将当事人的质证情况记入笔录并由当事人核对后签名或者盖章。

证据的审核认定

第六十三条　人民法院应当以证据能够证明的案件事实为依据依法作出裁判。

第六十四条　审判人员应当依照法定程序全面、客观地审核证据，依据法律的规定，遵循法官职业道德，运用逻辑推理和日常生活经验，对证据有无证明力和证明力大小独立进行判断，并公开判断的理由和结果。

第六十五条　审判人员对单一证据可以从下列方面进行审核认定

（一）证据是否原件、原物　复印件、复制品与原件、原物是否相符；

（二）证据与本案事实是否相关；

（三）证据的形式、来源是否符合法律规定；

（四）证据的内容是否真实；

（五）证人或者提供证据的人　与当事人有无利害关系。

第六十六条　审判人员对案件的全部证据，应当从各证据与案件事实的关联程度、各证据之间的联系等方面进行综合审查判断。

第六十七条　在诉讼中，当事人为达成调解协议或者和解的目的作出妥协所涉及的对案件事实的认可　不得在其后的诉讼中作为对其不利的证据。

第六十八条　以侵害他人合法权益或者违反法律禁止性规定的方法取得的证据，不能作为认定案件事实的依据。

第六十九条 下列证据不能单独作为认定案件事实的依据

（一）未成年人所作的与其年龄和智力状况不相当的证言；

（二）与一方当事人或者其代理人有利害关系的证人出具的证言；

（三）存有疑点的视听资料；

（四）无法与原件、原物核对的复印件、复制品；

（五）无正当理由未出庭作证的证人证言。

第七十条 一方当事人提出的下列证据，对方当事人提出异议但没有足以反驳的相反证据的，人民法院应当确认其证明力：

（一）书证原件或者与书证原件核对无误的复印件、照片、副本、节录本；

（二）物证原物或者与物证原物核对无误的复制件、照片、录像资料等；

（三）有其他证据佐证并以合法手段取得的、无疑点的视听资料或者与视听资料核对无误的复制件；

（四）一方当事人申请人民法院依照法定程序制作的对物证或者现场的勘验笔录。

第七十一条 人民法院委托鉴定部门作出的鉴定结论当事人没有足以反驳的相反证据和理由的，可以认定其证明力。

第七十二条 一方当事人提出的证据，另一方当事人认可或者提出的相反证据不足以反驳的，人民法院可以确认其证明力。

一方当事人提出的证据，另一方当事人有异议并提出反驳证据，对方当事人对反驳证据认可的，可以确认反驳证据的证明力。

第七十三条 双方当事人对同一事实分别举出相反的证据 但都没有足够的依据否定对方证据的 人民法院应当结合案件情况，判断一方提供证据的证明力是否明显大于另一方提供证据的证明力，并对证明力较大的证据予以确认。

因证据的证明力无法判断导致争议事实难以认定的，人民法院应当依据举证责任分配的规则作出裁判。

第七十四条 诉讼过程中，当事人在起诉状、答辩状、陈述及其委托代理人的代理词中承认的对己方不利的事实和认可的证据人民法院应当予以确认但当事人反悔并有相反证据足以推翻的除外。

第七十五条　有证据证明一方当事人持有证据无正当理由拒不提供，如果对方当事人主张该证据的内容不利于证据持有人，可以推定该主张成立。

第七十六条　当事人对自己的主张　只有本人陈述而不能提出其他相关证据的　其主张不予支持。但对方当事人认可的除外。

第七十七条　人民法院就数个证据对同一事实的证明力　可以依照下列原则认定：

（一）国家机关、社会团体依职权制作的公文书证的证明力一般大于其他书证；

（二）物证、档案、鉴定结论、勘验笔录或者经过公证、登记的书证　其证明力一般大于其他书证、视听资料和证人证言；

（三）原始证据的证明力一般大于传来证据；

（四）直接证据的证明力一般大于间接证据；

（五）证人提供的对与其有亲属或者其他密切关系的当事人有利的证言　其证明力一般小于其他证人证言。

第七十八条　人民法院认定证人证言，可以通过对证人的智力状况、品德、知识、经验、法律意识和专业技能等的综合分析作出判断。

第七十九条　人民法院应当在裁判文书中阐明证据是否采纳的理由。

对当事人无争议的证据，是否采纳的理由可以不在裁判文书中表述。

五、其他

第八十条　对证人、鉴定人、勘验人的合法权益依法予以保护。

当事人或者其他诉讼参与人伪造、毁灭证据　提供假证据　阻止证人作证，指使、贿买、胁迫他人作伪证　或者对证人、鉴定人、勘验人打击报复的　依照《民事诉讼法》第一百零二条的规定处理。

第八十一条　人民法院适用简易程序审理案件，不受本解释中第三十二条、第三十三条第三款和第七十九条规定的限制。

第八十二条　本院过去的司法解释与本规定不一致的以本规定为准。

第八十三条　本规定自 2002 年 4 月 1 日起施行。2002 年 4 月 1 日尚未审结的一审、二审和再审民事案件不适用本规定。

本规定施行前已经审理终结的民事案件，当事人以违反本规定为由申请再审的，人民法院不予支持。

本规定施行后受理的再审民事案件，人民法院依据《民事诉讼法》第一百八十四条的规定进行审理的，适用本规定。

二、有关文件政策

中共中央关于一九八四年农村工作的通知

一、中共中央一九八三年一月发出的《当前农村经济政策的若干问题》，经过一年的试行，取得了明显的成效，证明所提出的基本目标、方针、政策是正确的；中央决定作为今后一个时期内指导农村工作的正式文件，继续贯彻执行。一年来，经过全党全国各条战线广大干部和群众的共同努力，农业生产获得了创纪录的丰收，农村工作取得了令人鼓舞的进展。这个事实使我们更加坚信，只要保持党的政策的稳定性和持续性，在实践中不断总结新经验，解决新问题，就能团结并带领亿万农民群众，发展农村已经开创的新局面，实现党的十二大提出的宏伟目标，同时，走出一条具有中国特色的社会主义农业发展道路。

二、今年农村工作的重点是：在稳定和完善生产责任制的基础上，提高生产力水平，疏理流通渠道，发展商品生产。农业生产责任制的普遍实行，带来了生产力的解放和商品生产的发展。由自给半自给经济向较大规模商品生产转化，是发展我国社会主义农村经济不可逾越的必然过程。只有发展商品生产，才能进一步促进社会分工，把生产力提高到一个新的水平，才能使农村繁荣富裕起来，才能使我们的干部学会利用商品货币关系，利用价值规律，为计划经济服务，才能加速实现我国社会主义农业的现代化。

三、继续稳定和完善联产承包责任制，帮助农民在家庭经营的基础上扩大生产规模，提高经济效益。

（一）延长土地承包期，鼓励农民增加投资，培养地力，实行集约经营。

土地承包期一般应在十五年以上。生产周期长的和开发性的项目，如果树、林木、荒山、荒地等，承包期应当更长一些。在延长承包期以前，群众有调整土地要求的，可以本着"大稳定，小调整"的原则，经过充分商量，由集体统一调整。

鼓励土地逐步向种田能手集中。社员在承包期内，因无力耕种或转营他业而要求不包或少包土地的，可以将土地交给集体统一安排，也可以经集体同意，由社员自找对象协商转包，但不能擅自改变向集体承包合同的内容。转包条件可以根据当地情况，由双方商定。在目前实行粮食统购统销制度的条件下，可以允许由转入户为转出户提供一定数量的平价口粮。

对农民向土地的投资应予合理补偿。可以通过社员民主协商制定一些具体办法，例如给土地定等定级或定等估价，作为土地使用权转移时实行投资补偿的参考。对因掠夺经营而降低地力的，也应规定合理的赔偿办法。荒芜、弃耕的土地，集体应及时收回。

自留地、承包地均不准买卖，不准出租，不准转作宅基地和其他非农业用地。

（二）允许农民和集体的资金自由地或有组织地流动，不受地区限制。鼓励农民向各种企业投资入股；鼓励集体和农民本着自愿互利的原则，将资金集中起来，联合兴办各种企业，尤其要支持兴办开发性事业。国家保护投资者的合法权益。

（三）关于农村雇工问题，中央在《当前农村经济政策的若干问题》中已有原则规定，应继续依照执行。工商行政管理部门，要及时办理登记发证工作，加强管理。各有关部门要认真调查研究，以便在条件成熟时，进一步做出具体的政策规定。

目前雇请工人超过规定人数的企业，有的实行了一些有别于私人企业的制度，例如，从税后利润中留一定比例的积累，作为集体公有财产；规定股金分红和业主收入的限额；从利润中给工人以一定比例的劳动返还等等。这就在不同程度上具有了合作经济的因素，应当帮助它们继续完善提高，可以不按资本主义的雇工经营看待。

实行经理承包责任制的社队企业，有的虽然采取招雇工人的形式，但只要按照下列原则管理，就仍然是合作经济，不能看作私人雇工经营：（1）企业的所有权属于社队，留有足够的固定资产折旧费和一定比例的公共积累；（2）社队对企业的重大问题，如产品方向、公有固定资产的处理、基本分配原则等有决策权；（3）按规定向社队上交一定的利润；（4）经理只是在社队授权范围内全权处理企业业务；（5）实行按劳分配、民主管理，对个人投入的资金只按一定比例分红，经理报酬从优，但与工人收入不过分悬殊。

（四）农村在实行联产承包责任制基础上出现的专业户，带头勤劳致富，带头发展商品生产，带头改进生产技术，是农村发展中的新生事物，应当珍惜爱护，积极支持。最为有效的支持，是向他们提供必要的社会服务，满足他们对信息、供销和技术进步等方面的需求。有条件的地方，对粮食专业户和从事开发性生产的专业户，还可以通过合作经济内部平衡各业收入等办法，给以必要的经济鼓励。一些实行"统一经营、专业承包、包干分配"的合作经济组织，除专业户外，还采用专业队、专业组等分工形式，对促进商品生产的发展起了积极作用，应当总结完善提高。

专业户的发展是一个经济发展的过程，各地经济状况又很不平衡，因此不宜硬性规定专业户的统一标准和发展指标，物质奖励和资金扶持要适度。

要鼓励技术、劳力、资金、资源多种形式的结合，使农民能够在商品生产中，发挥各自的专长，逐步形成适当的经营规模。

（五）政社分设以后，农村经济组织应根据生产发展的需要，在群众自愿的基础上设置，形式与规模可以多种多样，不要自上而下强制推行某一种模式。

为了完善统一经营和分散经营相结合的体制，一般应设置以土地公有为基础的地区性合作经济组织。这种组织，可以叫农业合作社、经济联合社或群众选定的其他名称；可以以村（大队或联队）为范围设置，也可以以生产队为单位设置；可以同村民委员会分立，也可以一套班子两块牌子。以村为范围设置的，原生产队的资产不得平调，债权、债务要妥善处理。此外，农民还可不受地区限制，自愿参加或组成不同形式、不同规模的各种专业合作经济组织，

原公社一级已经形成经济实体的，应充分发挥其经济组织的作用；公社经济力量薄弱的，可以根据具体情况和群众意愿，建立不同形式的经济联合组织或协调服务组织；没有条件的地方也可以不设置。这些组织对地区性合作经济

组织和其他专业合作经济组织，是平等互利或协调指导的关系，不再是行政隶属和逐级过渡的关系。

四、加强社会服务，促进农村商品生产的发展。

必须动员和组织各方面的力量，逐步建立起比较完备的商品生产服务体系，满足农民对技术、资会、供销、储藏、加工、运输和市场信息、经营辅导等方面的要求。这是一项刻不容缓的任务。它是商品生产赖以发展的基础，是合作经济不可缺少的运转环节，也是国家对农村经济实行计划指导的重要途径。

（一）国营经济各部门、各行业都要大力支援农业，尤其要重视向农业提供优质廉价的农用工业品，保证农业生产条件的不断改善。

国家设在农村的一切企事业单位，如国营农林牧渔场、工矿企业和水利水电、地质勘探、科学试验推广等单位，都要学习解放军，加强同附近农民的联系，按照互惠的原则，通过提供当地农民需要的各种服务，与农民共同建设农村的物质文明和精神文明，为促进商品生产发展、加强工农联盟、建设社会主义新农村做出新的贡献。这些企事业单位的领导机关应作出具体安排。

（二）供销社体制改革要深入进行下去，真正办成农民群众集体所有的合作商业，这是农民的要求，也是供销社本身发展的需要。须知：群众合作企业的性质恢复得越完全，为农业生产服务、为农民生活服务的观点树立得越牢固，供销社就会对群众越富于吸引力，就越会在农村商品流通中发挥其特有的作用，圆满完成国家委托和农民要求完成的各项任务；否则，就会日益萎缩下去，直至丧失本身独立存在的意义。为此，各级供销社要实行独立核算，自负盈亏，有关制度也要按合作企业性质进行改革。供销社的体制改革后，经营范围必须适当扩大，经营方式必须更加灵活。国营专业公司下伸到农村的收购单位，对计划收购部分，也应本着方便群众的原则，除直接就近收购外，尽量委托供销社代购。供销社还要积极发展生产、生活服务项目，逐步办成农村的综合服务中心。要发展多种形式的农工商联营，扶持生产，开拓销路，促进多产畅销，使供销社同农民结成经济利益共同体，成为国家和农民经济联系的纽带。

（三）信用社要进行改革，真正办成群众性的合作金融组织，在遵守国家金融政策和接受农业银行的领导、监督下独立自主地开展存贷业务。农村存款要优先用于农村，多存可以多贷。在保证农业贷款需要的前提下，可以经营农村工商信贷业务。贷款利率可以浮动。

农业银行要努力改善经营，切实做好农村信贷服务工作。

（四）地区性合作经济组织应当把工作重点转移到组织为农户服务的工作上来。首先要做好土地管理和承包合同管理；其次要管好水利设施和农业机械，组织植保、防疫，推广科学技术，兴办农田水利基本建设以及其他产前产后服务。不仅要依靠本身的力量，更重要的是要扶持各种服务性专业户的发展，并同供销社、信用社、农工商联合公司、多种经营服务公司、社队企业供销经理部、贸易货栈，以及农林技术推广站、畜牧兽医站、农业机械站、经营指导站等企事业单位建立联系，协同工作，更好地为农户服务。

（五）服务也是一种劳动交换，一般应是有偿的，农民可以自愿选择。这样才能持久有效，保证服务质量。

五、流通是商品生产过程中不可缺少的环节，抓生产必须抓流通。当前，流通领域与农村商品生产发展之间不相适应的状况越来越突出。必须坚持计划经济为主、市场调节为辅的原则，坚持国家、集体、个人一齐上的方针，继续进行农村商业体制的改革，进一步搞活农村经济。在放活过程中，要加强管理，克服可能出现的消极现象。

（一）继续调整农副产品购销政策。要随着生产的发展和市场供应的改善，继续减少统派购的品种和数量。鲜活产品要尽量放活，要有合理的季节差价、地区差价，以便活价促产，减少腐烂损耗；为保证出口和大城市供应，可以试行建立专门的生产基地或用平价生产资料换购。三类产品和统派购任务外的产品的价格要真正放开，允许国营商业、供销社按合理的进销差率灵活掌握购销价格，以便参与市场竞争和调节。经营中要尽量减少环节，组织产区、销区直线流通。

（二）改善农副产品收购办法。为了引导农民有计划地进行生产，农副产品统派购任务必须落实到生产单位，一定几年不变；大宗的三类产品和其他计划外产品，也要在安排生产之前与农民签订合同。购销合同一经签订，双方都不得任意变更。化肥、柴油等生产资料供应办法，也要认真改进。

在大品种的集中产区可组成生产者协会，推选代表，与当地收购单位沟通情况，协调关系，解决共同关心的问题。

（三）要依靠国家、集体和个人的力量，采取多种办法集资，兴建商品流通所需的冷库、仓库、交通、通讯等基础设施。国家和地方财政对此要件出适当的安排。国营商业和供销社要在税后利润中提取一定的比例，用于这一类建设。凡属商品流通基础设施，谁举办，谁经营，谁得益，国家在税收上给予照顾和优惠。

大力发展农村水陆交通运输，解决商品滞流问题。目前特别要抓紧解决粮食运销问题。国营交通运输部门要大力改善工作，挖掘运输潜力。同时积极发展集体和个体运输业，提倡组织运输合作社。

农村邮电通讯作为传递商品信息的重要手段，要不断发展，逐步形成普及的比较灵活的传递网。

大中城市在继续办好农贸市场的同时，要有计划地建立农副产品批发市场，有条件的地方要建立沟通市场信息、组织期货交易的农副产品贸易中心。此事应纳入城市建设规划。

（四）建议国务院责成有关部门，组成专门小组，对流通体制、价格体系等进行系统的调查研究，提出根本性的改革方案。

六、制止对农民的不合理摊派，减轻农民额外负担，保证农村合理的公共事业经费。中央、国务院各有关部门部署的农村教育、计划生育、民兵训练、优抚、交通等各项民办公助事业，都要逐项进行认真清理和改革。今后对这些经费，各地可根据农民的经济状况，由乡人民代表大会定项限额提出预算，报县人民政府批准，由基层统筹使用，一年定一次，中间不得任意追加，也不再从集体提留内开支。统筹费用的最高限额由各省、自治区、直辖市因地制宜确定。除此之外，任何部门不得另行向农民摊派任何费用，坚决防止"大办"之风再起。群众无力办的事，不要勉强去办。

合作经济组织内部各项费用的提留，也要根据经济条件，民主商定，量力而行。

要压缩非生产性开支，减少干部人数。干部的补贴要合理。

上述各项开支，不宜一律按田亩摊派，可由各地群众讨论确定适当的征收和提取办法。

尚未清理财务的社队，应争取于一九八四年内完成。

七、随着农村分工分业的发展，将有越来越多的人脱离耕地经营，从事林牧渔等生产，并将有较大部分转入小工业和小集镇服务业。这是一个必然的历史性进步，可为农业生产向深度广度进军，为改变人口和工业的布局创造条件。不改变"八亿农民搞饭吃"的局面，农民富裕不起来，国家富强不起来，四个现代化也就无从实现。

当前农村兴起的饲料工业、食品工业、建筑建材业和小能源工业，是最为社会所急需而又能较快发展的几个产业部门，应有计划地优先发展，有关部门和地方要给予积极的指导和扶持。鼓励城市技术人员下乡，倡导和组织不同地区、不同单位之间的人才和技术的流动，为发展农村工业增强技术力量。

现有社队企业是农村经济的重要支柱，有些是城市大工业不可缺少的助手。要继续抓紧整顿，建立和完善责任制，改善经营管理，采取适用技术，提高经济效益，促其健康发展。责任制的形式应根据企业的规模、生产特点和经营状况确定，防止少数人仗权垄断承包、压价承包和转手承包的现象发生。

家庭小工业，供销合作社办工业，国营和社队联办工业，各具有不可取代的经济作用和意义，应总结经验，努力办好。

农村工业应充分利用当地资源，面向国内外市场，特别是广大农村市场，以发挥自己的优势，与城市工业协调发展。

农村工业适当集中于集镇，可以节省能源、交通、仓库、给水、排污等方面的投资，并带动文化教育和其他服务事业的发展，使集镇逐步建设成为农村区域性的经济文化中心。建设集镇要做好规划，节约用地。一九八四年，各省、自治区、直辖市可选若干集镇进行试点，允许务工、经商、办服务业的农民自理口粮到集镇落户。

八、林牧渔业发展不足，商品供应紧张，这种状况必须扭转。要进一步放宽政策，加速对山区、水域、草原的开发。鼓励种草种树，改良草场，实行农林牧相辅发展；鼓励发展水产养殖，保护天然资源，实行养殖捕捞并举。要多方开辟食物来源，改善生态环境，并逐步提高少数民族地区和贫困地区的经济文化水平。

要继续贯彻执行《中共中央、国务院关于保护森林发展林业若干问题的决定》。集体林区在实行木材采伐"一本账"的计划中，要给社队留下适当数量的木材。这部分木材和抚育间伐材、困山材、小径材及其半成品等，应通过县林业部门或其委托的经营单位，统一组织同外地换粮换物或实行代销，所得利益的绝大部分应归林农。

根据国家或集体的安排，在荒山、荒沙、荒滩种草种树，谁种谁有，长期不变，可以继承，可以折价转让。林木砍伐依法，产品处理自主。专业户承包小流域治理，更应保证他们的应得利益。

牧区畜产品也宜确定收购基数，签订购销合同，任务以外允许议购议销。在有条件的地方，允许羊毛、皮革等工业原料进行"工牧直交"和活畜出境异地育肥。

牧区在落实畜群责任制的同时，应确定草场使用权，实行草场使用管理责任制。鼓励牧民进行牧业基本建设，保护草场，改良草种，提高产草率，保持草畜平衡，提高畜产品商品率。

对从事海、淡水养殖和水产品加工的，要从产品购留、资金信贷、苗种和饲料供应、技术服务等方面给予照顾。

国营农场应继续进行改革，实行联产承包责任制，办好家庭农场。机械化水平较高，不便家庭承包的，也可实行机组承包。应提倡农垦农工商联合企业同附近农民合作发展农产品加工业和其他方面的经济联合，不受商品生产分工和地区、部门的限制。

九、加强对农村工作的领导，提高干部的素质，培养农村建设人才。

我国农村正处在一个历史性转变的过程中，全党上下，都面临一个重新学习的任务。各级、各部门的干部都必须戒骄戒躁，从实际出发，扎扎实实地进行调查研究，努力通晓经济规律和自然规律，使自己的思想、能力、工作方法和工作作风来一个大的转变和提高。

现在，农村工作不能只抓几项主要产品的指标，而应重视综合发展；不但要增加生产，而且要引导农民学会经济核算，讲求经济效益；不但要关心生产，而且要关心交换、分配、消费等各个环节；不但要关心农业，而且必须关心国民经济各部门以及文化、教育、科技、卫生、体育等事业的发展。

我们既需要合格的领导者，又需要大量的具有新素质的生产者和经营者。要从今年开始在全国有计划地普训人才。要政治政策教育、科学技术教育、经营管理教育并进，争取在三五年内把基层主要干部轮训一遍，把基层的各类技术人员轮训一遍，同时，轮训一部分农村知识青年、专业户成员和劳动能手，并选送其中的优秀者经过考试到大、中专学校，实行定向培养。要以县为单位做出训练规划，建立训练中心，兴办各类专业学校和训练班。要注意发现、大胆提拔优秀人才充实基层领导。

十、党在农村的政策越放宽，商品经济越发展，就越需要加强农村思想政治工作和文化教育工作。各级党组织要充分认识：社会主义的物质文明和精神文明一齐抓，是我们党的长期战略方针。在农村不提清除精神污染的口号，保不能因此放松农村的思想政治工作。近些年来，农村中封建迷信、偷盗赌博、摧残妇女、传播淫秽书刊和极不健康的文艺活动等情况也是严重存在的，必须采取有效措施加以解决。在工作中要注意划清界限，不可把政策允许的经济活动同不正之风混同起来，不可把农民一般性偏离经济政策的行为同经济犯罪混同起来。对经济上的问题，主要采用加强引导和管理的办法解决；对思想上的问题，主要用正面教育的办法解决，都不可简单从事。在不断改善农民经济地位的同时，要进行马克思列宁主义和毛泽东思想的教育，进行爱国主义、社会主义教育，开展"五讲四美三热爱"和文明村、文明企业、五好家庭活动，增强农民对资本主义、封建主义思想侵蚀的抵御能力，保证党的各项政策的实施和各项经济任务的完成。

近年来，农村广大党员、干部，模范地执行党的政策，积极参加劳动，密切联系群众，对提高党在农民中的威信，做出了贡献。但是也有极少数党员、干部，在放宽经济政策的过程中，以权谋私，化公为私，侵占国家、集体和群众的利益，引起群众的严重不满。这类行为是同党员、干部的称号不相容的，必须进行教育，促其迅速改正；坚持不改的，要严肃处理。

加强农村党组织的建设。要按照中央的部署，进行整党，纯洁党的组织，发扬党的优良传统，提高党组织的战斗力，改变软弱涣散的状况，带领广大共产党员、共青团员和社会主义建设积极分子，团结亿万农民，为建设社会主义新农村而奋斗。

确定土地所有权和使用权的若干规定

（1995 年 3 月 11 日国家土地管理局〔1995〕国土籍第 26 号发布）

第一章 总则

第一条 为了确定土地所有权和使用权，依法进行土地登记，根据有关的法律、法规和政策，制订本规定。

第二条 土地所有权和使用权由县级以上人民政府确定，土地管理部门具体承办。

土地权属争议，由土地管理部门提出处理意见，报人民政府下达处理决定或报人民政府批准后由土地管理部门下达处理决定。

第二章 国家土地所有权

第三条 城市市区范围内的土地属于国家所有。

第四条 依据一九五〇年《中华人民共和国土地改革法》及有关规定，凡当时没有将土地所有权分配给农民的土地属于国家所有；实施一九六二年《农村人民公社工作条例修正草案》（以下简称《六十条》）未划入农民集体范围内的土地属于国家所有。

第五条 国家建设征用的土地，属于国家所有。

第六条 开发利用国有土地，开发利用者依法享有土地使用权，土地所有权仍属国家。

第七条 国有铁路线路、车站、货场用地以及依法留用的其他铁路用地属于国家所有。土改时已分配给农民所有的原铁路用地和新建铁路两侧未经征用的农民集体所有土地属于农民集体所有。

第八条 县级以上（含县级）公路线路用地属于国家所有。公路两侧保护用地和公路其他用地凡未经征用的农民集体所有的土地仍属于农民集体所有。

第九条 国有电力、通讯设施用地属于国家所有。但国有电力通讯杆塔占用农民集体所有的土地，未办理征用手续的，土地仍属于农民集体所有，对电力通讯经营单位可确定为他项权利。

第十条 军队接收的敌伪地产及解放后经人民政府批准征用、划拨的军事用地属于国家所有。

第十一条 河道堤防内的土地和堤防外的护堤地，无堤防河道历史最高洪水位或者设计洪水位以下的土地，除土改时已将所有权分配给农民，国家未征用，且迄今仍归农民集体使用的外，属于国家所有。

第十二条 县级以上（含县级）水利部门直接管理的水库、渠道等水利工程用地属于国家所有。水利工程管理和保护范围内未经征用的农民集体土地仍属于农民集体所有。

第十三条 国家建设对农民集体全部进行移民安置并调剂土地后，迁移农民集体原有土地转为国家所有。但移民后原集体仍继续使用的集体所有土地，国家未进行征用的，其所有权不变。

第十四条 因国家建设征用土地，农民集体建制被撤销或其人口全部转为非农业人口，其未经征用的土地，归国家所有。继续使用原有土地的原农民集体及其成员享有国有土地使用权。

第十五条 全民所有制单位和城镇集体所有制单位兼并农民集体企业的，办理有关手续后，被兼并的原农民集体企业使用的集体所有土地转为国家所有。乡（镇）企业依照国家建设征用土地的审批程序和补偿标准使用的非本乡（镇）村农民集体所有的土地，转为国家所有。

第十六条 一九六二年九月《六十条》公布以前，全民所有制单位，城市集体所有制单位和集体所有制的华侨农场使用的原农民集体所有的土地（含合作化之前的个人土地），迄今没有退给农民集体的，属于国家所有。

《六十条》公布时起至一九八二年五月《国家建设征用土地条例》公布时止，全民所有制单位、城市集体所有制单位使用的原农民集体所有的土地，有下列情形之一的，属于国家所有：

1. 签订过土地转移等有关协议的；

2. 经县级以上人民政府批准使用的；

3. 进行过一定补偿或安置劳动力的；

4．接受农民集体馈赠的；

5．已购买原集体所有的建筑物的；

6．农民集体所有制企事业单位转为全民所有制或者城市集体所有制单位的。

一九八二年五月《国家建设征用土地条例》公布时起至一九八七年《土地管理法》开始施行时止，全民所有制单位、城市集体所有制单位违反规定使用的农民集体土地，依照有关规定进行了清查处理后仍由全民所有制单位、城市集体所有制单位使用的，确定为国家所有。

凡属上述情况以外未办理征地手续使用的农民集体土地，由县级以上地方人民政府根据具体情况，按当时规定补办征地手续，或退还农民集体。一九八七年《土地管理法》施行后违法占用的农民集体土地，必须依法处理后，再确定土地所有权。

第十七条 一九八六年三月中共中央、国务院《关于加强土地管理、制止乱占耕地的通知》发布之前，全民所有制单位、城市集体所有制单位租用农民集体所有的土地，按照有关规定处理后，能够恢复耕种的，退还农民集体耕种，所有权仍属于农民集体；已建成永久性建筑物的，由用地单位按租用时的规定，补办手续，土地归国家所有。凡已经按照有关规定处理了的，可按处理决定确定所有权和使用权。

第十八条 土地所有权有争议，不能依法证明争议土地属于农民集体所有的，属于国家所有。

第三章　集体土地所有权

第十九条 土地改革时分给农民并颁发了土地所有证的土地，属于农民集体所有；实施《六十条》时确定为集体所有的土地，属农民集体所有。依照第二章规定属于国家所有的除外。

第二十条 村农民集体所有的土地，按目前该村农民集体实际使用的本集体土地所有权界线确定所有权。

根据《六十条》确定的农民集体土地所有权，由于下列原因发生变更的，按变更后的现状确定集体土地所有权。

（一）由于村、队、社、场合并或分割等管理体制的变化引起土地所有权变更的；

（二）由于土地开发、国家征地、集体兴办企事业或者自然灾害等原因进行过土地调整的；

（三）由于农田基本建设和行政区划变动等原因重新划定土地所有权界线的。行政区划变动未涉及土地权属变更的，原土地权属不变。

第二十一条 农民集体连续使用其他农民集体所有的土地已满二十年的，应视为现使用者所有；连续使用不满二十年，或者虽满二十年但在二十年期满之前所有者曾向现使用者或有关部门提出归还的，由县级以上人民政府根据具体情况确定土地所有权。

第二十二条 乡（镇）或村在集体所有的土地上修建并管理的道路、水利设施用地，分别属于乡（镇）或村农民集体所有。

第二十三条 乡（镇）或村办企事业单位使用的集体土地，《六十条》公布以前使用的，分别属于该乡（镇）或村农民集体所有；《六十条》公布时起至一九八二年国务院《村镇建房用地管理条例》发布时止使用的，有下列情况之一的，分别属于该乡（镇）或村农民集体所有：

1．签订过用地协议的（不含租借）；

2．经县、乡（公社）、村（大队）批准或同意，并进行了适当的土地调整或者经过一定补偿的；

3．通过购买房屋取得的；

4．原集体企事业单位体制经批准变更的。

一九八二年国务院《村镇建房用地管理条例》发布时起至一九八七年《土地管理法》开始施行时止，乡（镇）、村办企事业单位违反规定使用的集体土地按照有关规定清查处理后，乡（镇）、村集体单位继续使用的，可确定为该乡（镇）或村集体所有。

乡（镇）、村办企事业单位采用上述以外的方式占用的集体土地，或虽采用上述方式，但目前土地利用不合理的，如荒废、闲置等，应将其全部或部分土地退还原村或乡农民集体，或按有关规定进行处理。一九八七年《土地管理法》施行后违法占用的土地，须依法处理后再确定所有权。

第二十四条 乡（镇）企业使用本乡（镇）、村集体所有的土地，依照有关规定进行补偿和安置的，土地所有权转为乡（镇）农民集体所有。经依法批准的乡（镇）、村公共设施、公益事业使用的农民集体土地，分别属于乡（镇）、村农民集体所有。

第二十五条 农民集体经依法批准以土地使用权作为联营条件与其他单位或个人举办联营企业的，或者农民集体经依法批准以集体所有的土地的使用权作价入股，举办外商投资企业和内联乡镇企业的，集体土地所有权不变。

第四章 国有土地使用权

第二十六条 土地使用权确定给直接使用土地的具有法人资格的单位或个人。但法律、法规、政策和本规定另有规定的除外。

第二十七条 土地使用者经国家依法划拨、出让或解放初期接收、沿用，或通过依法转让、继承、接受地上建筑物等方式使用国有土地的，可确定其国有土地使用权。

第二十八条 土地公有制之前，通过购买房屋或土地及租赁土地方式使用私有的土地，土地转为国有后迄今仍继续使用的，可确定现使用者国有土地使用权。

第二十九条 因原房屋拆除、改建或自然坍塌等原因，已经变更了实际土地使用者的，经依法审核批准，可将土地使用权确定给实际土地使用者；空地及房屋坍塌或拆除后两年以上仍未恢复使用的土地，由当地县级以上人民政府收回土地使用权。

第三十条 原宗教团体、寺观教堂宗教活动用地，被其他单位占用，原使用单位因恢复宗教活动需要退还使用的，应按有关规定予以退还。确属无法退还或土地使用权有争议的，经协商、处理后确定土地使用权。

第三十一条 军事设施用地（含靶场、试验场、训练场）依照解放初土地接收文件和人民政府批准征用或划拨土地的文件确定土地使用权。土地使用权有争议的，按照国务院、中央军委有关文件规定处理后，再确定土地使用权。

国家确定的保留或地方代管的军事设施用地的土地使用权确定给军队，现由其他单位使用的，可依照有关规定确定为他项权利。

经国家批准撤销的军事设施，其土地使用权依照有关规定由当地县级以上人民政府收回并重新确定使用权。

第三十二条　依法接收、征用、划拨的铁路线路用地及其他铁路设施用地，现仍由铁路单位使用的，其使用权确定给铁路单位。铁路线路路基两侧依法取得使用权的保护用地，使用权确定给铁路单位。

第三十三条　国家水利、公路设施用地依照征用、划拨文件和有关法律、法规划定用地界线。

第三十四条　驻机关、企事业单位内的行政管理和服务性单位，经政府批准使用的土地，可以由土地管理部门商被驻单位规定土地的用途和其他限制条件后分别确定实际土地使用者的土地使用权。但租用房屋的除外。

第三十五条　原由铁路、公路、水利、电力、军队及其他单位和个人使用的土地，一九八二年五月《国家建设征用土地条例》公布之前，已经转由其他单位或个人使用的，除按照国家法律和政策应当退还的外，其国有土地使用权可确定给实际土地使用者，但严重影响上述部门的设施安全和正常使用的，暂不确定土地使用权，按照有关规定处理后，再确定土地使用权。一九八二年五月以后非法转让的，经依法处理后再确定使用权。

第三十六条　农民集体使用的国有土地，其使用权按县级以上人民政府主管部门审批、划拨文件确定；没有审批、划拨文件的，依照当时规定补办手续后，按使用现状确定；过去未明确划定使用界线的，由县级以上人民政府参照土地实际使用情况确定。

第三十七条　未按规定用途使用的国有土地，由县级以上人民政府收回重新安排使用，或者按有关规定处理后确定使用权。

第三十八条　一九八七年一月《土地管理法》施行之前重复划拨或重复征用的土地，可按目前实际使用情况或者根据最后一次划拨或征用文件确定使用权。

第三十九条　以土地使用权为条件与其他单位或个人合建房屋的，根据批准文件、合建协议或者投资数额确定土地使用权，但一九八二年《国家建设征用土地条例》公布后合建的，应依法办理土地转让手续后再确定土地使用权。

第四十条　以出让方式取得的土地使用权或以划拨方式取得的土地使用权

补办出让手续后作为资产入股的，土地使用权确定给股份制企业。

国家以土地使用权作价入股的，土地使用权确定给股份制企业。

国家将土地使用权租赁给股份制企业的，土地使用权确定给股份制企业。企业以出让方式取得的土地使用权或以划拨方式取得的土地使用权补办出让手续后，出租给股份制企业的，土地使用权不变。

第四十一条 企业以出让方式取得的土地使用权，企业破产后，经依法处置，确定给新的受让人；企业通过划拨方式取得的土地使用权，企业破产时，其土地使用权由县级以上人民政府收回后，根据有关规定进行处置。

第四十二条 法人之间合并，依法属于应当以有偿方式取得土地使用权的，原土地使用权应当办理有关手续，有偿取得土地使用权；依法可以以划拨形式取得土地使用权的，可以办理划拨土地权属变更登记，取得土地使用权。

第五章　集体土地建设用地使用权

第四十三条 乡（镇）村办企业事业单位和个人依法使用农民集体土地进行非农业建设的，可依法确定使用者集体土地建设用地使用权。对多占少用、占而不用的，其闲置部分不予确定使用权，并退还农民集体，另行安排使用。

第四十四条 依照本规定第二十五条规定的农民集体土地，集体土地建设用地使用权确定给联营或股份企业。

第四十五条 一九八二年二月国务院发布《村镇建房用地管理条例》之前农村居民建房占用的宅基地，超过当地政府规定的面积，在《村镇建房用地管理条例》施行后未经拆迁、改建、翻建的，可以暂按现有实际使用面积确定集体土地建设用地使用权。

第四十六条 一九八二年二月《村镇建房用地管理条例》发布时起至一九八七年一月《土地管理法》开始施行时止，农村居民建房占用的宅基地，其面积超过当地政府规定标准的，超过部分按一九八六年三月中共中央、国务院《关于加强土地管理、制止乱占耕地的通知》及地方人民政府的有关规定处理后，按处理后实际使用面积确定集体土地建设用地使用权。

第四十七条 符合当地政府分户建房规定而尚未分户的农村居民，其现有的宅基地没有超过分户建房用地合计面积标准的，可按现有宅基地面积确定集体土地建设用地使用权。

第四十八条　非农业户口居民（含华侨）原在农村的宅基地，房屋产权没有变化的，可依法确定其集体土地建设用地使用权。房屋拆除后没有批准重建的，土地使用权由集体收回。

第四十九条　接受转让、购买房屋取得的宅基地，与原有宅基地合计面积超过当地政府规定标准，按照有关规定处理后允许继续使用的，可暂确定其集体土地建设用地使用权。继承房屋取得的宅基地，可确定集体土地建设用地使用权。

第五十条　农村专业户宅基地以外的非农业建设用地与宅基地分别确定集体土地建设用地使用权。

第五十一条　按照本规定第四十五条至第四十九条的规定确定农村居民宅基地集体土地建设用地使用权时，其面积超过当地政府规定标准的，可在土地登记卡和土地证书内注明超过标准面积的数量。以后分户建房或现有房屋拆迁、改建、翻建或政府依法实施规划重新建设时，按当地政府规定的面积标准重新确定使用权，其超过部分退还集体。

第五十二条　空闲或房屋坍塌、拆除两年以上未恢复使用的宅基地，不确定土地使用权。已经确定使用权的，由集体报经县级人民政府批准，注销其土地登记，土地由集体收回。

第六章　附则

第五十三条　一宗地由两个以上单位或个人共同使用的，可确定为共有土地使用权。共有土地使用权面积可以在共有使用人之间分摊。

第五十四条　地面与空中、地面与地下立体交叉使用土地的（楼房除外），土地使用权确定给地面使用者，空中和地下可确定为他项权利。

平面交叉使用土地的，可以确定为共有土地使用权；也可以将土地使用权确定给主要用途或优先使用单位，次要和服从使用单位可确定为他项权利。

上述两款中的交叉用地，如属合法批准征用、划拨的，可按批准文件确定使用权，其他用地单位确定为他项权利。

第五十五条　依法划定的铁路、公路、河道、水利工程、军事设施、危险品生产和储存地、风景区等区域的管理和保护范围内的土地，其土地的所有权和使用权依照土地管理有关法规确定。但对上述范围内的土地的用途，可以根据有关的规定增加适当的限制条件。

第五十六条 土地所有权或使用权证明文件上的四至界线与实地一致，但实地面积与批准面积不一致的，按实地四至界线计算土地面积，确定土地的所有权或使用权。

第五十七条 他项权利依照法律或当事人约定设定。他项权利可以与土地所有权或使用权同时确定，也可在土地所有权或使用权确定之后增设。

第五十八条 各级人民政府或人民法院已依法处理的土地权属争议，按处理决定确定土地所有权或使用权。

第五十九条 本规定由国家土地管理局负责解释。

第六十条 本规定自一九九五年五月一日起施行。一九八九年七月五日国家土地管理局印发的《关于确定土地权属问题的若干意见》同时停止执行。

中共中央办公厅、国务院办公厅关于进一步稳定和完善

农村土地承包关系的通知

（中办发〔1997〕16 号）

（1997 年 8 月 27 日）

当前，农村的土地承包关系总体上是稳定的。各地区贯彻落实中央关于延长土地承包期的政策，做了大量工作，保持了党的农村基本政策的连续性和稳定性，有效地保护和调动了农民的积极性。但是，在土地承包政策的具体执行过程中，也出现了一些值得注意的问题。有的地方在第一轮承包到期后没有及时开展延长土地承包期的工作；有的地方随意改变土地承包关系，以各种名义强行收回农民的一部分承包地，重新高价发包，加重农民负担；有的地方在实行土地适度规模经营过程中，违背农民意愿，搞强迫命令，引起群众不满。尽管这些问题发生在少数地方，属于局部性、苗头性的，但必须高度重视，认真加以解决。根据党中央、国务院的指示，现作如下通知：

一、切实提高对稳定农村土地承包关系重要性的认识。我国农村人多地少，大部分地区经济还比较落后，在相当长的时期，土地不仅是农民的基本生产资料，而且是农民最主要的生活来源。以家庭联产承包为主的责任制和统分结合的双层经营体制，是我国农村经济的一项基本制度。稳定土地承包关系，是党的农村政策的核心内容。做好延长土地承包期的工作，直接关系到亿万农民的生产积极性，关系到农村经济的发展和农村社会的稳定。各级党委和政府要充分认识稳定土地承包关系的重大意义，全面、准确地理解中央制定的土地承包政策，坚决贯彻执行，切实保护和发挥好农民的积极性，进一步发展农业和农村的好形势。

二、认真做好延长土地承包期的工作。在第一轮土地承包即将到期之前，中央就明确宣布，土地承包期再延长 30 年不变，营造林地和"四荒"地治理

等开发性生产的承包期可以更长，并对土地使用权的流转制度作出了具体的规定。各地区一定要按照中央的政策规定执行。在具体工作中，必须明确以下几点：

（一）在第一轮土地承包到期后，土地承包期再延长30年，指的是家庭土地承包经营的期限。集体土地实行家庭联产承包制度，是一项长期不变的政策。

（二）土地承包期再延长30年，是在第一轮土地承包的基础上进行的。开展延长土地承包期工作，要使绝大多数农户原有的承包土地继续保持稳定。不能将原来的承包地打乱重新发包，更不能随意打破原生产队土地所有权的界限，在全村范围内平均承包。已经做了延长土地承包期工作的地方，承包期限不足30年的，要延长到30年。

（三）承包土地"大稳定、小调整"的前提是稳定。"大稳定、小调整"是指在坚持上述第二条原则的前提下，根据实际需要，在个别农户之间小范围适当调整。做好"小调整"工作还应坚持以下几条原则：

一是"小调整"只限于人地矛盾突出的个别农户，不能对所有农户进行普遍调整；

二是不得利用"小调整"提高承包费，增加农民负担；

三是"小调整"的方案要经村民大会或村民代表大会三分之二以上成员同意，并报乡（镇）人民政府和县（市、区）人民政府主管部门审批；四是绝不能用行政命令的办法硬性规定在全村范围内几年重新调整一次承包地。

（四）延长土地承包期后，乡（镇）人民政府农业承包合同主管部门要及时向农户颁发由县或县级以上人民政府统一印制的土地承包经营权证书。

三、认真整顿"两田制"。八十年代中期以来，一些地方搞"两田制"，把土地分为"口粮田"和"责任田"，主要是为了解决负担不均和完成农产品定购任务难等问题。但在具体执行过程中，也出现了一些问题。有些地方搞的"两田制"实际上成了收回农民承包地、变相增加农民负担和强制推行规模经营的一种手段。中央不提倡实行"两田制"。没有实行"两田制"的地方不要再搞，已经实行的必须按中央的土地承包政策认真进行整顿。

（一）对原来为了平衡农户负担而实行的"动账不动地"形式的"两田

制"，无论是"口粮田"还是"责任田"，承包权都必须到户，并明确30年不变，不能把"责任田"的承包期定得很短，随意进行调整。

（二）对随意提高土地承包费，收回部分承包地高价发包，或脱离实际用行政命令的办法搞规模经营而强行从农户手中收回"责任田"等做法，要坚决予以纠正。农民要求退回的，应退还给农民承包经营。纠正的具体办法要稳妥，由乡（镇）人民政府经过深入细致的调查研究，充分听取各方意见后提出，一般问题报县（市、区）人民政府审批，重大问题报省、自治区、直辖市人民政府审批。方案审批后，由县（市、区）人民政府主管部门和乡（镇）人民政府共同组织实施。

（三）少数经济发达地区，农民自愿将部分"责任田"的使用权有偿转让或交给集体实行适度规模经营，这属于土地使用权正常流转的范围，应当允许。但必须明确农户对集体土地的承包权利不变，使用权的流转要建立在农民自愿、有偿的基础之上，不得搞强迫命令和平调。

四、严格控制和管理"机动地"。在延长土地承包期的过程中，一些地方为了增加乡、村集体收入，随意扩大"机动地"的比例，损害了农民群众的利益。因此，对预留"机动地"必须严格控制。目前尚未留有"机动地"的地方，原则上都不应留"机动地"。今后解决人地关系的矛盾，可按"大稳定、小调整"的原则在农户之间进行个别调整。目前已留有"机动地"的地方，必须将"机动地"严格控制在耕地总面积5%的限额之内，并严格用于解决人地矛盾，超过的部分应按公平合理的原则分包到户。

五、严格加强对土地承包费的管理。延长土地承包期和进行必要的"小调整"，不得随意提高承包费，变相加重农民负担。除工副业、果园、鱼塘、"四荒"等实行专业承包和招标承包的项目外，其他土地，无论是"口粮田"、"责任田"、"经济田"，还是"机动地"，其承包费都必须纳入农民上交的村提留乡统筹费的范围，按中央关于减轻农民负担的有关规定严格管理。

六、加强对农村土地承包工作的领导。鉴于绝大多数地方第一轮土地承包将在今明两年到期，各地区要将延长土地承包期工作作为近期农业和农村工作的一个重点，认真抓好。各级党委和政府要按照中央的政策规定，在充分考虑农时季节和保证农业生产正常进行的前提下，结合当地的实际情况，认真做好新一轮土地承包工作。各地区制定的关于土地承包问题的政策性文件，都要报上级党委和政府主管部门备案。已经开展延长土地承包期工作的地方，要进行一次普遍检查，对不符合本通知规定的做法，要坚决予以纠正。尚未开展延长土地承包期工作的地方，要做好政策宣传和干部培训工作，加强具体指导。各地区要充实加强农村土地承包管理部门的力量，充分发挥他们的作用。要重视农村土地承包关系问题的调查研究，及时发现新问题，研究新情况，总结新经验，逐步形成更加完善、规范的土地承包管理制度和管理办法。

为了稳定党在农村的基本政策，长期坚持并不断完善以家庭联产承包为主的责任制和统分结合的双层经营体制，各地区在实际工作中要注意处理好以下几个重要关系：

第一，要处理好稳定土地承包与发展壮大集体经济的关系。任何时候都要坚持发展壮大集体经济实力。但发展壮大集体经济实力，不能在农民的承包地上打主意，更不能把农民的承包地收回来归大堆。要积极寻求新的经济发展门路，培育新的经济增长点，通过清理并管好用好集体的资产、财务，开发新的农业资源，根据市场需要和资金可能发展农产品加工、储存、运输和销售，开展对农户的生产、技术服务等途径逐步增加集体经济积累，壮大乡、村集体经济实力。

第二，要处理好农户承包经营与发展适度规模经营的关系。人多地少是我们的基本国情，农业劳动力只有大规模转移到二、三产业后，才有可能逐步发展土地的规模经营，而这种条件在现阶段的绝大多数农村还并不具备，因此，决不能不顾客观条件和农民意愿，用行政命令的办法强制推行土地规模经营。从我国的国情出发，实现适度规模经营，适应性广泛而又可行的途径是，在不改变农户承包经营的基础上，通过发展农工贸一体化的产业化经营，来实现农业生产的专业化、社会化，以取得规模效益。发展农工贸一体化的产业化经营，既巩固充实发展了家庭承包经营，又使农户分散的经营纳入了社会化大生产的轨道，是我国农业逐步实现现代化的一条重要途径。

第三，要处理好大规模土地整治和农民家庭承包经营的关系。一些地方为了改善生产条件、发展农业生产，开展了大规模的土地整治，包括兴修农田水利设施、建设基本农田、改土、围垦、治沙、建设大面积丰产田、搞小流域综合治理等，使耕地面积扩大了、连片了，便于大规模机械化作业。但生产的基础仍然应当是分户承包、家庭经营，集体主要是在土地整治中发挥统一组织、在生产中发挥统一服务的作用。家庭经营与集体经济组织的统一服务相结合，可以在农业生产的开发建设中更好地发挥作用。

以上通知，各地区要认真贯彻。贯彻执行情况，由各省、自治区、直辖市党委和人民政府向党中央、国务院写出书面报告。

国务院办公厅关于进一步做好治理开发农村"四荒"资源

工作的通知

国办发〔1999〕102 号

各省、自治区、直辖市人民政府，国务院各部委、各直属机构：

治理开发农村集体所有的"荒山、荒沟、荒丘、荒滩"（以下简称"四荒"，包括荒地、荒沙、荒草和荒水等）是提高植被覆盖率，防治水土流失和土地荒漠化，改善生态环境和农业生产条件，促进农民脱贫致富和农业可持续发展的一项重大战略措施。近年来，各地认真贯彻《国务院办公厅关于治理开发农村"四荒"资源进一步加强水土保持工作的通知》（国办发〔1996〕23 号文件）精神，调动了广大农民及社会各方面的积极性，"四荒"治理开发取得了显著成效。但目前全国治理开发"四荒"的进展不平衡，有些地方还存在一些问题。主要是：有的地方追求眼前经济利益，破坏了林草植被，损害了生态环境；有的地方把林地、耕地和国有土地及权属有争议的土地当作"四荒"，进行使用权承包、租赁或拍卖；有的地方"四荒"使用权的承包、租赁或拍卖程序不规范，随意性大，群众参与不够；有的地方监督管理不力，出现了"包而不治"、"买而不治"的情况，承包、租赁或拍卖使用权的资金被挤占挪用，治理开发成果受到侵犯等问题。

为了进一步贯彻落实党的十五届三中全会《关于农业和农村工作若干重大问题的决定》中关于"制定鼓励政策，推进荒山荒沟荒丘荒滩使用权的承包、租赁和拍卖，加快开发和治理，切实保障开发者的合法权益"的精神，加强生态环境建设，促进农村经济发展，经国务院同意，现就进一步做好治理开发农村"四荒"资源的有关工作通知如下：

一、在"四荒"使用权承包、租赁或拍卖前，必须做好"四荒"界定、确权等基础性工作

（一）根据新修订的《中华人民共和国土地管理法》的规定，"四荒"属于

"未利用地"。各级人民政府要据此严格界定"四荒"范围和土地类型，确定权属。承包、租赁或拍卖使用权的"四荒"地必须是农村集体经济组织所有的、未利用的土地。耕地、林地、草原以及国有未利用土地不得作为农村"四荒"。

"四荒"界定必须通过政府组织土地行政主管部门会同有关部门编制土地分类和划定土地利用区规划。在根据土地区位和利用条件确定"四荒"具体的治理开发方向后，再进行使用权承包、租赁或拍卖。待"四荒"完成初步治理后，根据其主导经营内容，依法分别由县级以上人民政府发放土地证、林权证、草原证或养殖使用证等相应的权属证明，对"四荒"治理开发工作实行依法管理。

权属不明确、存在争议的未利用土地，由县级以上人民政府依法确认权属；在问题没有解决前，不得将其作

为"四荒"进行使用权承包、租赁或拍卖。

（二）对"四荒"一般应先承包、租赁或拍卖使用权，后进行治理。但对一些条件差、群众单户治理有困难的"四荒"，可先由集体经济组织作出规划并完成初步治理后，再将其使用权承包、租赁或拍卖给个人进行后续治理开发和管护。

（三）对在"四荒"使用权的承包、租赁或拍卖中涉及的"两山"（自留山、责任山）问题，应慎重处理。"两山"是林地的组成部分，不在"四荒"之列。对承包后长期没有得到治理的责任山可由集体收回使用权，另行承包、租赁或拍卖，但要重新签订合同并办理林权变更登记手续。

二、对"四荒"使用权承包、租赁或拍卖必须严格按程序规范进行，并切实保护治理开发者的合法权益

（一）农村集体经济组织内的农民都有参与治理开发"四荒"的权利，同时积极支持和鼓励社会单位和个人参与。在同等条件下，本集体经济组织内的农民享有优先权。

（二）农村"四荒"资源属当地农民群众集体所有，农村集体经济组织在实施承包、租赁或拍卖"四荒"使用权之前，必须坚持公开、公平、自愿、公正的原则，充分发扬民主，广泛征求群众意见，应成立由村民代表参加的工作小组，拟定方案，要规定治理开发"四荒"的范围、期限、方式（承包、租

赁、拍卖等）与程序、估价标准，明确治理开发的内容和要求等，经村民会议或者村民代表大会讨论通过。依照有关土地管理的法律、法规须报经县级以上人民政府批准的，应办理有关批准手续。如果承包、租赁或拍卖对象是本集体经济组织以外的单位或者个人，必须经村民会议三分之二以上成员或者三分之二以上村民代表的同意。

（三）承包、租赁或拍卖"四荒"使用权，农村集体经济组织要与对方签订合同或协议。合同或协议的内容应符合国家有关法律法规，并应依法明确双方的权利、义务和违约责任。合同和协议经县级人民政府批准生效后，双方都应认真履行。农村集体经济组织不得因负责人的变动而随意变更合同内容或解除合同。采取拍卖方式的，要标定拍卖底价，实行公开竞价。"四荒"使用权承包、租赁或拍卖的期限最长不得超过50年。

（四）要严格执行谁治理、谁管护、谁受益的政策，切实保护治理开发者的合法权益。治理开发者在规定的承包、租赁或拍卖期限内享有"四荒"使用权。"四荒"使用权受法律保护，依法享有继承、转让（租）、抵押或参股联营的权利。要广泛宣传教育，增强干部群众的法制观念，提高其维护治理开发者利益的自觉性。执法部门要及时依法处理和打击各类损害、破坏、侵犯治理开发成果的行为。

三、建立稳定的投入机制，加强对"四荒"使用权承包、租赁或拍卖资金的管理

为了加快"四荒"治理开发进程，必须调动广大农民和社会各方面的积极性，坚持国家、地方、集体和个人一起上，多渠道、多层次筹集资金。各级政府要逐步增加财政对治理开发"四荒"的支持，引导信贷资金、社会资金更多地投向治理开发"四荒"。国家预算内生态建设资金、农业综合开发资金、扶贫资金、以工代赈资金，以及水利、林业、农业等方面资金使用，应统筹安排，把治理开发农村"四荒"作为一项重要内容，有些资金可以直接支持到户。银行、信用社要在加强管理、保证资金回收的基础上增加"四荒"治理开发的贷款，期限应长一些。

收取的承包、租赁或拍卖资金实行村有乡管，可专户储存在农村信用社，由乡镇农村集体资产管理机构代管。资金使用由农村集体经济组织决定，并实

行账目公开，只能用于"四荒"范围内的水利设施建设、植树造林种草和小型农田建设等，任何单位和个人不得平调、挪用，不准用于非生产性开支，更不准平分到户。要建立严格的资金使用申报和管理监督制度。收取的资金要列入农村集体资产管理，资金的使用情况要定期向群众公布，乡镇农村集体经济审计机构要进行专项审计，对违反规定的要坚决纠正，对贪污、挪用的要依法追究责任。

四、因地制宜制定"四荒"治理开发规划，加强监督检查

"四荒"治理开发必须以保护和改善生态环境、防止水土流失和土地荒漠化为主要目标，以植树种草为重点，合理安排农、林、牧、副、渔各业生产，具体按照土地利用总体规划进行。要依照《中华人民共和国土地管理法》、《中华人民共和国水土保持法》、《中华人民共和国森林法》等有关法律法规，对"四荒"资源治理开发实施用途管制。各地要在土地利用总体规划的控制和指导下，抓紧制定"四荒"治理开发实施计划，提出鼓励、适度限制和禁止发展的项目。

对位于江河源头、干支流两侧、湖库周围、石质山区、风沙干旱区、高山陡坡地带、山脉顶脊部位、生物多样性丰富地区和其他生态环境脆弱地区适宜植树种草的"四荒"地，要大力植树种草。对长江上游、黄河中上游重点生态治理区，要采取封山育林种草为主、人工促进天然更新与人工造林相结合的方式，配套节水工程等综合水利设施建设，全面恢复和建设林草植被。

对东北、华北、西北沙化地区，实行分类防治。将目前尚无治理条件的大漠戈壁划为封禁区，实施封禁，防止人为因素使其扩大蔓延；将有条件治理或利用过度造成沙化的区域划为治理区，以培育和保护林草植被为中心，配套水利工程措施实施综合治理；将已开发利用，但有沙化危险的区域划为保护利用区，实施监测管理，防止退化为新的"沙荒"。

要充实和加强监督执法力量，加大监督检查和执法力度，搞好"四荒"治理开发全过程的监管，保证治理开发目标的实现。有关部门和农村集体经济组织应定期对"四荒"的治理开发情况和进度进行检查，对治理开发中的各种违法违规行为，要依法进行处罚。对于治理进展缓慢，未达到合同或协议规定进度的，要提出限期治理的要求；对于长期违约不治理开发的，可以收回使用

权。对于毁坏林草植被种植农作物和其他掠夺式开发造成水土流失的，破坏道路和农田水利、水土保持工程设施的，以及将"四荒"改作非农用途的，要限期改正，否则收回其使用权，并依法予以处罚。

五、加强部门协作，落实管理责任

治理开发农村"四荒"工作，包括水土保持、造林种草、土地承包等多项内容，涉及国土资源、水利、农业、林业等多个部门，地方各级政府要高度重视这项工作，切实加强领导，搞好统筹协调，不断研究新情况，解决新问题，总结新经验。这项工作的归口管理部门，由各省、自治区、直辖市人民政府根据实际情况确定。国务院有关部门应根据职能分工，落实各自的管理责任，通力合作，加强对治理开发农村"四荒"资源工作的服务、指导、监督和管理，及时帮助解决农民和其他治理者在开发治理中遇到的困难，保证"四荒"的承包、租赁或拍卖与治理开发工作健康、有序进行。水利部门要做好"四荒"治理中的水土保持方面的工作，协调水土流失的综合治理，研究制定水土保持的工程措施规划并组织实施。林业部门要做好以生物措施防治水土流失方面的工作，制定宜林"四荒"地造林绿化规划，进一步加强树种的基础研究工作，组织种苗供应、给予技术指导并组织实施，依法对宜林"四荒"地确权发证。土地部门要会同有关部门进一步依法做好"四荒"的范围、土地类型界定、"四荒"开发利用规划，办理使用"四荒"的土地登记和土地开发审批等有关手续。农业部门要做好"四荒"开发中的保土耕作措施，开展农业技术、信息等方面的服务。

各地人民政府和有关部门要根据本通知精神，对"四荒"治理开发情况进行一次专项清理检查。凡是出台的政策措施和治理开发行为与本通知精神不一致的，都要予以纠正。

国务院办公厅

一九九九年十二月二十一日

中共中央办公厅　国务院办公厅关于切实维护农村妇女土地承包权益的通知

中办厅字〔2001〕9号

各省、自治区、直辖市党委和人民政府，中央和国家机关各部委，军委总政治部，各人民团体：

目前，各地农村开展的延长土地承包期工作已基本结束，总体上看，党的农村土地承包政策落实情况是好的，绝大多数农民是满意的。但是，长期以来也有一些地方农村对侵害妇女土地承包权益的问题重视和解决不够，有的导致矛盾激化，引发群众上访甚至大规模的群体性事件，影响了农村社会发展和稳定。为更好地贯彻落实党的农村政策，切实维护广大农村妇女的合法权益，经党中央、国务院领导同志同意，现就有关问题通知如下：

一、切实提高对维护农村妇女土地承包权益重要性的认识。男女平等是我国宪法规定的一项基本原则。法律赋予妇女，包括广大农村妇女的权利，任何组织和个人都不得非法剥夺。土地是我国农民最基本的生产资料和生活保障，土地承包是农民最为关切的经济权利。农村土地属农民集体所有，集体经济组织成员无论男女都享有平等的承包权利《中华人民共和国妇女权益保障法》第三十条规定："农村划分责任田、口粮田等，以及批准宅基地，妇女与男子享有平等权利，不得侵害妇女的合法权益"。"妇女结婚、离婚后，其责任田、口粮田、宅基地等，应当受到保障"。较长时间以来，一些地方在土地承包中不同程度地存在歧视妇女、侵害妇女权益的问题。有的以村民代表会议或村民大会决议、村委会决定或乡规民约的形式，剥夺妇女的土地承包权和集体经济组织收益分配权；有的以"测婚测嫁"等理由，对未婚女性不分土地或少分土地；有的地方出嫁妇女特别是离婚丧偶妇女户口被强行迁出，承包的土地被强行收回，其他与土地承包相关的经济利益也受到损害。产生这些问题，原因是多方面的，主要是一些地方受封建思想的影响，歧视妇女、漠视妇女权利；政策规定不尽完善，执法不力；对维护妇女合法权益重视不够、措施不力等。这些问题不解决，不仅挫伤广大农村妇女参与社会主义现代化建设的积极性，也损害党和政府以及农村基层组织的形象。各级党委和政府必须从思想上高度重视采取有效措施，切实维护农村妇女的土地承包权益和其他合法权益。要按照江泽民同志关于"三个代表"的重要思想，结合农村思想政治工作和精神文明建设，教育各级干部和广大农民自觉抵制和肃清歧视妇女的封建残余思想，调动广大农村妇女生产劳动的积极性，发挥她们在农村"两个文明"建设中的重要作用。

二、在农村土地承包中，必须坚持男女平等原则，不允许对妇女有任何歧视农村妇女无论是否婚嫁，都应与相同条件的男性村民享有同等权利，任何组织和个人不得以任何形式剥夺其合法的土地承包权、宅基地使用权、集体经济组织收益分配权和其他有关经济权益。各地县委、县政府要组织一次检查，对侵害妇女土地承包权益的现象要立即予以纠正；对涉及土地承包的规定、村民代表会议或村民大会的决议、乡规民约等进行一次清理，对其中违反男女平等原则、侵害妇女合法权益的内容要坚决废止。

三、要解决好出嫁妇女的土地承包问题根据传统习俗，妇女出嫁后一般都在婆家生产和生活。因此，为了方便生产生活，妇女嫁入方所在村要优先解决其土地承包问题。在没有解决之前，出嫁妇女娘家所在村不得强行收回其原籍承包地。对于在开展延包工作之前嫁入的妇女，当地在开展延包时应分给嫁入妇女承包地。对于妇女嫁入时已经完成延包工作的，如当地实行"大稳定、小调整"的办法，应在"小调整"时统筹解决；如当地实行"增人不增地、减人不减地"的办法，则出嫁妇女原籍的承包土地应予以保留。不管采取什么办法，都要确保农村出嫁妇女有一份承包土地。有女无儿、儿子没有赡养能力或女儿尽主要赡养义务的家庭，男到女家生产和生活的，应享受同等村民待遇。

四、要处理好离婚或丧偶妇女土地承包问题妇女离婚或丧偶后仍在原居住地生活的，原居住地应保证其有一份承包地。离婚或丧偶后不在原居住地生活、其新居住地还没有为其解决承包土地的，原居住地所在村应保留其土地承包权。妇女不在原居住地生活但仍保留承包地的，应承担相应的税费义务。

五、有关人民政府和人民法院对侵害妇女土地承包权益的案件，应当依法及时受理要依照《中华人民共和国妇女权益保障法》、《中华人民共和国土地管理法》以及党的农村政策，切实保护妇女合法权益。有关人民政府对农村妇女因土地承包而产生的争议，应依照有关法律和政策及时进行处理；对不服基层政府和有关部门处理决定而提起诉讼的，人民法院应当依法及时受理。

六、要认真落实党的农村政策，自觉维护农村妇女的合法权益各级党委、政府及其农业、农村工作部门要把维护农村妇女土地承包权益，作为落实党的农村政策的重要方面，加强经常性的检查指导。各级政法、宣传部门要加强维护妇女合法权益的宣传，对典型案例可以适当公开报道，以帮助广大基层干部提高维护妇女合法权益的自觉性。妇联组织要认真履行代表和维护妇女合法权益的职责，及时了解和反映情况，配合有关部门做好工作，并帮助广大农村妇女依法维护自身权益。对因为侵害妇女合法权益引发的各种矛盾和群体性事件，各级党委、政府和有关方面要认真负责地做好工作，解决问题，化解矛盾。已经有一定工作基础的地方，要及时总结和推广好的经验和办法。对现有的保障妇女土地承包权益的有关政策规定，要在实践中逐步完善并抓好贯彻落实。

国务院办公厅关于妥善解决当前农村

土地承包纠纷的紧急通知

（国办发明电〔2004〕21 号）

各省、自治区、直辖市人民政府，国务院有关部门：

今年以来，党中央、国务院相继出台了一系列扶持粮食生产、促进农民增收的政策措施，调动了广大农民群众发展粮食生产的积极性，农业生产出现了多年未有的好形势。但是在农民耕种土地积极性高涨的同时，一些地方也出现了土地承包纠纷甚至群体性事件，给农村经济发展和社会稳定带来不利影响。为妥善解决当前土地承包纠纷，切实维护农民土地权益，保持农村社会稳定和促进农村经济发展，经国务院同意，现就有关问题通知如下：

一、充分认识妥善解决当前农村土地承包纠纷的重要性

稳定和完善土地承包关系，是党的农村政策的基石，是保障农民权益、促进农业发展和保持农村稳定的制度基础。目前一些地方出现的土地承包纠纷，实际上是没有贯彻落实好党的农村政策、土地承包关系不稳定的反映。对此，各级政府和有关部门务必高度重视，一定要站在政治和全局的高度，充分认识妥善解决农村土地承包纠纷是进一步落实党的农村政策，稳定和完善农村土地承包关系的重要任务；是贯彻当前中央关于农业和粮食工作各项决策，保护农民发展粮食生产积极性的重要基础，对维护农民群众的合法权益、保持农业健康发展和农村社会稳定具有重要作用。

二、正确把握解决当前农村土地承包纠纷的原则

《中华人民共和国农村土地承包法》和中央关于稳定完善农村土地承包关系的一系列政策，是解决农村土地承包纠纷的根本依据。对法律和政策已有明确规定的，必须坚决按规定执行。农民拥有法律赋予的长期而稳定的土地承包经营权，法定承包期内，任何组织和个人不得干预农民的生产经营自主权，不得违法调整和收回承包地，不得违背农民意愿强行流转承包地，不得非法侵占农民承包地。要认真落实二轮延包政策。没有开展二轮延包或者二轮延包没有完成的地方，必须及时认真组织完成延包工作，依法确权、确地到户。对没有具体法规为处理依据的土地承包纠纷，要从实际出发，实事求是，根据《农村土地承包法》和党的农村土地承包政策的基本精神，以维护农民合法权益为核心，按照民主协商、分类指导的原则，在当地政府的领导下，积极稳妥地探索处理方式，妥善化解矛盾。

三、要尊重和保障外出务工农民的土地承包权和经营自主权

按照《农村土地承包法》的规定，承包期内，除承包方全家迁入设区的市转为非农业户口的，不得收回农户的土地承包经营权。对外出农民回乡务农，只要在土地二轮延包中获得了承包权，就必须将承包地还给原承包农户继续耕作。乡村组织已经将外出农民的承包地发包给别的农户耕作的，如果是短期合同，应当将承包收益支付给拥有土地承包权的农户，合同到期后，将土地还给原承包农户耕作。如果是长期合同，可以修订合同，将承包地及时还给原承包农户；或者在协商一致的基础上，通过给予或提高原承包农户补偿的方式解决。对外出农户中少数没有参加二轮延包、现在返乡要求承包土地的，要区别不同情况，通过民主协商，妥善处理。如果该农户的户口仍在农村，原则上应同意继续参加土地承包，有条件的应在机动地中调剂解决，没有机动地的可通过土地流转等办法解决。

四、坚决纠正对欠缴税费或土地抛荒的农户收回承包地

要严格执行《农村土地承包法》的规定，任何组织和个人不能以欠缴税费和土地撂荒为由收回农户的承包地，已收回的要立即纠正，予以退还。对《农村土地承包法》实施以前收回的农户抛荒承包地，如农户要求继续承包耕作，原则上应允许继续承包耕种。如原承包土地已发包给本集体经济组织以外人员，应修订合同，将土地重新承包给原承包农户；如已分配给本集体经济组织成员，可在机动地中予以解决，没有机动地的，要帮助农户通过土地流转，获得耕地。对农户所欠税费，应列明债权债务，按照农村税费改革试点工作中清理乡村债务的有关规定

妥善处理。

五、严格禁止违背农民意愿强迫流转承包地

流转土地承包经营权是农民享有的法定权利，任何组织和个人不得侵犯和剥夺。要坚决制止和纠正各种违背农民意愿、强迫农民流转土地的做法。强迫农民流转承包土地的，流转关系无效，侵害承包方土地承包经营权的责任人应当承担民事责任，对擅自截留、扣缴流转收益的行为应予查处并退还款项。乡村组织应将被强迫流转的承包地归还原承包农户，由其自主决定是否继续流转。各地不得为租赁土地的企业和大户利益，而侵犯农户的土地承包权益。

六、认真处理好占用基本农田植树造林的遗留问题

近几年，一些地方和企业大量违法圈占平原农田造林，不少农户的承包地被强迫用于植树，不仅基本农田遭到破坏，而且农民生计也受到了影响。各地要认真贯彻《国务院关于坚决制止占用基本农田进行植树等行为的紧急通知》（国发明电〔2004〕1号）精神，对本地区基本农田保护情况进行一次全面检查。市、县、乡（镇）政府未经承包农户同意与企业签订的承包、租赁或提供农民集体土地特别是基本农田植树的合同，属无效合同，应予废止。林业部门不得颁发林权证，已颁发的要立即收回并注销。已经植树的，当地政府应做好工作，限期将其移植至非基本农田；在规定期限不能移植的，允许农民拔树种田。对企业没有与农户直接签订合同占用农户承包的非基本农田植树的，应由企业与农民协商是否继续种树。农户不愿意种树的，可比照基本农田植树的处理办法办理。对大量圈占基本农田造林的地区和企业，国务院有关部门要依法查处，追究责任。

七、切实加强对解决农村土地承包纠纷工作的领导

各地政府要加强对解决农村土地承包纠纷的领导，依据有关法律法规和政策，提出解决当前农村土地承包纠纷的具体工作措施。乡镇人民政府和村组要切实承担起调解农村土地承包纠纷的责任。各级农业主管部门要认真履行职责，依法加强农村土地承包管理，抓好农村土地承包纠纷仲裁试点，加大对土地承包纠纷的调处力度。各地政府及其信访部门要全力做好上访群众的接待工作，消除对立情绪，坚决防止发生群体性事件。对农民反映强烈的农村土地承包纠纷，要及时调处解决，不能推诿，不能久拖不决，努力把矛盾化解在当

地，化解在基层。对因违反政策法律和处理不当引发群体性事件的，要严肃追究有关领导的责任。地方各级政府要加强农村土地承包新情况和新问题的调查研究，及时采取有效措施，不断完善农村土地承包关系，努力巩固农业和农村发展的好形势。

各省、自治区、直辖市人民政府要根据本通知精神，从本地实际出发，制定指导本地妥善解决当前农村土地承包纠纷的意见，抓紧进行工作部署。

国务院办公厅

2004 年 4 月 30 日

贵州省高级人民法院关于审理涉及农村土地承包

纠纷案件的指导意见

（审判委员会 2007 年试行）

（经省法院审判委员会 2007 年 7 月 16 日第 44 次会议讨论通过）

为了保障人民法院依法正确、及时地审理涉及农村土地承包纠纷案件，切实维护农村土地承包当事人的合法权益，根据《中华人民共和国物权法》、《中华人民共和国土地管理法》、《中华人民共和国农村土地承包法》、最高人民法院《关于审理涉及农村土地承包纠纷案件适用法律问题的解释》等有关规定，结合审判实践，制定本意见。

一、关于审理涉及农村土地承包纠纷案件法律适用的原则

1. 人民法院审理涉及农村土地承包纠纷案件，应强化调解，坚持维护农民合法权益与保护集体利益、尊重民主自治的统一，坚持维护土地承包经营权及其自愿、合法流转，坚持维护和稳定家庭承包经营体制，促进农业、农村经济发展和农村社会稳定，实现法律效果与社会效果的统一。

2. 法律适用中，要尊重农村社会生产生活习惯、民族习惯，要注意国家有关三农政策的调整作用，要注意区分家庭承包和其他方式的承包所取得的土地承包经营权法律适用上的差异。

二、关于涉及农村土地承包纠纷案件的受理

3. 下列涉及农村土地承包民事纠纷，人民法院应当依法受理：

（1）承包合同纠纷；

（2）承包经营权侵权纠纷；

（3）承包经营权流转纠纷；

（4）承包地征收利偿费用纠纷，其中包括土地补偿费分配纠纷、安置补助费给付纠纷、地上附着物和青苗补偿费给付纠纷；

（5）承包经营权继承纠纷。

4．以下纠纷如符合《中华人民共和国行政诉讼法》第四十一条之规定，人民法院应当作为行政纠纷受理：

（1）土地承包当事人对相关地方人民政府关于土地承包经营权证的登记、发放、变更、收回、注销等行为有异议向人民法院起诉的；

（2）集体经济组织成员因未实际取得土地承包经营权，向有关行政主管部门申请解决，因有关行政主管部门未予解决或对解决结果不服而向人民法院起诉的；

（3）当事人对行政机关所作的关于农村集体经济组织土地征收补偿费用分配处理决定不服，以行政机关为被告向人民法院起诉的。

5．以下纠纷人民法院不予受理，依法告知当事人向有关行政机关申请处理：

（1）当事人对市、县人民政府批准的征地补偿、安置方案中补偿、安置标准等有异议的。但当事人对征地补偿安置已达成协议，因协议履行过程中发生的争议，向人民法院提起民事诉讼的，人民法院应当受理。

（2）当事人因土地使用权发生权属争议的。

6．当事人依照最高人民法院《关于审理涉及农村土地承包纠纷案件适用法律问题的解释》第一条第一款第四项的规定提起民事诉讼的，人民法院应依据下列情形分别予以处理：

（1）1999 年 1 月 1 日新修订的《中华人民共和国土地管理法》实施以前所发生的土地补偿费分配纠纷，不予受理；该法实施以后发生的纠纷，应予受理。

（2）土地补偿费是否分配由农村集体经济组织或者村民委员会、村民小组依照法律规定的民主议定程序讨论决定。没有分配决议或方案而起诉要求分配的，不予受理；分配决议或方案已经法律规定的民主议定程序讨论决定，仅因分配决议或方案的履行而起诉的，可以受理；决定对全体成员不分配，该集体经济组织成员请求分配的，不予受理；决定分配部分费用，该集体经济组织成员请求增减分配总额的，不予受理。

三、关于其他方式的土地承包合同效力纠纷

7. 关于发包方或者多数村民以违反民主议定原则为由请求确认其他方式的土地承包合同无效，原则上可以适用最高人民法院《关于审理农业承包合同纠纷案件若干问题的规定（试行）》第二十五条处理。

8. 发包方违反法律规定的民主议定原则向第三人发的承包合同，双方协商不成的，应当认定该合同无效。同时，根据当事人的过错，确定各自应承担的相应责任。

9. 其他方式承包中，事先虽未经法律规定的民主议定程序取得同意，但实际采取招标、拍卖、公开协商方式承包的，可以视为未违反民主议定原则。

10. 人民法院如不予支持当事人确认承包合同无效的请求，应当根据案件实际情况，依据公平原则，对该承包合同的有关内容进行适当调整。调整的方法包括调整承包费或者承包期限等。

四、关于家庭土地承包经营权流转纠纷

11. 当事人一方以未登记为由，请求确认互换与转让合同无效的，不予支持。土地承包经营权的互换与转让未经登记的，不得对抗善意第三人。

12. 承包人之间对不属于同一集体经济组织的土地的土地承包经营权进行的互换，应当认定无效。但互换系不改变土地承包经营权权属的互换耕种行为除外。

13. 遗赠扶养协议已实际履行，扶养人与遗赠人属于同一集体经济组织或者户口已迁至遗赠人所在集体经济组织的，或者户口尚未迁入但扶养人已履行了相关村民义务的，扶养人可以继续承包。

五、关于承包经营户家庭内部分割纠纷

14. 农村土地承包经营户家庭内部就土地承包经营权分割产生的纠纷，人民法院可以受理。

15. 承包经营户家庭内部就土地承包经营权分割自行协商达成的协议，应当具有拘束力。如果未达成分割协议，原则上按照承包经营户家庭成员人数进行平均分割，确定各自享有的土地经营权份额。

16. 离婚纠纷中土地承包经营权的分割，按照《中华人民共和国婚姻法》以及最高人民法院《关于审理农业承包合同纠纷案件若干问题的规定（试行）》第三十四条处理。

六、关于土地承包经营权继承纠纷

17. 承包人死亡时因个人承包已经取得和应当取得的承包收益，依照《中华人民共和国继承法》的规定继承。

18. 家庭承包的，家庭成员之一死亡的，不发生土地承包经营权继承问题，承包地由家庭其他成员继续承包经营。家庭成员全部死亡的，该土地承包经营权消灭。但承包地为林地的除外。

19. 林地家庭承包和其他方式承包中，其继承人或者权利义务承受者在承包期内可以继续承包。发包方以依据前款规定取得土地承包经营权的人为本集体经济组织以外的人为由，请求收回承包地的，不予支持。

七、关于土地补偿费分配纠纷

20. 关于农村集体经济组织成员资格的认定

（1）土地补偿费分配纠纷案件审理中，人民法院有权对集体经济组织成员资格进行司法认定，但应当充分尊重村民会议或村民代表会议的决定或决议，不应轻易否定。

（2）具有下列情形之一的，其应当具有本集体经济组织成员资格：①出生时，父母双方或者一方是本集体经济组织成员且本人户籍登记在本集体经济组织所在地的；②因婚姻或收养关系已进入本集体经济组织农户实际生产、生活，并与本集体经济组织形成权利义务关系，户口已迁入本集体经济组织所在地或者非因自身原因未迁入且未享受原户籍所在地集体经济组织收益分配权的；③与城镇职工、居民结婚，户籍仍在原村、组农村集体经济组织所在地的；④因国防建设或者其他政策性迁入的；⑤因外出经商、务工等原因，脱离集体经济组织所在地生产、生活，未迁出户口的；⑥因在大中专院校学习、服义务兵或初级以下士官兵役等原因被注销、迁出常住户口的；⑦因服刑、劳教等原因被注销、迁出常住户口的；⑧经村民会议、村民代表会议讨论同意的；⑨法律、法规规定应当具有的。

（3）具有下列情形之一的，其应当丧失本集体经济组织成员资格：①死亡的；②取得其他集体经济组织成员资格的；③取得设区市城镇非农业户口的；④取得非设区市城镇非农业户口，且纳入国家公务员序列或者城镇企业职工、居民社会保障体系的。

（4）外来人员将户口迁入本集体经济组织，迁入时如有约定的，从其约定，但约定不得违反法律、法规规定。迁入时无约定的，如其自户口迁入时起，未在户口所在地生产、生活或未与农村集体经济组织形成权利义务关系的，不以该集体经济组织所有的土地为基本生活保障的，不具有该集体经济组织成员资格。

21．关于土地补偿费分配方案的认定

（1）人民法院审理土地补偿费分配纠纷，应当审查农村集体经济组织所作出的分配方案。分配方案内容不得与宪法、法律、法规和国家政策相抵触。如果部分抵触的，抵触部分无效，其他部分有效。分配方案应符合《中华人民共和国村民委员会组织法》或《中华人民共和国土地管理法》或《中华人民共和国农村土地承包法》等法律所规定的民主议定程序。如果集体经济组织未依法做出分配决定，但已经实际进行分配，如占2/3以上的有权享有分配成员，已实际接受分配款项且在一年内未提出异议的，则可以视为集体经济组织已做出分配决定，该分配决定可以视为未违反民主议定程序。

（2）对于集体经济组织采取名为借款实为分配的行为，应按该行为的实际性质认定。

22．土地补偿费分配纠纷案件应当适用《中华人民共和国民法通则》第一百三十五条关于诉讼时效的规定。

八、其他规定

23．本指导意见自 2007 年 8 月 1 日起施行，法律、法规和司法解释作出新规定的，从其规定。

贵州省化解农村土地纠纷经验交流

毕节市"四个渠道"化解农村土地纠纷

近年来，随着毕节试验区农村改革发展的不断深入，城镇化、工业化及农业现代化步伐加快，农村土地流转规模不断扩大，农村土地承包经营纠纷不断增多。为适应新形势下农村改革发展需要，毕节市农业农村局通过确权颁证、调解仲裁、窗口接待、调查处理"四个渠道"有效化解各类农村土地矛盾纠纷，切实保护农民合法权益，维护农村社会和谐稳定，为"决战脱贫攻坚、决胜全面小康"营造良好氛围。

一、通过确权颁证化解农村土地纠纷

开展农村土地承包经营权确权登记颁证的过程，实际也是逐步化解农村土地权属纠纷的过程。全市第二轮农村土地承包以来，农村土地承包关系总体稳定，由于第一轮及第二轮农村土地轮承包工作比较粗糙，二轮承包基本是一轮承包基础上的延续，经过多年的发展变化，各地不同程度存在承包地块四至不清、面积不准、空间位置不明，承包经营权证书发放不到位、变更登记不及时，以及承包档案资料不齐等诸多问题，加上农村土地升值空间逐渐增大，存在许多农村土地矛盾纠纷隐患。通过开展农村土地承包经营权确权登记颁证工作，进一步稳定和完善农村土地承包关系，解决二轮承包地块面积不准、四至不清等历史问题，把承包地块四至、面积、合同、经营权证书全面落实到户，真正让农民吃上"定心丸"，充分保护农民土地承包合法权益。截至2020年9月底，全市10县区通过确权登记颁证，累计化解农村土地承包经营权纠纷5164件，其中：村级调解化解3112件，乡级调解化解1124件，县级调解化解866件，纠纷调处率达99.2%，全市未发生一例群体性确权登记纠纷事件。

二、通过调解仲裁化解农村土地纠纷

为贯彻落实《农村土地承包经营纠纷调解仲裁法》，毕节市农业农村局逐步推进县区农村土地承包经营纠纷调解仲裁机构、仲裁员队伍及仲裁制度建设，建立健全了"乡村调解、县区仲裁、司法保障"的农村土地承包经营纠纷调处体系，为及时有效化解农村土地承包纠纷，维护农村社会和谐稳定，促进农业农村经济发展发挥了重要作用。近 5 年来，全市 10 个县区，除金海湖新区、百里杜鹃管理区不设立仲裁委外，已成立县级农村土地承包纠纷调解仲裁委员会 8 个，仲裁庭面积 991 平方米，成立乡级调解委员会 215 个，村组调解小组 2535 个，聘任县级仲裁员 272 人，配备乡级调解员 1359 人、村组调解员 5636 人；全市共开展农村土地承包经营纠纷政策培训 2348 人次，发放宣传资料 5.3 万余份；共调解仲裁纠纷 1689 件，其中：乡村调解处理 1454 件，县区调解仲裁 235 件。

三、通过窗口接待化解农村土地纠纷

印发《毕节市人民政府办公室关于印发毕节市农村土地纠纷导入法定途径不畅解决方案的通知》，从征地补偿纠纷、农村土地流转纠纷、农村土地权属不清纠纷、农村土地涉法涉诉纠纷等四个方面，积极引导、分类处理各类农村土地纠纷。强化部门职责，明确农业农村、自然资源、林业及法院等牵头部门及有关配合部门，细化部门职责及工作流程。在毕节市信访局专门设立农业信访接待窗口，从市农业农村局抽派一名熟悉农村土地承包政策的干部常驻窗口，针对农民群众反映的各类农村土地纠纷问题，进行认真解释、加强疏导、分类处理，正确引导农民群众通过合法渠道反映合理诉求。近四年来，全市共接待各地农民群众 610 批次 938 人次。

四、通过调查处理化解农村土地纠纷

根据上级部门转交到省进京信访案件，市政府办转办有关省长信箱、省长直通车、省网信办信访案件，市信访局转来市领导交办、信访复核案件，以及农民群众直接到市农业农村局反映有关土地权属、土地流转、征收补偿等农村土地承包纠纷案件，均由市农业农村局牵头调查处理，或联合市自然资源和规划局、市林业局、市水库和生态移民局、市司法局（原市法制办）等有关单位，成立调查组（代市政府）进村入户开展调查处理，并将调查处理情况及时答复信访人，做到农民来信来访案件件件有调查，件件有答复，件件有卷宗，有效化解农村土地矛盾纠纷，为市政府排忧解难，为农村社会和谐稳定营造良好氛围。近 5 年来，市农业农村局共受理、调查处理农村土地纠纷案件 149 件，其中：信访复核案件 57 件，市政府转办 29 件，省长直通车等上级转办 22 件，夹岩水库土地纠纷 18 件，其他 23 件。

践行群众路线　化解土地纠纷

农村土地承包给农业注入了生机和活力，使农村面貌得到了极大改观，让农民真正得到了实惠。但是，随着农村社会经济的不断发展和城镇化进程的提速以及农民对土地的强烈需求等因素的存在，农村土地纠纷矛盾日趋凸现。如何解决农村土地纠纷矛盾、破解土地纠纷难题已经提到了各级涉农部门的工作议事日程。某某县农村土地承包仲裁委员会自成立之日起，以践行群众路线教育为契机，借力仲裁基础设施项目建设东风，采取下基层，走农户，对面谈，讲政策，交朋友，不偏心等方式方法，着力解决农村土地承包纠纷，及时有效化解农民群众困难，对促进农村经济发展，维护农村社会稳定起到了积极的推动作用。

一、到基层，听民声，解民忧

某某县农村土地承包仲裁委员会在解决农村土地纠纷问题中，积极营造调解仲裁体系建设良好氛围，把践行群众路线教育实践活动与土地仲裁有机地结合起来，将仲裁庭搬到田间地头，现场为群众解决土地纠纷，得到了群众的一致好评。

2014 年 2 月 12 日，年过花甲的李雪松老人走进了某某县农村土地仲裁员会办公室，向仲裁员递交了一份土地仲裁申请书，起诉某某镇某某村村民王晓均霸占他家 1984 年 7 月向政府承包的部分花椒湾荒山，要求王晓均赔偿霸占这几年来的经济损失，归还他承包的花椒湾荒山并向他家人公开道歉。

接到申请后，某某县农村土地承包仲裁委员会立即成立调查组，到争议地块进行现场办公。据了解：李雪松于 1984 年 7 月 3 日向镇政府承包花椒湾荒山 0.8 亩，该荒山前抵李雪松本人承包的花椒湾土地，上抵江绍荣承包荒山，下抵王晓均家土地（已被征用），2011 年以来被王晓均家不断沿其土地和公路边界侵占面积约 200 平方米。

于是，仲裁庭首先向某某镇司法所和某某镇某某村村委了解该宗地纠纷发生的前期调解情况；其次通知纠纷双方共同到争议地块进行现场勘验。根据双方争议焦点，现场实际情况，镇村两级的调解意见，仲裁庭组织双方进行调解。经过仲裁庭调解人员四个多小时耐心、细致地对双方争议的焦点进行详细梳理、分析、解说，双方最后达成了和解协议，在县土地纠纷仲裁庭、某某镇司法所、某某村村委代表的共同见证下划定了争议双方均共同认可的土块界线标记，并现场向争议双方下达了土地承包仲裁调解书。至此，争议了多年的土地纠纷终于画上了圆满的句号。

二、讲法理，说道理，化矛盾

如果说某某镇某某村李雪松、王晓均的土地纠纷是造成邻里不睦的典型案例，那么，某某县B乡小月村十五组张世杰兄弟姊妹土地纠纷是一起典型亲情反目案例。

申请人张世杰有弟兄姊妹四人，第一轮土地承包时，全家共计5个人的承包土地，包括申请人祖父张先生，祖母罗修琴，母亲于小芳，大妹张小菊及申请人张世杰5人，承包户主为张先生。大弟张烽火，小弟张贵港因系计生超生人口及第一轮土地发包后才出生，所以没有获得第一轮家庭承包土地。申请人祖母罗修琴于1991年过世，母亲于小芳于1994年过世。其承包土地由家庭成员继续承包。张小菊，张烽火均已于1997年办理农转非户口，其土地交由其他家庭成员继续承包。申请人张世杰祖父已于2003年过世。至此，申请人张世杰家庭承包土地的承包人为申请人张世杰与被申请人张贵港二人。当时申请人张世杰27岁已经成年，父母均已不在人世，被申请人张贵港刚满18岁，申请人张世杰作为长兄，召集弟兄三人及大妹商量，同意所有土地由被申请人张贵港暂时代管，待被申请人张贵港结婚成家后，再将土地由弟兄三人平分处理。二轮承包土地的时候村集体将该承包户主由张先生变更登记为被申请人张贵港，被申请人张贵港于2012年结婚成家。2013年初，申请人张世杰要求被申请人将土地划分开来，各自经营管理，遭到拒绝。申请人张世杰认为张小菊，张烽火已无土地承包经营权，故要求所有土地由双方平分，但被申请人张贵港只同意分给申请人四分之一，导致调解无果，并长期不相往来。

申请人张世杰提出申请仲裁裁决请求：裁决确认申请人张世杰享有农村土地承包经营权；裁决分割申请人张世杰对所有家庭承包耕地、自留地、自留山享有五分之三的土地经营权份额。县农村土地承包仲裁委员会受理案件后，依法组成仲裁庭，仲裁庭依法开展了大量的走访调查取证等工作，掌握了案情和争议焦点后，向双方当事人下发了开庭通知书。

2014年4月21日开庭，仲裁庭通过申请人张世杰与被申请人张贵港的举证，质证及双方陈述意见，找到了问题的症结后，从早上9点一直到下午1点30分，向双方讲法理，说道理，并从人情、亲情的角度展开细致入微的工作，在双方当事人自愿的基础上进行调解。

经调解，双方当事人自愿达成以下协议：所有土地（包括自留山）分为五份：张世杰占二份，张小菊、张贵港、张烽火各占一份。某某县农村土地承包仲裁委员会当场下达仲裁调解书。最后，兄弟姊妹4人喜笑颜开，互留联系电话，亲情之间的矛盾至此全部化解。

在农村土地承包纠纷仲裁工作中，这样的案例不胜枚举，某某县农村土地承包仲裁委员会始终把践行群众路线教育作为解决农村土地纠纷矛盾，破解土地纠纷难题的突破点。以上成功调解土地纠纷的典型案例说明：在党的群众路线教育活动中，只有深入基层，深入群众，了解群众困难，倾听群众呼声，及时有效解决农民群众的困难和难题，农村社会才能长治久安，农村经济才会持续健康发展。

（本文作者　张定华　系贵州省大方县农村土地承包仲裁委员会主任）

行政诉讼中关于被农户要求法院撤销《农村土地承包经营权证》的应诉技巧

随着农村土地承包经营权确权登记颁证工作的基本结束，该项工作中存在的矛盾纠纷不断出现，特别是对农村承包地确权过程中，针对农村承包地确权登记的信息错误、遗漏、指界错误、登记错误等《农村土地承包经营权证》错误问题，农户诉讼要求人民法院撤销《农村土地承包经营权证》的行政诉讼案件时有发生。从农村承包地确权颁证开始，到现在已经有20多件类似案件，基本上只要农户（诉讼人）的材料充分、证据有力，多数情况下人民法院都会支持，予以撤销。

根据本人多次代县人民政府对类似案件的应诉经验，人民法院撤销与不撤销《农村土地承包经营权证》的最终结果，是与应诉方的辩论方向有着一定关系的。

以本县一个案例说明如下：

2018年大方县大坪乡王官村十二组村民李四杰到黔西县人民法院起诉，要求撤销大方县人民政府颁发的《农村土地承包经营权证》。

我们代大方县人民政府的答辩是：请求黔西县人民法院依法驳回诉讼人的诉讼请求。

答辩事实及理由：不存在撤销《农村土地承包经营权证》一说，理由有以下几点：

1. 我县农村承包地确权工作还没有完全结束，正在进行信息核实修改阶段，现在颁发的证书是试行，目的是为了让农户能够看得懂自己的家庭成员、地块、边界等信息，有错误、遗漏的需要进行核实、修改。《农村土地承包经营权证》的来源是依据本村村民委员会与农户签订的《农村土地（耕地）承包合同》，村民委员会还未与农户正式签订合同，就是为了农户有需要修改的，修改完善后，签订《农村土地（耕地）承包合同》，再依据承包合同向农户颁发《农村土地承包经营权证》。由于农村土地承包经营权确权登记颁证程序还未履行完备，有错误的可以修改重新发放，因此，现在所发放的证书不需撤销。

2. 我县的农村承包地确权工作是聘请第三方作业公司进行的。作业公司还没有结束该项工作，所有资料没有移交县人民政府，还在修改信息的过程中，所以不存在撤销，只能是有信息上的错误，提出进行核实后修改。

3. 根据省、市、县确权办的要求试行发放证书，目的是为了让群众看明白自己土地登记的情况进行了解、核实信息（地块、边界、四至、家庭人员登记情况等）是否有错误以便进行修改。证书发放前，没有接到该两农户土地有纠纷的情况反映；证书发放后，村、乡才接到反映，但是县确权办没有接到任何反映。为此。根据《贵州省农村土地承包经营权登记颁证若干问题》第二十九条"对于承包地块、面积、边界及承包经营权存在争议和纠纷的，由农村土地承包经营权登记颁证工作实施小组根据实际情况提出处理意见协调解决，协调解决不成的可以通过仲裁、诉讼等法定程序依法解决，纠纷解决后再进行登记。承包纠纷一时难以解决的，可以暂缓登记"之规定，试行发放的大坪乡王官村十一组李四杰的《农村土地承包经营权证》登记的土地与大坪乡王官村十二组吕晓芳有争议纠纷没有解决，我们已经告知第三人李四杰，收回该证书，待土地纠纷处理完毕后根据处理结论对该证书修改后重新发放。

4. 大坪乡王官村十二组李四杰的《农村土地承包经营权证》信息核实更正，属于大方县人民政府及县土地确权登记颁证机构正常行政行为。在颁证前大方县人民政府及县土地确权登记颁证机构未接到关于李四杰与罗圣、吕晓芳土地纠纷的任何情况反映，且在李四杰与罗圣、吕晓芳土地纠纷处理完毕后，县土地确权登记颁证机构会对李四杰的《农村土地承包经营权证》进行修改完善后，由县人民政府重新颁证，不需经过法院判决后才履行此行政行为。

从以上的答辩来看，虽然内容较多，但是没有答到本案法律要求的辩论要点上，没有找到答辩要求的相关事实和理由，适用法律条款不正确等，导致大方县人民政府颁发的《农村土地承包经营权证》被县人民法院撤销。

这个案例说明我们的答辩存在瑕疵，辩论方向不对，适用法律不准确，才会败诉。

本人通过翻阅相关的法律条文，找律师、法院的法官交流，对类似案件的辩论方向、适用法律条款等进行咨询后，找到对应之策。

以本县另一个案例说明如下：

2020年7月大方县东北乡李子村村民、原告王小艳，被告大方县人民政府，第三人李德林。诉讼请求人民法院撤销大方县人民政府颁发给第三人李德林的《农村土地承包经营权证》。

我们代大方县人民政府的答辩事由：因原告王小艳诉被告大方县人民政府，请求撤销答辩人颁发给第三人李德林的《农村土地承包经营权证》，涉及原告承包的吴家冲部分土地标注为毛家水井土地（面积1.54亩）。

答辩理由：

1. 原告诉讼主体不适格，对涉案土地不享有承包经营权。

原告王小艳及其子女在1985年农转非整户搬至某市C县（属于设区的市）某某煤矿随丈夫生活。根据《中华人民共和国土地承包法》、国发〔1998〕76号、省人民政府黔府发〔1990〕48号及×署发〔1990〕××号等文件精神，凡经批准"农转非"人员，承包地一律收交集体并重新发包给其他农户；"农转非"人员不再是本集体经济组织成员，故诉讼主体不适格，不再享有涉案土地毛家水井土地（面积1.54亩）的承包经营权。

2. 被告颁证给第三人李德林的行为基于法定事实，符合法定程序，依法不应予以撤销。

答辩人给第三人颁发的《农村土地承包经营权证》，是根据《中华人民共和国土地承包经营权证管理办法》第二条，农村土地承包经营权证是农村土地承包合同生效后，国家依法确认承包方享有土地承包经营权的法律凭证。答辩人是在村民委员会与第三人签订《农村土地（耕地）承包合同》生效后进行颁证的。

被告颁证给第三人李德林。首先，第三人与大方县东北乡李子村村民委员会签订《农村土地（耕地）承包合同》，第三人在承包合同签订时取得涉案土地的承包经营权，被告根据签订的承包合同给第三人颁证的行为符合客观事实。其次，答辩人委托某某技术公司进行农村承包地确权，公司严格按照规定对涉案土地进行测绘、调查、确认以及登记，并严格按照法定程序在村、组进行公示，且在公示期间原告未提出任何异议，程序合法。

综上所述，根据《中华人民共和国土地承包法》第十六条"家庭承包的承包方是本集体经济组织的农户。农户内家庭成员依法平等享有承包土地的各项权益"和《中华人民共和国土地承包经营权证管理办法》第二条的相关规定，原告并不享有涉案土地的承包经营权，答辩人颁证给第三人的行为事实清楚，符合法定程序，故依法不应撤销该行政行为。故特申请人民法院依法驳回原告所诉讼请求。

这次本人代县人民政府到法院开庭的时候，法院的法官就直接找到诉讼人，动员诉讼人撤诉，因为根据我们提供的证据材料及答辩意见，法院采纳了我们的答辩意见，没有撤销颁发的《农村土地承包经营权证》，如果诉讼人不撤诉，法院的判决结果就驳回诉讼人的诉讼请求。后来经过动员，给诉讼人讲解相关的法律以及开庭审理的结果，诉讼人就撤销了诉讼请求。

通过诸多争议的类似案例，我们认为辩论的方向、适用法律条款和提供证据是关键，只要提供相应的证据证明确权过程是符合法律规定，程序是合法的，政府的颁证行为是基于法定的事实，是在发包方与承包方签订《农村土地（耕地）承包合同》生效的基础上进行颁证的，要撤销《农村土地承包经营权证》，就必须先撤销《农村土地（耕地）承包合同》。但是撤销《农村土地（耕地）承包合同》是属于民事诉讼，不属行政诉讼，是两个不同的诉讼途径，这样可以确保法院不撤销县人民政府颁发的《农村土地承包经营权证》。

（本文作者　张定华　系贵州省大方县农村土地承包仲裁委员会主任）

贵州省农村土地承包纠纷调解仲裁工作流程图

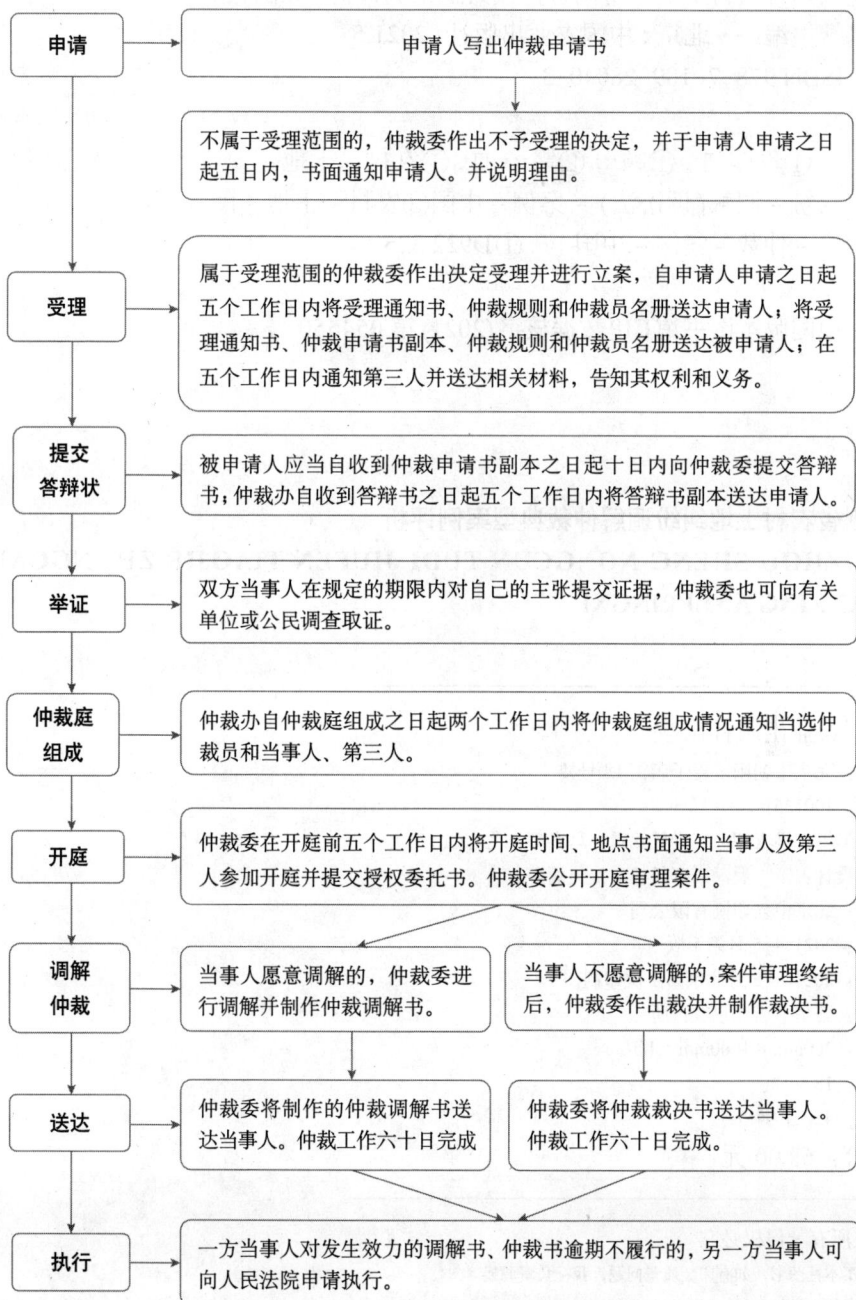

申请 → 申请人写出仲裁申请书

不属于受理范围的，仲裁委作出不予受理的决定，并于申请人申请之日起五日内，书面通知申请人。并说明理由。

受理 → 属于受理范围的仲裁委作出决定受理并进行立案，自申请人申请之日起五个工作日内将受理通知书、仲裁规则和仲裁员名册送达申请人；将受理通知书、仲裁申请书副本、仲裁规则和仲裁员名册送达被申请人；在五个工作日内通知第三人并送达相关材料，告知其权利和义务。

提交答辩状 → 被申请人应当自收到仲裁申请书副本之日起十日内向仲裁委提交答辩书；仲裁办自收到答辩书之日起五个工作日内将答辩书副本送达申请人。

举证 → 双方当事人在规定的期限内对自己的主张提交证据，仲裁委也可向有关单位或公民调查取证。

仲裁庭组成 → 仲裁办自仲裁庭组成之日起两个工作日内将仲裁庭组成情况通知当选仲裁员和当事人、第三人。

开庭 → 仲裁委在开庭前五个工作日内将开庭时间、地点书面通知当事人及第三人参加开庭并提交授权委托书。仲裁委公开开庭审理案件。

调解仲裁 → 当事人愿意调解的，仲裁委进行调解并制作仲裁调解书。　｜　当事人不愿意调解的，案件审理终结后，仲裁委作出裁决并制作裁决书。

送达 → 仲裁委将制作的仲裁调解书送达当事人。仲裁工作六十日完成　｜　仲裁委将仲裁裁决书送达当事人。仲裁工作六十日完成。

执行 → 一方当事人对发生效力的调解书、仲裁书逾期不履行的，另一方当事人可向人民法院申请执行。

图书在版编目（CIP）数据

贵州省农村土地纠纷调解仲裁典型案例评析/顾国，
雷基智主编.--北京：中国农业出版社，2021.5
ISBN 978-7-109-28040-3

Ⅰ.①贵… Ⅱ.①顾… ②雷… Ⅲ.①农村－土地－
民事纠纷－调解(诉讼法)－案例－中国②农村－土地－民
事纠纷－仲裁－案例－中国Ⅳ.①D922.325

中国版本图书馆CIP数据核字(2021)第054550号

贵州省农村土地纠纷调解仲裁典型案例评析
GUIZHOU SHENG NONGCUN TUDI JIUFEN TIAOJIE ZHONGCAI
DIANXING ANLI PINGXI

中国农业出版社出版

地址：北京市朝阳区麦子店街18号楼
邮编：100125
策划编辑：马春辉　　责任编辑：马春辉　毛志强
版式设计：王　晨　　责任校对：吴丽婷
印刷：北京中兴印刷有限公司
版次：2021年5月第1版
印次：2021年5月北京第1次印刷
发行：新华书店北京发行所
开本：700mm×1000mm　1/16
印张：18.5
字数：420千字
定价：68.00元

版权所有·侵权必究
凡购买本社图书，如有印装质量问题，我社负责调换
服务电话：010-59195115　010-59194918